信息化时代高校体育教学思维转变与创新发展研究

杨 影 侯姝君 奚彩莲◎著

吉林出版集团股份有限公司

全国百佳图书出版单位

图书在版编目（CIP）数据

信息化时代高校体育教学思维转变与创新发展研究 /
杨影，侯姝君，奚彩莲著. -- 长春：吉林出版集团股份
有限公司，2024. 7. -- ISBN 978-7-5731-5302-9

Ⅰ. G807.4

中国国家版本馆CIP数据核字第2024JB9983号

XINXIHUA SHIDAI GAOXIAO TIYU JIAOXUE SIWEI ZHUANBIAN YU CHUANGXIN FAZHAN YANJIU

信息化时代高校体育教学思维转变与创新发展研究

著　者　杨　影　侯姝君　奚彩莲
责任编辑　杨亚仙
装帧设计　李海丰

出　　版　吉林出版集团股份有限公司
发　　行　吉林出版集团社科图书有限公司
地　　址　吉林省长春市南关区福祉大路5788号　邮编：130118
印　　刷　长春新华印刷集团有限公司
电　　话　0431-81629711（总编办）
抖 音 号　吉林出版集团社科图书有限公司 37009026326

开　　本　787 mm×1092 mm　1 / 16
印　　张　18.5
字　　数　360 千字
版　　次　2024 年 7 月第 1 版
印　　次　2024 年 7 月第 1 次印刷

书　　号　ISBN 978-7-5731-5302-9
定　　价　88.00 元

如有印装质量问题，请与市场营销中心联系调换。0431-81629729

前　言

在信息化浪潮的推动下，现代教育迎来了前所未有的发展机遇与挑战。高校体育教学作为高等教育的重要组成部分，传统的教学思维与模式正面临强烈的变革需求。本书旨在深入探讨信息化背景下高校体育教学思维与模式的创新之路，为我国高校体育教学质量的提升和人才培养贡献智慧与力量。通过系统分析和研究，力求全面展现信息化时代高校体育教学的新思维、新方法和新模式，为高校体育教学的改革与发展提供有益的参考和借鉴。

本书共分为八章，分别对信息化时代高校体育教学思维转变与创新发展进行了深入研究。第一章主要阐析了高校体育教学的相关理论，包括高校体育教学的概念与性质、结构与原理、特点与功能、原则与目标；第二章主要研究了信息化时代高校体育教学思维转变与应用，分别论述了信息化时代高校体育教学思维的内涵与特征，高校体育教学思维转变的必要性与动力、挑战与对策及其实践应用；第三章主要研究了信息化时代高校体育教学内容的创新与发展，分别论述了体育教学内容的相关理论，信息化时代高校体育教学内容的组织与实施、教学内容资源的开发与选择，以及教学内容的创新与发展；第四章主要研究了信息化时代高校体育教学方法的创新与发展，分别论述了体育教学方法的相关理论，信息化时代高校体育教学方法的设计与选择、优化与创新及其实践应用；第五章主要研究了信息化时代高校体育教学模式的创新与发展，分别论述了体育教学模式的相关理论，信息化时代常见的几种高校体育教学模式、体育教学模式的创新与发展及其设计与应用；第六章主要研究了信息化时代高校体育教学设计的创新与发展，分别论述了体育教学设计的相关理论，信息化时代高校体育教学设计的内容、创新与发展及其实践应用；第七章主要研究了信息化时代高校体育教学评价的创新与发展，分别论述了体育教学评价的相关理论，信息化时代高校体育教学评价的标准与方法、内容与组织及其创新与发展；第八章主要分析了信息化时代体育教师信息化教学能力的培养，包括体育教师信息化教学能力的内涵与要求、特点与构成、培养策略，以及在体育教学中的实践应用。本书知识结构安排合理、内容丰富，知识性强、理论研究科学严谨、语言准确、结构体系完整，具有很强的科学性、系统性、实用性等特点，能够给人们提供信息化时代高校体育教学思维转变与创新发展的相关知识，加强人们对其的认识。

本书由杨影、侯姝君、奚彩莲共同撰写完成，具体分工如下：

杨影（武昌理工学院）第一章、第二章、第七章、第八章第二三节；

侯姝君（中北大学）第三章、第四章第一二四节、第六章；

奚彩莲（华北电力大学）第四章第三节、第五章、第八章第一四节；

最后由杨影、侯姝君、奚彩莲统稿与定稿。

本书在撰写过程中参考并引用了一些专家、学者的研究成果和相关资料，在此表示由衷的感谢。因为时间仓促、水平有限，书中难免有不足和缺陷之处。在此，真诚地希望广大读者、专家和学者能够批评指正。

作　者

2024 年 4 月

目　　录

第一章 高校体育教学相关理论阐析

第一节 高校体育教学的概念与性质

一、高校体育教学的概念

关于体育教学的概念，说法不一。李祥在《学校体育学》中指出，"体育教学是教与学的统一活动，是学生在教师有目的、有计划的指导下，积极主动地学习与掌握体育、卫生保健基础知识和基本技术、技能，锻炼身体，增强体质，促进健康，发展运动能力，培养思想品德的一种有组织的教育过程，是实现学校体育目标的基本途径之一"。龚正伟在《体育教学论》中指出："体育教学论研究的对象是体育教学。体育教学与其他各科教学一样具有共同性，都是一种有目的、有计划、有组织地对学生传递知识和技能，发展智力和体力，培养品德和形成个性的教育过程。"潘绍伟、于可红在《学校体育学》一书中认为："体育教学是学校体育的重要组成部分，是实现学校体育目标的基本组成形式，体育教学是教师的教与学生的学的统一活动。"姚蕾在《体育教学论学程》中指出："体育教学是一种以体育教材为中介，学生在体育教师的指导下掌握体育知识、技术和技能，养成良好的体育锻炼习惯，促进学生身体、心理和社会适应能力健康发展的教育活动。"

笔者认为，不能把目的、任务放在概念中表述。因为"概念"是人们对客观事物认识的总结，只有明确概念，才能进行正确的思维和判断，进行合乎逻辑的推理，从而获得正确的认识。概念应具有简洁性、科学性。如果把事物的目的、功能、价值等问题放在概念中表述，就会使概念的内容变得冗长，笔者认为这是不合理的。

要使概念明确，就必须下定义，定义是提示概念内涵的逻辑方法。最常见的一种下定义的方法是"属＋种差"的方法。列宁说："下定义是什么意思呢？这首先就是把某一概念放在另一个更广泛的概念里。"这就要求我们要找出种概念中区别"这种概念"与"其他种概念"的性质，也叫"种差"，即被定义概念＝种差＋邻近的属概念。概念中的种差就是指事物本质，即体育教学的性质，而属概念则是教学。因此，不难推断出体育教学的概念（本质＋属概念），即体育教学是以体育实践性知识——运动技术为主要学习内容的教学。需要思考的是，把体育实践性知识——运动技术作为主要学习手段是否就不需要体育理论性知识了？答案是否定的。在学习体育实践性知识的同时，还要学习体育理论性知识。体育理论性知识不只是单纯地通过看书、看报或上理论课来获得，而是把身体练习与理论性知识的学习结合起来，把体育理论知识的学习穿插在体育课堂教学的身体练习之中。换言之，就是在运动技术教学的同时传授理论知识。单纯地通过看书、看报或上理论课等与其他学科无异的形式来学习体育理论知识是不可靠的。在我们的体育教学中也有体育室内理论课教学活动，但它与一般意义上的理论知识学习不同。一是它的学时非常短，每个学期只有 2 课时左右；二是它是运动技术学习的补充课，学生有了一定的实践经验后，再学习一些有关的理论知识，可以对已学的体育实践性知识有更好的理解。

体育教学的上位概念是教学，它是指"以课程内容为中介的师生双方教与学的共同活动"，其特点是通过各学科系统知识、技能的传授与掌握，促进学生身心发展。[①] 教学的上位概念是课程，课程的概念比教学大。教学是指各学科领域内（如语文、数学、物理、英语、体育等）的师生双边活动，范围较小，更为具体化。

因此，体育教学具有明显的学科教学特征，是教与学的双边活动，是体育课程的下位概念，与它同一层次的概念有物理教学、数学教学、语文教学等。体育教学是各学科教学的一部分。其首先应该属于教学，教学活动是体育教学的属概念，是体育教学的第一本位。表 1-1 中体育教学的属概念是教育活动，显然有两个漏洞。其一，教育活动是泛指还是特指，没有明确。因为教育的概念有广义（影响人们知识、技能、身心健康、思想品德形成和发展的多种活动）与狭义（特指学校教育）之分，对于这一问题，体育教学的定义含混不清。其二，教育与教学是两个不同的概念。教学具有学科的性质，是按课程内容实施的教与学的双边活动，把体育教学归为教育范畴未免远离了教学学科的性质。如果按其本位顺序排列，体育教学的本位有教学→学校教育→教育→社会活动。

---

① 于洪涛，曹晓明. 高校体育教学与球类运动训练实践［M］. 长春：吉林出版集团股份有限公司，2023：33-34.

表 1-1 体育教学的概念

体育教学概念	概念要素	本质属性
体育教学是教师与学生的统一活动。具体而言，是学生在教师有目的、有计划的指导下，积极主动地学习与掌握教育卫生保健基础知识和基本技术、技能、锻炼身体、增强体质、发展运动能力、培养思想品德的一种有组织的教育过程	属概念	教育过程
	种差（内涵之一）	有目的、有组织、有计划
	种差（内涵之二）	传授"三基"
	种差（内涵之三）	增强体质、发展运动能力心理、培养思想品德

二、高校体育教学的性质

（一）高校体育教学的研究对象和范围

高校体育教学的研究对象主要是大学生，关注他们在体育学习过程中的身心发展、技能掌握以及体育素养的提升。其研究范围广泛，涵盖了体育课程设置、教学方法与手段、教学评价与反馈等方面。通过对这些方面的研究，旨在优化高校体育教学体系，提高教学效果，更好地满足学生的体育学习需求。

在课程设置方面，高校体育教学需要充分考虑学生的年龄、性别、兴趣以及运动水平等因素，设置多样化的体育课程，以满足不同学生的需求，同时还需要注重课程内容的时效性和实用性，确保学生能够学到实用的体育知识和技能。

在教学方法与手段方面，高校体育教学需要不断创新和完善，采用现代化的教学手段，如多媒体教学、网络教学等，以提高学生的学习兴趣和积极性。同时，还需要注重实践教学，通过组织各种体育比赛和活动，让学生在实践中掌握技能，提升素质。

在教学评价与反馈方面，高校体育教学需要建立科学、合理的评价体系，对学生的体育学习成果进行全面、客观的评价。同时，还需要注重学生的反馈意见，及时调整教学策略，以更好地满足学生的需求。

（二）高校体育教学的理论基础

高校体育教学的理论基础包括教育学、心理学、生理学、体育学等学科的理论知识。这些理论知识为高校体育教学提供了科学的指导和支持，有助于更好地理解和把握体育教学的本质与规律。

教育学理论为高校体育教学提供了教育目标、教育内容、教育方法等方面的指导，有助于教师更好地设计和实施体育教学活动。心理学理论则有助于教师了解学生的心理特点和学习需求，从而制订更具针对性的教学方案。生理学理论为高校体育教学提供了关于人体运动机能的科学知识，有助于教师更好地指导学生进行体育锻炼和运动训练。体育学理论则直接为高校体育教学提供了关于运动技能、运动训练、运动竞赛等方面的专业知识，是体育教学不可或缺的理论基础。

（三）高校体育教学的性质分析

1. 教育性

高校体育教学在本质上具有深刻的教育性。这不仅仅体现在体育基本知识和技能的教学上，更重要的是在培养学生的道德品质、意志品质和团队协作精神等综合素质方面发挥着至关重要的作用。通过参与体育活动，学生可以在实践中体验和感知到各种道德与伦理的准则，这些准则不仅指导他们在体育竞技中的行为，还对他们日常生活中的为人处世有着深远的影响。

在体育教学中，学生通过团队合作和竞技对抗，学会了如何与他人和谐相处，如何在团队中发挥自己的优势，以及如何尊重和支持他人。这种体验让学生认识到，体育不只是追求个人的成功和荣耀，更需要在集体中找到自己的位置，与团队成员共同努力，实现共同的目标。

此外，体育教学还常常伴随着挑战和困难。学生在面对困难和挑战时，需要展现出坚韧不拔的意志品质，勇于挑战自我，不断突破自己的极限。这个过程不仅锻炼了他们的身体，还磨炼了他们的意志，让他们在面对未来生活中的各种挑战时更加自信和从容。

不仅如此，高校体育教学还通过种种方式教导学生要具备遵守规则、尊重对手、诚实守信等重要的道德品质。在体育竞技中，这些品质不仅关系到个人的荣誉和团队的利益，还代表着一种公平、公正、公开的精神。这种精神不仅仅在体育领域中具有价值，更能够使学生在日常生活中形成正确的价值观和行为准则。

2. 实践性

高校体育教学作为教育体系中的重要组成部分，实践性特点尤为突出。体育教学不仅仅停留在理论知识的传授上，更加注重学生的身体参与和运动实践。这种实践性的教学方式，不仅有助于提高学生的运动技能，还有助于身体素质的全面发展。

在体育课堂教学中，学生通过亲身参与各种体育运动，不仅能够学习到正确的运动技巧和方法，还能够在实践中感受到运动的乐趣和挑战。这种身体力行的学习方式，使学生更加深入地理解和掌握体育知识，同时也能够培养他们的团队协作能力和竞争意识。

此外，高校体育教学的实践性还体现在对学生身心发展的直接作用上。通过体育运动，学生能够锻炼身体，提高体能，增强身体素质。体育运动还能够缓解学习压力，调节情绪，促进学生的心理健康。这种身心并重的教学方式，有助于培养学生全面发展的个性和健康的生活方式。

3. 系统性

系统性在高校体育教学中体现得尤为明显，不仅仅是一堂简单的体育课，而是一个经过精心设计和组织的完整教育过程。在高校的体育教学体系中，每一步都严格按照学生的身心发展规律进行安排。这意味着，从新生入学开始，体育教学就根据学生的年龄、身体状态、心理特征等因素，制订出既科学又实际的教学计划。这样的计划确保了学生在学习体育技能的同时，也能够促进他们的身心健康发展。

与此同时，高校体育教学还紧密结合了运动技能的形成规律。体育技能的习得并非一蹴而就，而是需要长时间的练习和积累。因此，体育教学通常会根据学生的实际情况，为他们量身定制训练内容，确保他们能够逐步掌握各种运动技能。这种有针对性的教学方法，不仅提高了学生的学习效率，也让他们在学习中感受到了更多的成就感和乐趣。

除此之外，高校体育教学还非常注重与其他学科教育的协调与配合。体育教学并不孤立存在，而是与其他学科紧密相连，共同为学生的全面发展服务。例如，在体育教学中，学生可以学习到如何与他人合作、如何面对挑战、如何调整心态等知识和技能，这些都可以为他们在其他学科的学习中以及生活中提供有力的支持。

4. 社会性

高校体育教学作为学校教育的一个核心环节，具有浓厚的社会性特征。这不仅是因为它对于学生的身体健康和个人发展至关重要，还因为它承担着为社会体育事业输送人才、培养社会责任感和使命感的重要使命。

在现代社会，体育不仅仅是个人爱好或娱乐活动，更是社会文明进步的重要标志。高校体育教学通过系统的课程设置和实践活动，使学生深入了解社会体育的发展历程、现状和未来趋势，从而对社会体育的需求和变化有更为清晰的认识。这种认识不仅有助于学生在未来的职业生涯中更好地融入社会体育事业，也为他们成为体育领域的领军人物奠定了坚实的基础。

此外，高校体育教学还注重培养学生的社会责任感和使命感。通过参与各种体育活动和竞赛，学生不仅锻炼了身体，还培养了团结协作、公平竞争的精神。他们在体育活动中体验到胜利的喜悦和失败的挫折，学会如何在困难面前保持坚韧不拔的态度，如何在团队中发挥自己的价值。这些经历和体验对于培养学生的社会责任感和使命感至关重要，使他们在未来的社会中能够更好地履行自己的职责和使命。

高校体育教学也是培养学生社会适应能力的重要途径。在体育教学中，学生需要与不同背景、不同性格的同学进行交流和合作，共同完成任务、实现目标。这种交流和合作不仅提高了学生的社交能力，还使他们在处理人际关系、解决矛盾冲突等方面得到了锻炼。这些能力对于学生未来的社会适应和发展至关重要，使他们在面对复杂多变的社会环境时能够游刃有余。

第二节　高校体育教学的结构与原理

一、高校体育教学的结构

高校体育教学的结构主要包括体育课程教学、课外体育活动和课余体育竞赛等方面。以下是对体育课程教学的详细解释。

（一）体育课程教学

体育课程教学是高校体育教学的核心组成部分，主要包括体育理论课和体育实践课。

1. 体育理论课

体育理论课作为体育课程教学的重要组成部分，旨在为学生奠定坚实的体育理论基础。它不仅仅关注体育技能的培养，更注重体育知识的灌输和体育观念的塑造。通过学习体育概论，学生可以对体育的起源、发展以及各类体育项目有全面的了解，建立对体育的整体认识。运动生理学的学习可以帮助学生了解人体在运动状态下的生理变化，理解科学锻炼的重要性，从而避免运动损伤，提高运动效果。

运动心理学则进一步揭示了体育运动与心理健康的密切关系，使学生在追求身体锻炼的同时，能够注重心理的平衡与健康。运动训练学则教授学生如何制订训练计划、如何科学安排运动负荷，使锻炼更有针对性和实效性。体育保健学则教会学生在运动过程中如何进行自我保护和恢复，保障运动的安全性和持续性。

通过这些课程的深入学习，学生不仅能获得丰富的体育知识，还能培养科学的体育观念和良好的运动习惯。这将有助于他们在未来的生活中，更加自觉地参与体育锻炼，享受运动带来的乐趣和益处，成为具有全面体育素养的新一代青少年。

2. 体育实践课

体育实践课既是提高学生身体素质和运动技能的关键环节，也是培养学生全面发展的重要途径。在体育实践课中，学生通过亲身参与各种体育运动，不仅能够锻炼身体、提高身体素质，还能够培养团队协作精神、增强竞争意识，为未来的生活和工作打下坚实的基础。

体育实践课的内容丰富多样，涵盖了田径、游泳、篮球、足球、排球、乒乓球、羽毛球等运动项目。学生可以根据自己的兴趣和特长，自由选择参与的项目。例如，喜欢速度和力量的学生可以选择田径项目，喜欢团队协作和策略的学生可以选择篮球或足球等球类项目。这样的设置不仅满足了学生的个性化需求，也充分激发了学生的学习热情和积极性。

在体育实践课中，教师的作用至关重要。他们不仅要传授基本的运动技能和知识，还要通过科学系统的训练方法，帮助学生提高运动水平。教师还要注重培养学生的运动兴趣和运动习惯，让他们在参与体育活动的过程中获得乐趣和成就感。这样，学生才能建立起正确的运动观念，形成健康的生活方式。

此外，体育实践课还能培养学生的团队协作精神和沟通能力。在团队项目中，学生需要相互配合、共同努力才能取得好成绩。这样的经历不仅让他们学会了如何与他人合作，还让他们更加懂得尊重和欣赏他人。

（二）课外体育活动

课外体育活动是高校体育教学的重要组成部分，旨在通过丰富多样的体育活动，增强学生体质，培养学生的运动兴趣，促进学生的全面发展。以下是课外体育活动的几个主要方面。

1. 早操

早操是高校常见的课外体育活动之一。早晨这个时间段气温较低，空气较为清新，适合进行体育锻炼。早操的形式多样，既可以是全校性的集体跑步、做操，也可以是各班级自行组织的锻炼活动。全校性的集体跑步和做操不仅可以帮助学生增强体质，提高身体素质，还可以培养学生的纪律性和团队协作能力。各班级自行组织的锻炼活动可以更好地满足学生的个性化需求，提高学生的兴趣和积极性。早操不只是一种体育锻炼方式，更是一种教育手段。通过早操，可以培养学生的纪律性和团队协作能力，提高学生的身体素质和心理素质。同时，可以帮助学生养成早睡早起的好习惯，提高校园的精神面貌和文化氛围。

2. 班级体育锻炼

班级体育锻炼不仅仅是一项有益于身体健康的活动，更是一项培养学生集体意识和团队精神的重要方式。在课余时间里，班级成员集合在一起，共同参与各种体育运动。这些活动不仅满足了学生对于体育的热爱，还让他们在运动中感受到团队的力量和合作的重要性。

通过篮球、足球等团队运动，学生学会了如何在集体中发挥自己的优势，如何与队友默契配合，如何面对挑战和困难。这些经历不仅仅锻炼了他们的身体，更磨炼了他们的意志和品质。同时，班级体育锻炼也提供了增进同学之间情感交流的好机会。在运动中，学生相互鼓励、支持，共同分享成功的喜悦和挑战的挫折。这种紧密的联系和默契让他们更加珍惜彼此之间的友谊与感情。

3. 体育节

体育节作为高校范围内的大型体育活动，是一场集竞技、娱乐与教育于一体的综合性体育盛事。它不仅包括各种现场比赛活动，还包括一系列的表演项目和展示环节。体育节通常会持续数天甚至数周，为广大学生提供充分参与和享受体育的机会。

在体育节的比赛中，既有常规的田径项目，如 100 米跑、400 米跑、跳远、跳高等，也有游泳比赛，包括自由泳、仰泳、蝶泳等技巧的角逐。此外，篮球和足球比赛也是体育节的重要组成部分，既有班级之间的激烈对抗，也有学院之间的友谊赛，以及学校组织的运动会。

体育节的表演环节则是对学生体育才能的展现，包括体操、舞蹈、戏曲、武术等，旨在丰富校园文化生活，营造浓厚的体育文化氛围。

4. 体育协会或体育运动俱乐部活动

在高校中，体育协会和体育运动俱乐部是校园体育文化的重要载体。它们通常由对该项运动充满热情的学生自发组织，每所高校几乎都会涵盖诸如篮球俱乐部、足球俱乐部这样的常规社团。这些俱乐部不仅为学生提供了交流运动技巧、切磋球艺的平台，还根据学生的不同兴趣爱好，成立了如瑜伽协会、舞蹈俱乐部这样的特色协会，以满足学生多元化的需求。

这些协会或俱乐部会定期组织活动，如训练营、比赛、交流会等。通过参与这些活动，学生可以更深入地了解和学习自己喜欢的运动项目，提高运动技能，结交志同道合的朋友。此外，参与协会或俱乐部的活动还有助于培养学生的体育精神，使学生养成健康的生活方式，帮助学生缓解学习压力，提高身心素质。

（三）课余体育竞赛

课余体育竞赛是高校体育活动中不可或缺的一部分，旨在通过比赛的形式激发学生的运动热情，提高他们的竞技水平，培养学生的团队合作精神和竞争意识。以下是课余体育竞赛常见的几种形式。

1. 学校运动会

学校运动会作为高校规模最大的体育竞赛活动，包括但不限于百米跑、跳远、跳高等田径项目，以及跳水、游泳等水上项目，还会设有篮球、足球、羽毛球等球类运动比赛。

学校运动会对于学生而言，不只是一个检验体育成绩、展示个人技能的重要平台，更是展现团队协作精神、提升综合素质的一个窗口。在运动会上，各学院、班级都可以通过激烈的竞争与合作，相互学习、互相交流，共同进步，为集体争得荣誉。

2. 传统项目比赛

传统项目比赛是指那些具有悠久历史、深深根植于特定文化背景中的体育赛事。它们往往跨越了时间的鸿沟，持续不断地在各学校中传承与发展。这类比赛通常包括但不限于龙舟赛、拔河比赛、跳大绳比赛、接力赛跑等。这些活动不仅仅是在竞技层面对学生的身体素质和团队协作能力进行考验，在此基础上还融入了深厚的历史文化底蕴和校园精神内核。

3. 对抗赛

对抗赛是一种非常普遍的竞技形式，通常在篮球、足球、羽毛球、田径等各类体育项目中广泛开展。它是指两个或多个学院、班级或团队之间为了争夺荣誉和成绩，通过公平竞争展开激烈的比赛争夺。例如，篮球对抗赛是指在篮球领域，多个队伍之间按照规则进行的比赛争夺；足球对抗赛是指在足球项目中，各球队之间按照一定规则进行的比赛。它不仅有助于增强参赛队伍的竞技实力，还能有效培养和提升学生的团队协作能力与战略规划能力，学生的竞技能力和心理素质也有很大提升。

4. 友谊赛

友谊赛是一种非正式的比赛形式，主要目的是促进不同单位之间（如学院、班级、团队等）的交流与合作，增进彼此之间的友谊。这类比赛通常既不受正式比赛规则的限制，也不需要过于严肃的竞争氛围，可以让我们在轻松友好的环境中展示自己的技能和实力，同时能结交来自不同单位的朋友，了解不同单位的文化和特色。

友谊赛的特点是灵活性和趣味性，比赛的规则和形式可以随时改变，参赛者可以在比赛中自由发挥自己的特长和爱好。此外，友谊赛还注重参与性和互动性，不仅强调竞争，也强调合作和交流。通过参加友谊赛，参赛者可以更好地了解其他单位的情况和文化，增进彼此之间的友谊和了解。

5. 测试赛

测试赛作为一种至关重要的赛事形式，在现代竞技体育中不可或缺。它不只是对学生长期训练成果的全面检验，更是展示其专业技能、战术理解和身体素质的重要平台。测试赛通常会安排在比赛前的一段时间内，这段时间既足够让运动员调整状态，又不会让运动员过于紧张，从而能够更好地展现出训练成果和竞技水平。

通过参与测试赛，教练组能够细致入微地了解每个参赛学生的技术风格、战术执行力以及心理素质等方面的情况。运动员通过测试赛的表现，不仅能够展示出自身的技术特点，还能够暴露出在训练中难以察觉的不足之处。这样，教练组就可以根据学生的实际竞技状态，精准定位他们的优势与短板，从而制订更为科学、个性化的训练计划。

6. 选拔赛

选拔赛是一种专门为了发掘、培养和选拔优秀运动员而设立的比赛机制，旨在通过严格而公正的竞争，筛选出在某个特定体育项目上具有卓越才能和极高潜力的运动员，并让他们有机会参加更高层次的体育比赛。这些比赛不仅有省级、国家级别的，还有国际级别的，如中国全国运动会、中国城市运动会、世界大学生运动会等。

选拔赛通常具有鲜明的特点。参赛者不仅需要具备扎实的专业技能和战术理解，还需要在体能、心理素质、发挥稳定性以及团队协作等方面进行展现。由于比赛机会珍贵，参赛者需要充分准备，全面提升自己的竞技水平。任何小的失误或波动都可能会导致落选，所以选拔赛往往竞争异常激烈。

7. 表演赛

表演赛是一种特殊的体育赛事，主要目的是展示参赛者的技巧和才艺，同时推广运动文化。不同于传统的体育比赛，表演赛更注重的是表演的艺术性和观赏性。无论是体操表演赛还是舞蹈表演赛，都需要参赛者具备高超的技能和独特的风格，以吸引观众的眼球并激发他们的热情。这种比赛不仅可以检验参赛者的水平，还可以吸引更多学生关注和参与体育活动，促进体育文化的传播。

（四）课余体育训练活动

课余体育训练活动是高校体育教育的重要组成部分，旨在通过系统的训练来提高学生的运动技能和竞技水平。以下是课余体育训练活动中常见的几种形式。

1. 高水平运动队

高水平运动队通常由学校自行选拔和培养的优秀运动员组成。这些运动员在选拔过程中经过了严格的考核和测试，展现出了较高的运动技能和竞技水平。他们不仅在体育方面有着出色的表现，还接受了系统化的专业训练和比赛经验，使他们在各自的项目中具备了强大的实力和竞争力。

高水平运动队不仅限于赛场上的竞争，还承担着更重要的社会责任。除了代表学校参加各种级别的体育比赛外，他们还积极推广体育文化，通过组织校内外体育活动、举办体育赛事等形式，激发大众对体育活动的兴趣和热情，助力学校体育事业的发展。

2. 学校代表队

学校代表队是学校体育事业的重要组成部分，是由学校各学院、班级通过严格选拔产生的运动员组成的队伍。他们肩负着学校荣誉，代表学校参加各类比赛，展现学校体育水平与精神风貌。学校代表队的训练经历独具特色，始终以比赛为导向，注重实战效果，不仅强调个人技能的提升，还重视团队配合与竞技策略的运用。

在训练过程中，学校代表队采用科学的训练方法，结合体能、技能、战术和心理等因素，全面提升运动员的竞技能力。他们积极参与比赛，不仅以优异的成绩和出色的表现诠释了学校的实力，也赢得了广大观众的赞誉和尊重。通过参加比赛，学校代表队不仅锻炼了个人技能，还增强了学生的团队合作精神和集体荣誉感，培养了他们坚韧不拔的精神品质和不断超越自我的拼搏精神。

3. 兴趣运动训练队

兴趣运动训练队是由一群对特定运动项目充满热情，有着相同兴趣爱好的学生自发组成的团体。这些团队通常在课余时间进行训练，如周末、放学后或寒暑假，以便在不影响学习的情况下，继续发展和提高自己的运动技能，增强身体素质，培养团队协作精神。

兴趣运动训练队的特点在于其以学生兴趣为导向，注重培养学生的兴趣爱好和自主学习能力。通过训练，学生不仅能将在课堂上学到的理论知识应用到实践中，更好地理解和掌握运动技巧，也能在训练中互相学习、共同进步，从而培养他们自主学习的能力和终身运动的意识。

课余体育训练活动对于提高学生的运动技能和竞技水平具有重要意义。通过参加高水平运动队、学校代表队或兴趣运动训练队，学生能够接受系统的训练和指导，提高自己的运动水平，为未来的职业发展和健康生活打下坚实的基础。同时，课余体育训练活动还能够培养学生的团队合作精神、竞争意识和自我管理能力，促进学生的全面发展。

二、高校体育教学的原理

(一) 体育运动认知规律

体育运动认知规律不仅仅是学生对体育知识、技能和策略的简单学习和模仿，更是一个深入理解和掌握的过程。[①] 这个过程涉及学生的心理活动，如感知、注意、记忆、思维和想象等。为了更有效地教学，体育教师应该充分了解并尊重学生的认知特点，选择那些能够激发他们学习兴趣和积极性的教学方法。只有这样，学生才能在参与体育运动的过程中，逐步建立起正确的体育知识体系，提高自己的认知能力和水平。这样的教学不仅有助于学生在体育方面取得进步，还能培养他们的综合素质，为他们的全面发展打下坚实的基础。

(二) 体育运动技能形成规律

体育运动技能形成规律是体育教学的重要基石。在这个过程中，学生从毫无基础到逐步熟练，经历多个阶段。首先是感知阶段，学生会观察和感知技能的外观和动作要领。其次是理解阶段，学生开始理解技能的内在逻辑和原理。最后是模仿阶段，他们试图模仿教师的动作，尽量做到形似。在此基础上，学生会进行大量的练习，将模仿的动作与实际操作相结合，形成自己的技能。在这个过程中，教师的反馈和指导至关重要。他们应合理安排练习时间和强度，确保学生在适度的压力下进行练习，并及时给予反馈，帮助学生发现自己的不足，引导他们进行改进。通过这样的教学过程，学生不仅能逐步掌握运动技能，还能在运动中展现出更高的水平。

(三) 体验运动乐趣规律

体验运动乐趣规律，强调的是学生在参与体育运动过程中，通过亲身参与身体活动和与同伴间的社交互动，来感受和体验运动的独特魅力与满足感。运动带来的乐趣不仅仅是技能的提升、成绩的进步，更是对自我能力的挑战，对规则的突破，以及对团队协作和竞争意识的深刻理解。

在体育教学中，教师应积极引导学生关注并体验这种运动乐趣。[②] 通过设计丰富多样的运动项目和活动形式，如团队运动、个人运动、有氧运动、力量训练等，

---

① 马健勋. 高校体育教学与科学训练 [M]. 北京：北京工业大学出版社，2023：66-67.
② 黄立刚. 高校体育科学化训练体系的建构：评《高校体育教学改革与科学化训练研究》[J]. 中国教育学刊，2024 (4)：115.

让学生有机会从不同角度探索体育世界的魅力。同时，教师应鼓励学生积极参与，即使是在初期的尝试和学习的过程中，也应当注重培养学生对运动的热爱和兴趣。

此外，教师还需关注课堂氛围的营造，要创造一个积极向上、相互尊重的学习环境。师生之间应建立良好的互动关系，鼓励学生之间的合作与竞争，使他们在面对挑战时能保持乐观的心态。教师在此过程中要适时地给予反馈和指导，帮助学生识别和分享运动中的快乐体验。

第三节　高校体育教学的特点与功能

一、高校体育教学特点

（一）体育健身的系统性

高校体育教学具有体育健身的系统性特点，主要体现在有序性和全面性两个方面。

1. 有序性

有序性是指体育教学应遵循人体生长发育的顺序和规律，让学生有序地进行身体训练和健身活动，包括两个方面。

（1）身体形态发育的"序"与体育教学

身体形态发育的"序"是描述人体在不同年龄段和阶段身体形态变化的规律。这是一个复杂而精细的过程，包括骨骼、肌肉、脂肪等方面的变化。这些变化不仅反映了人体生长发育的自然过程，也是高校体育教学中必须充分考虑的重要因素。

高校体育教学，作为促进学生全面发展的重要环节，必须紧密结合学生身体形态发育的特点进行设计和实施。特别是在青春期这一人生发展的重要阶段，学生的身高和体重会有显著的增长，身体各部位的比例也会发生明显的变化。因此，高校体育教师必须深入了解这一阶段的生长发育特点，针对性地制订教学计划和内容。

在教学过程中，教师应根据学生的生长特点，合理安排运动强度、运动形式和运动时间，以促进学生身体的均衡发展。例如，对于身高增长较快的学生来说，可以适当增加拉伸运动的内容，帮助他们保持良好的身体姿态；对于体重增长较快的学生来说，可以增加力量训练和有氧运动的比例，帮助他们建立健康的身体形态。

（2）身体主要器官系统发育的"序"与体育教学

身体主要器官系统发育的"序"是指人体各器官系统在生长发育过程中按照一定的顺序和时间表进行功能提升与成熟。体育教学应根据不同器官系统的发育特点制订相应的教学计划。

①神经系统

神经系统的发育及成熟过程对个体运动能力的发展起到了决定性的作用。在神经系统的生命进程中，存在着一个关键的发育阶段，即胎儿期到青春期，在这一漫长的过程中，神经系统以极快的速度生长和重塑。在这个阶段，神经系统尤其需要外界环境的刺激和促进，以便更好地发育和成熟。

因此，在教育体系中，可以通过设计和实施一系列科学的、有序的体育教学活动，有效地刺激和促进神经系统的发育。例如，通过协调性练习提高个体的肌肉协调性和关节灵活性，对于建立和强化肌肉与骨骼之间的精确联动至关重要；注重反应速度的训练则有助于增强机体在快速刺激下的反应能力，使身体能够紧紧抓住每个短暂又至关重要的时机，实现高速、精准的动作响应。

②骨骼肌肉系统

骨骼肌肉系统是执行人体运动的核心机制。在体育教学的背景下，这一系统的工作原理和训练得当与否，直接决定了学生能否有效地掌握体育技能，达到锻炼身体的目的，并促进全面发展。

在骨骼肌肉系统中，骨骼作为支撑身体、实现运动的基础结构，其发育直接影响个体的运动能力。在不同的年龄阶段，骨骼的生长发育规律有所不同，因此在教学内容的设计上，必须充分考虑骨骼的生理特性，科学合理地进行力量训练。力量训练能增强骨骼的坚固性和韧性，有效预防骨质疏松，同时有助于改善肌肉与骨骼系统的协调性，提高运动效能。

肌肉作为动力输出器官，生长与发育对运动功能的实现至关重要。在体育教学中，应注重学生的柔韧性训练，通过各种伸展练习和拉伸活动，可以增强肌肉的弹性和柔韧性，避免肌肉过于僵硬而导致运动损伤，同时有利于提高身体协调性和关节活动范围，从而更好地掌握和完成体育动作。

③呼吸系统

呼吸系统的发育和呼吸功能的完善，是人体生长发育中不可或缺的。尤其是在进行有氧运动时，呼吸系统的健康与活力直接决定了人体从能量供给到废物排出的整体机能表现。在体育教学中，呼吸训练的重要性不容忽视。通过科学合理的呼吸训练，可以有效提升学生的肺活量，增强肺部对氧气的吸收能力，提高血液中氧气浓度的利用率，进而改善整个身体的能量代谢状态，使他们在进行有氧运动时能够更高效地分解糖分、储存能量，并减少乳酸堆积，从而显著提高其运动耐力和整体身体素质。

④心血管系统

心血管系统是人体最重要的生理机能系统之一，由心脏、血管以及相关的连接器官组成，首要任务是高效地循环和输送氧气及各种营养物质，以支持全身各器官组织的正常功能活动，同时能及时地回收和排除体内的有害废物。在体育教育和实践过程中，尤其是在心血管系统功能提升方面，有氧运动成了极佳的教学内容和训练手段。

有氧运动通过独特的生理效应，能够显著增强心脏的泵血功能。在有氧运动中，心脏需要规律而持续地收缩舒张，以保证血液循环的连续性和稳定性。这样的锻炼不仅使心脏得到了充分的锻炼，提高了心脏肌体的耐受性，还使心腔内的心肌变得更为发达，进而使心脏的泵血功能得到提升。

2. 全面性

全面性是体育教学的重要特点。它要求教学活动不仅仅局限于传统的体质锻炼和技能提升，而是要全方位、多层次地涵盖身体各方面的训练和发展，包括身体素质、运动技能、心理健康等。在高校体育教学阶段，更应对学生的全面发展给予重点关注。不仅要通过体育教学活动提高学生的身体素质和运动技能水平，还要关注学生的心理健康和社会适应能力等方面的发展。[①]

在体育教学中，教师应科学合理地设计课程内容，使学生通过参与各种不同类型的体育活动，如团队运动、竞技比赛、有氧运动等，在锻炼身体的同时，培养健康的心理素质和社会适应能力。例如，通过参与团队运动，学生可以学习如何与他人协作，如何平衡个人利益与集体利益；通过竞技比赛，学生可以锻炼自己的意志力和抗挫能力；长期的有氧运动则有助于培养学生的耐心和毅力。

（二）教学环境的开放性

高校体育教学环境的开放性，是一种创新而充满活力的教育属性。相较于传统封闭式的体育教学，现代高校体育教学更注重环境的多样性和开放性，旨在提供更加广阔、自由的学习空间。这种教学模式，使学生不仅能在体育锻炼中学到知识，还能在实践中锻炼自己的能力和素质。

首先，高校体育教学环境的开放性体现在课堂空间的拓展上。除了常见的室内

---

① 陈熠芝，隋红，姜涛. 高校体育教学全过程社会主义核心价值观的融入研究［J］. 健与美，2024（4）：119－121.

体育馆外，田径场、篮球场、足球场等户外自然环境也成了教学的重要场所。这种空间的延伸，不仅为学生提供了更多选择，还让他们在广阔的天地中感受到运动的魅力。

其次，开放性的教学环境有助于学生更加贴近自然，享受户外运动的乐趣。在户外，学生可以感受到阳光、空气、风等自然元素的洗礼，这种体验让他们更加热爱大自然，更加注重健康。同时，户外运动也有助于学生释放压力，调整心态，更好地投入学习和生活。

最后，开放性的教学环境有利于培养学生的适应能力和团队协作能力。在户外复杂多变的环境中，学生需要学会适应各种变化，不仅能够锻炼他们的意志品质，还能够提高他们的应变能力。同时，在团队项目中，学生需要相互协作，共同完成任务，不仅能够培养他们的团队协作能力，还能够加深同学之间的友谊。

（三）教学内容的情感性

高校体育教学内容的情感性是不可或缺的一部分，与其他教育阶段有着明显的区别。进入大学阶段，学生不仅仅在知识层面上有所积累，更在情感、态度和价值观上寻求深度和广度的提升。体育教学作为高校教育的重要组成部分，情感性的培养显得尤为重要。与中小学阶段相比，高校体育教学不再仅仅局限于基本技能的传授和身体素质的提高，而是加入了更多情感元素。这种教学模式的转变，旨在让学生在学习体育技能的同时，能够体验到更多的情感价值，从而全面提升学生的综合素质。

在体育课堂教学中，教师可以通过多种方式培养学生的情感体验。例如，通过组织各种团队合作项目，让学生在参与过程中深刻体验到集体荣誉感和归属感。[①]这种情感的培养，不仅有助于学生在团队中更好地发挥自己的作用，还能增强他们的团队协作能力和沟通能力。此外，竞技比赛也是高校体育教学中培养学生情感体验的重要途径。在比赛中，学生可以亲身感受成功的喜悦和失败的教训，这种情感的波动能够让他们更加深刻地认识到自己的优点和不足，从而激发他们更加努力地追求进步。

（四）教学过程的直观性

高校体育教学过程的直观性确实是一个显著的特点，这种特点在多种教学方式

---

① 戴雨露. 新时代高校体育教学创新方法发展：评《高校体育教学创新方法论》[J]. 人民长江，2024，55（3）：266-267.

中得以体现。当教师教授一个新的运动技能时，常常采用直观的教学方式，以帮助学生更好地理解和掌握。比如，对于篮球运球技巧的教学来说，教师首先会进行标准的示范动作，让学生直观地看到正确的运球姿势和技巧。这样的示范动作不仅让学生看到了如何正确地运球，也激发了他们对学习篮球运球技巧的兴趣。

此外，教师还会利用图片展示和视频教学等直观手段，使学生能够从多个角度观察和理解运动技能。图片可以捕捉到运动中的关键瞬间，让学生看到每个细节；而视频则能够展示完整的运动过程，帮助学生更好地理解技能的连贯性和流畅性。这些直观的教学资源不仅可以帮助学生建立正确的技能概念，还可以让他们在短时间内学到更多的知识和技能。

除了这些直观的教学方式外，教师还注重引导学生进行实践练习。理论知识的学习是必要的，但只有通过亲身实践，学生才能真正掌握和巩固所学技能。因此，在体育课堂教学中，学生会有大量的机会进行实践练习，通过不断尝试和修正，逐渐提高自己的运动技能水平。

这种直观性的教学过程不仅有利于提高学生的运动技能，还有助于培养他们的观察力和实践能力。通过不断观察和练习，学生不仅能够掌握更多的运动技能，还能够培养出敏锐的观察力和实践能力，为未来的学习和工作打下坚实的基础。因此，高校体育教学过程中的直观性是一个非常重要的特点，为学生提供了更加有效和有趣的学习方式。

（五）教学条件的制约性

高校体育教学活动，实际上是一个复杂而细致的过程，受多种教学条件的制约和影响。首先，场地设施是最为基础也是最为关键的因素之一。体育场地直接关系到教学活动的质量和效果。例如，一个标准的足球场与一个简易的土场地，给学生带来的运动体验、训练效果和安全性有天壤之别。因此，高校在规划体育教学活动时，必须首先确保拥有足够的、符合教学要求的场地设施。

其次，器材设备是制约体育教学活动开展的重要因素。不同体育项目所需器材设备各不相同，而且器材的质量和数量都会直接影响到教学质量与学生的运动体验。例如，在进行篮球教学时，如果篮球数量不足或者篮球质量差，那么学生就无法充分练习，也无法获得良好的运动效果。因此，高校必须根据实际情况，合理配置和更新器材设备，以满足不同体育项目的教学需求。

再次，师资力量是影响体育教学活动开展的重要因素。优秀的体育教师不仅具备丰富的专业知识和教学经验，还能够根据学生的实际情况和需求，制订合理的教学计划和内容，引导学生积极参与体育活动，提高运动技能和身体素质。因此，高校应该注重体育教师的选拔和培养，建立一支高素质、专业化的体育教师队伍。

最后，气候条件会对体育教学活动产生一定的影响。例如，在炎热的夏季或寒冷的冬季，如果缺乏相应的防暑降温或保暖措施，学生就可能会因为不适应气候条件而无法正常参与体育活动。因此，高校在设计和组织体育教学活动时，需要充分考虑气候条件的影响，做好相应的应对措施，确保教学活动的安全性和有效性。

（六）人际关系的多边性

在高校体育教学中，人际关系的重要性不言而喻，其多边性更是独特而显著。其中不仅有师生之间的互动，还涵盖了学生之间以及教师之间的交往。在这样的环境中，每个人都扮演着不同的角色，而这些角色之间的互动，对于教学质量和学生的学习效果有着深远的影响。

首先，师生之间的关系是教学中的核心。教师不仅是知识的传授者，还是学生成长道路上的引路人。每位学生都拥有自己独特的个性和需求，这就要求教师必须用心去了解他们，关注他们的情感变化，与他们建立起真挚的信任关系。只有这样，学生才会愿意向教师敞开心扉，分享自己的困惑和喜悦，从而更加积极地投入体育学习。

其次，学生之间的关系是不可忽视的。在团队项目中，他们需要学会如何与他人合作，如何发挥自己的长处，如何理解和包容他人的不足。这种合作能力的培养，不仅有助于他们在体育活动中取得更好的成绩，还有助于为他们未来的职业生涯和人生道路打下坚实的基础。

最后，教师之间的合作关系相当重要。在教学过程中，教师可能会遇到各种问题和挑战。如果他们能够积极分享自己的经验和心得，共同探讨解决问题的方法，那么整个教学团队的教学水平都将得到极大的提升。

（七）身体活动的常态性

身体活动的常态性是高校体育教学的一个重要特点。在高校体育教学中，身体活动的常态性是一个显著的特征。这意味着学生需要经常参与体育活动，通过不断实践来提高自己的运动能力和身体素质。这是因为，运动技能的掌握和运动能力的提高，都需要通过不断实践和练习实现。

教师在教学过程中需要合理安排运动负荷和强度，这是一个平衡的过程。运动负荷过大会导致学生疲劳过度，难以恢复，进而影响他们的学习效果和身体健康；运动负荷过小可能导致学生无法得到足够的锻炼，无法实现提高运动能力和身体素质的目标。因此，教师需要结合学生的年龄、性别、身体条件和运动技能水平等因素，科学合理地安排运动负荷和强度。

教师还需要密切关注学生的身体反应和健康状况。学生的身体状况是影响运动效果和健康的重要因素。在体育教学中，教师应该密切关注学生的身体反应，如面色、表情、呼吸急促、疲劳感等。出现异常情况时，应及时停止运动，并采取相应的措施进行安抚和调整。此外，教师还应定期对学生的身体健康状况进行检查，及时发现并解决潜在的健康问题。

在高校体育教学中，教师还需要注重学生的心理体验和情感共鸣。通过创设良好的教学情景和运用多样化的教学手段，教师可以帮助学生更好地体验运动的乐趣和挑战成功的喜悦。例如，采用比赛、游戏等教学方式，可以激发学生的兴趣和积极性。同时，教师还可以通过表扬、鼓励等方式，培养学生的自信心和成就感。

二、高校体育教学的功能

体育教学在高校教育中占据着重要的地位，不仅是教授学生运动技能和知识的平台，还承载着培养学生身心健康、全面发展的重要使命。以下是高校体育教学的几个主要功能。

（一）健身功能

高校体育教学不只是一种简单的身体锻炼，更是一种全面的身体素质提升。通过系统的、科学的体育教学，学生能够增强自己的身体素质，提高身体机能，塑造出健康、强壮的体魄。

体育教学的内容丰富多样，包括力量训练、速度训练、耐力训练、灵敏度训练以及协调性训练等。这些训练内容不是孤立的，而是相互关联、相互促进的。力量训练能够增强学生的肌肉力量，提高身体的抗负荷能力；速度训练则能够帮助学生提升反应速度和移动速度，使他们在面对突发情况时能够迅速做出反应；耐力训练则可以增强学生的持久力，让他们在面对长时间、高强度的任务时能够坚持下去；灵敏度训练和协调性训练则能够帮助学生更好地控制自己的身体，使他们在运动中更加自如、流畅。

这些训练不仅能够全面提升学生的身体能力，还能够为他们未来的学习和工作打下坚实的基础。一个健康的身体是学习和工作的前提，只有具备了良好的身体素质，学生才能更好地投入学习和工作，发挥出自己的最大潜力。因此，高校体育教学的重要性不容忽视，我们应该重视体育教学，注重培养学生的身体素质，为他们的未来发展保驾护航。

（二）健心功能

除了健身功能外，高校体育教学还具有显著的健心功能，主要体现在以下几个方面。

1. 保持良好心情

在现代社会，学生不仅面临着繁重的学业任务，还经常要面对来自社会、家庭等方面的压力和期望。在这种情况下，体育运动作为一种有效的心理调适手段，已经越来越受到教育工作者的关注和重视。

当学生参与体育活动时，身体会处于一种紧张而活跃的状态，这种状态会引发身体内部的生理变化。其中，内啡肽作为一种重要的神经递质，起到了关键的作用。内啡肽是一种由大脑分泌的天然麻醉剂，能够通过刺激大脑中的快乐中心产生愉悦感和满足感。内啡肽的释放不仅缓解了压力，而且有助于改善学生的情绪状态，使他们在面对困难和挑战时能够保持积极乐观的心态。

除了内啡肽外，体育运动还能激发学生的多巴胺分泌。多巴胺是一种能够提升情绪、增强动力和带来快乐的神经递质。在学生参与体育活动的过程中，无论是竞技还是休闲，只要他们全身心投入，积极进行身体锻炼，就会促进多巴胺的分泌。多巴胺的分泌不仅能改善学生的心情，还让他们在享受运动带来的乐趣的同时，更感受到内心的满足和幸福。

2. 缓解紧张情绪

在当今这个充满竞争与压力的社会环境里，学生不仅要努力学习知识，还要在生活的纷繁复杂中寻找自我。面对日益加重的学习任务和不断加重的心理负担，他们迫切需要一个可以安心放松、舒缓身心的地方。体育活动不仅可以为学生提供强身健体的实用技能，还能帮助他们在运动中找到释放压力、调节情绪的有效途径。

参与体育活动，尤其是集体项目，能够让学生暂时逃离专注于课本和日常琐事的牢笼，投入充满激情与合作的比赛中。积极地参与体育运动可以让学生舒缓压力、增进人际交往。在篮球场上争夺篮板、足球场上协同作战、游泳比赛中挑战自我极限的过程中，他们不仅能锻炼身体素质，还能通过团队合作培养协作精神和沟通能力，提升自我心理素质。体育活动营造的氛围有助于促进学生的心理健康，能够帮助他们调整心态，以积极乐观的态度面对生活中的种种挑战。

3. 防止心理疾病

长期参与体育运动对学生的心理健康具有深远的影响。通过持续的运动锻炼，学生的身体和心理韧性都会得到提高。他们能够更好地面对挫折和困难，不轻易放弃。体育运动还能够培养学生的团队合作精神、竞争意识和社交能力。在团队比赛中，学生需要相互协作、共同进退，这有助于培养他们的集体意识和责任感。在竞争中，学生可以学会如何面对挑战、保持冷静，从而提高自己的心理素质。通过与他人交流、互动，学生的社交能力也会得到提高。这些能力都是预防心理疾病的重要因素，能够帮助学生在面对压力和挑战时保持心理健康。

（三）健美功能

高校体育教学的健美功能主要体现在塑造学生的体型和提升身体素质上。

首先，通过系统的健美练习，可以对学生的心血管系统、呼吸系统和消化系统产生良好的影响。健美运动还能通过肌肉锻炼，改善人体的体型，增加机体蛋白质含量，提高人体力量素质，从而系统地改善学生的身体素质。

其次，健美锻炼过程中的代偿迁移、自我宣泄等方法有助于调节情绪，提高心理健康水平。这不仅能帮助学生建立良好的人际关系，还能陶冶他们的情操，对心理健康产生积极的影响。

高校体育教学的健美功能还体现在对学生美育的培养上。通过引导学生参与健美运动，让他们体验身体的力量与美感，这本身就是一种美育的实践。同时，健美运动中的自律、毅力和团队合作精神等也是美育的重要组成部分。

（四）育人功能

高校体育教学的育人功能主要体现在德育、智育和美育三个方面。

1. 德育

体育教学是塑造学生品格和团队精神的重要一环。通过参与团队项目和比赛，学生不仅学会了如何与他人协同合作，还培养了彼此之间的信任和默契。他们在比赛过程中互相支持、鼓励，共同面对挑战和困难，从而深刻体验到团队的力量。这种体验在日常生活中也会迁移，使他们更加珍视集体荣誉，愿意为团队的成功贡献自己的力量。同时，比赛中的挫折和失败也教会了他们如何面对困境，如何调整心态。这样的经历无疑会让他们在未来的生活和工作中更加坚强、自信。

2. 智育

体育教学在促进学生智力发展方面有着不容忽视的作用。首先，运动训练能够锻炼学生的神经系统，提高大脑的反应速度和处理信息的能力。在运动中，学生需要快速做出决策和判断，这无疑会锻炼他们的大脑思维。其次，体育运动能够帮助学生提高脑力工作效率。在紧张的学习或工作之后，参与体育运动可以让大脑得到放松和休息，从而更好地投入接下来的任务中。此外，运动还能培养学生的创造力，因为在运动中，他们需要不断尝试新的方法和技巧，这种创新精神也会迁移到他们的学习和工作中。

3. 美育

体育教学还注重培养学生对体育之美的感知和欣赏能力。通过观赏高水平的体育赛事和表演，学生可以感受到运动员精湛的技艺、优雅的动作以及运动中所展现出的力量和韵律之美。这种美的体验不仅能够陶冶学生的情操，还能激发他们的审美能力和创造力。同时，参与体育运动也让学生有机会亲身体验这种美感。他们在运动中展现出自己的风采和才华，感受到自我表现和自我实现的美感。这种体验无疑会提升他们的自信心和自尊心，使他们更加热爱生活、热爱运动。

第四节 高校体育教学的原则与目标

一、高校体育教学原则

（一）合理运动原则

合理运动原则是指在高校体育教学中，根据学生的生长发育特殊性和人体发展的基本规律，合理安排运动负荷，以达到预期的教学效果和运动效益。具体来说，这一原则包括以下三个方面。

1. 考虑不同学生生长发育的特殊性

每个学生都是独特的，他们的身体发育和生长过程因年龄、性别、身高、体重和体质等因素而异。因此，在体育课上，教师应该充分考虑到这些因素，为每个学生制订个性化的教学计划。这样才能确保每个学生都能得到适合自己的锻炼，从而达到最佳的锻炼效果。例如，对于青春期的学生来说，他们正处于身体发育的关键时期。在这个阶段，适当增加力量训练的比例是非常必要的。这不仅可以帮助他们塑造健美的体形，还可以促进骨骼的健康发育，预防一些常见的骨骼问题。

2. 遵循人体发展的基本规律

人体的发展确实是一个充满规律性和阶段性的过程，这就决定了体育教学必须严格遵循这些自然规律，以确保学生的身心健康。在教学过程中，运动负荷的设置和内容的选择都至关重要。特别是在学生的生长发育阶段，全面而均衡的身体训练显得尤为重要。过度集中于某一部位的训练，可能会导致身体其他部分的发育不良，进而影响整体的身体机能。

体育教学还需充分考虑学生的年龄和性别特点。不同年龄段的学生，其身心发展需求是有差异的；而不同性别的学生，在运动选择上也有各自的特点和偏好。因此，合理安排运动项目和运动时间，既能够满足学生的个性化需求，又能够促进他们的全面发展。总之，体育教学不仅是技能的传授，还是对学生身心健康的全面关注和培养。

3. 运动负荷的合理安排

运动负荷在体育教学中具有至关重要的作用。为了确保学生在体育活动中既能够锻炼身体，又能够避免受伤，教师需要深入了解每个学生的体能水平和运动能力，以便为他们量身定制合适的运动计划。这个计划不仅要考虑到运动强度和时间，还要考虑到运动频率，确保学生在每次活动中都能得到适度的挑战。通过合理安排运动负荷，学生不仅能够提高体能，还能在运动中体验到成就感和乐趣。同时，随着学生体能的提升，教师也要适时地调整运动负荷，确保学生在适度的压力下不断进步。

（二）自觉积极原则

自觉积极原则强调的是学生在学习过程中的主动性、积极性和自觉性，而非被动接受知识。以下是对贯彻和运用自觉积极原则基本要求的详细解释。

1. 了解学生

要全面了解学生，教师需要采取多种方式，包括与学生交流、观察学生的表现、了解学生的家庭背景和学习经历等。教师需要关注学生的身体素质，了解学生的体能状况、运动习惯以及体育技能的掌握情况。教师还需要了解学生的兴趣爱好，关注学生的个性化需求，以便为学生提供更加丰富多样的体育教学内容和活动。此外，教师还需要了解学生的学习态度和个性特点，针对不同学生的实际情况制订合适的教学计划和教学方法，以激发学生的学习兴趣和动力，帮助他们更好地参与体育活动，提高身体素质和运动技能。

2. 发挥教师的主导作用

在体育教学过程中，教师发挥着至关重要的作用。教师不只是知识的传授者，更是学生运动技能的指导者和引导者。因此，教师需要充分发挥主导作用，引导学生积极参与体育活动，帮助学生建立正确的学习态度和方法。在教学过程中，教师应根据学生的实际情况，制订合适的教学计划和教学方法，同时提供必要的指导和支持。教师还需要注重学生的反馈和表现，及时调整教学策略，确保教学效果的最大化。此外，教师还需要营造积极向上的课堂氛围，激发学生的运动热情，让学生在轻松愉悦的氛围中享受体育带来的快乐。

3. 建立民主平等、情感融洽的师生关系

在现代教育中，民主平等的师生关系是至关重要的。教师应尊重学生的人格和观点，不因其背景、能力或表现而有所偏见。每个学生都是一个独立的个体，他们的声音都应被听见。在课堂讨论和活动中，教师要鼓励学生大胆发表看法，不论对错，都要给予平等的交流机会。

除了学术上的交流外，师生之间的情感联系也不容忽视。融洽的情感关系可以增进彼此的理解与信任。[①] 教师应该深入了解学生的生活背景、兴趣爱好和成长需求，真心关心他们的成长和进步。同时，教师要创造一个温暖、和谐的学习环境，让学生在这样的氛围中感到安全、放松，从而更好地学习和成长。

4. 培养学生学习的内在动力

内在动力是推动学生持续学习的关键因素。要培养学生的内在动力，首先要激发他们的兴趣和好奇心。教师可以通过多样化的教学手段、富有挑战性的学习任务和丰富的实践机会吸引学生，让他们在探索和学习的过程中体验乐趣。

此外，明确的学习目标和合理的学习计划对于培养学生的内在动力也至关重要。教师应该帮助学生认识到学习的重要性，并与他们一起制订符合个人特点的学习计划。这样的计划不仅要有明确的目标，还要有可行的步骤和合适的时间安排，以便学生能够有计划地、系统地进步。

在这个过程中，教师的引导和鼓励是不可或缺的。教师要及时给予学生反馈，肯定他们的努力和成就，同时指出需要改进的地方，从而帮助学生建立自信心，形成积极向上的学习态度，进而更加主动地投入学习。

5. 培养学生自学、自练、自评的能力

在现代教育中，培养学生的自学能力、自练能力和自评能力尤为重要。尤其是在体育领域，这三项能力更是学生全面发展的重要组成部分。教师应该积极引导学生养成自主锻炼和学习的习惯，使他们在课堂之外也能够持之以恒地进行体育锻炼。这样不仅能够有效提升学生的体育技能和体能水平，还能够锻炼他们的自我管理和自我发展能力。

自学能力使学生能够主动获取知识，不断探索新的领域；自练能力让学生在实

---

① 刘德兵，王凤娟．终身体育理念下高校体育教学研究［J］．冰雪体育创新研究，2024，5（4）：39-41.

践中巩固所学，提升身体素质；自评能力帮助学生反思自己的表现，明确进步与不足。通过培养这三项能力，学生能够更加独立、自主地参与体育锻炼，不仅享受运动的乐趣，还在运动中实现自我成长和提升。这样的教育理念有助于培养出既有强健体魄，又有独立思考和自我发展能力的全面发展的人才。

（三）循序渐进原则

高校体育教学的循序渐进原则是一个非常重要的教学原则，其基本依据和基本要求如下。

1. 高校体育教学循序渐进原则的基本依据

（1）学生身心发展的规律性

学生的身心发展是一个遵循科学规律的有序进程，这种阶段性特点表现在他们的认知能力、技能掌握、情感态度和社会行为等维度。在体育教学活动设计中，我们必须充分尊重并适应这种规律性变化，遵循由浅入深、由易到难的教学原则。这意味着我们不能期望学生在初期就能掌握高难度的运动技巧，而应该根据他们的年龄特点、生理发育水平和心理接受能力，从最基础的动作练习开始，循序渐进地引导他们逐步接触和掌握更难的技术动作。

这种渐进式的教学方法不仅符合学生的身心发展需求，还能有效促进他们的全面发展。从运动技能习得的角度来看，分阶段、有步骤的教学策略有助于学生逐步建立自信心，克服运动技能学习过程中的困难和挫折。当学生看到自己能够逐渐掌握越来越复杂的运动技巧时，他们会有成就感，进而激发更强烈的学习动力和兴趣。这种正向的反馈机制不仅能深化学生对体育基本技术和理论知识的理解，还能有效提升他们的运动技能水平。

注重学生的身心发展规律，推行渐进式体育教学，还能培养学生的意志品质和社会适应性。在练习难度逐步提升的过程中，学生有机会体验到挑战与突破的过程，学会如何在困难面前坚持下去，这种经历有助于塑造他们坚韧不拔的意志力。同时，参与体育活动的多样性也会随着技能水平的提高而增加，从而促进学生社交能力的发展，增强团队协作精神和社会责任感。

（2）运动技能形成的规律性

运动技能的形成是一个长期且有序的过程，随着个体的学习和实践经历的增加而逐步发展与完善。首先，感知阶段是运动技能习得的起点。学生通过对运动动作的初步观察、模仿和体验，建立起对运动项目的基本认知框架。其次，随着学习的深入，学生进入了理解阶段，这个时期他们需要深入剖析动作的结构、技术要点以及实施条件，通过教练或教师的讲解示范，结合理论学习，逐步理解并掌握动作的内在规律和外在表现。再次是巩固阶段，学生反复练习和修正自己的动作，不断纠正错误，强化正确部分，通过高强度的训练使动作逐渐趋于规范和稳定，从而提升整体的运动技能水平。最后，当动作技能习得达到自动化阶段时，意味着学生已经将特定的运动动作内化为自身的本能反应，不需要经过意识思考就能自然而然地完成，且在速度、力量、准确度等方面均达到了近乎本能的水平。

（3）体育知识的系统性

体育知识体系并非简单地表现为一系列零散的技能操作和规则记忆的堆砌，而是一个深度契合运动科学原理、人体生理机能特点以及项目竞技规律的系统工程。因此，在实施体育教学活动的过程中，我们不能仅停留在对学生进行单一运动技能模仿训练的层面，必须高度重视体育知识系统性的传授与构建。

在体育教学之初，我们应该从最基础的理论知识开始教学，如运动生理学和运动解剖学等学科领域。通过这些基础理论的学习，学生能够深入理解人体是如何通过能量代谢、肌肉收缩等方式实现运动功能的，以及骨骼肌肉系统的结构特点、功能作用和损伤预防等内容。随着学生基础知识水平的提高，我们可以逐步引导他们接触并掌握更高级的体育运动知识，如各类运动项目的具体竞赛规则、战术策略以及运动训练的方法原则等。

2. 高校体育教学循序渐进原则的基本要求

在安排教学内容时，必须遵循由浅入深、由易到难、由简到繁的原则。初始阶段，可以从基础知识和技能入手，逐步引导学生深入理解和掌握。随着学生能力的提高，可以适当增加难度和复杂度，挑战学生的极限，使他们不断进步。这样，不仅有助于提高学生的运动技能，还能培养他们的学习兴趣和自信心。

为了激发学生的学习兴趣和积极性，教学方法必须多样化。教师应该根据学生的年龄、性格、兴趣爱好等特点，以及教学内容的性质和要求，灵活选择和应用不同的教学方法。例如，可以采用游戏化教学、情景教学、探究式教学等方式，让学生在轻松愉快的氛围中学习，提高学习效果。

基础训练是提高学生运动技能的关键，体育教学必须对其高度重视。在基础训练阶段，教师应该注重学生的基本技术、基本技能和基本理论知识的学习与掌握。通过反复练习和巩固，确保学生熟练掌握基本动作和技巧，为以后的深入学习打下坚实的基础。

体育教学的连贯性和系统性至关重要。在教学过程中，教师应该遵循体育知识的内在逻辑和运动技能形成的规律，合理安排教学内容的顺序和进度。同时，要注重前后知识的衔接和整合，确保教学内容的连贯性和系统性。这样有助于帮助学生形成完整的知识体系和技能结构，提高学习效果。

及时反馈和调整教学计划是确保教学效果的重要手段。在教学过程中，教师应该密切关注学生的实际情况和教学效果的反馈，及时发现问题和不足之处。根据学生的实际需求和教学效果的反馈，及时调整教学计划和方法，确保教学目标的顺利实现。同时，教师也要注重与学生进行沟通和交流，了解他们的想法和意见，共同推动教学质量的提升。

（四）因材施教原则

高校体育教学原则中的因材施教原则强调针对学生的个体差异和特点进行教学，以最大限度地发挥每个学生的潜力和优势。以下是贯彻和运用因材施教原则的基本要求。

1. 充分了解学生的个体情况

为了全面了解每个学生的个体差异，教师需要运用多种手段进行深入的观察和评估。首先，通过日常观察，教师可以初步了解学生的身体素质和技能水平，注意到他们在课堂学习和课外活动中的表现。其次，通过标准化的测试，如体育测试、技能考核等，教师可以更准确地评估学生在各方面的水平。再次，问卷调查是一种有效的工具，可以搜集到学生兴趣爱好、学习风格、动机和目标等方面的自我反馈信息。最后，与学生进行面对面的交流，可以深入了解他们的思想动态和个人需求，使教师对学生有更全面的认识。

了解学生的个体情况是教师制订个性化教学计划的基础。每个学生都是独一无二的，学习需求和兴趣点各不相同。通过全面了解学生的身体素质、技能水平、兴趣爱好、学习风格、动机和目标等方面的差异，教师可以更有针对性地设计教学内容和方法，以满足不同学生的需求。这样的个性化教学计划不仅可以提高学生的学习效果，还能激发他们的学习兴趣和动力，促进他们的全面发展。同时，个性化的教学计划也体现了教师对学生个体差异的尊重和关注，有助于建立良好的师生关系，为教学活动创造和谐的环境。

2. 引导学生正确看待个体差异

为了让学生更好地理解和接受个体差异，教师需要明确地传达一个观念：每个人都是独一无二的，拥有不同的优势和劣势。这种差异不仅存在于人的外貌、性格和兴趣爱好中，还体现在智力和能力上。因此，教师应该强调，没有所谓的"完美的人"，每个人都有自己独特的价值和意义。这种观念的传达，有助于帮助学生更好地认识自己，理解他人，并学会尊重和包容差异。

认识到个体差异的普遍存在是第一步，接下来，教师应该鼓励学生认识并接受自己的优势和劣势。每个人都有自己擅长的事情和不擅长的事情，这是很正常的。重要的是，我们要学会发挥自己的特长，努力改进自己的不足。这样，我们才能在人生的道路上不断前进、不断成长。为了帮助学生做到这一点，教师可以根据学生的实际情况，提供具体的建议和指导，帮助他们找到适合自己的发展方向。

在帮助学生认识并接受自己个体差异的同时，教师还应该注重培养学生的自信心。自信心是一种重要的心理品质，能够帮助我们勇敢地面对困难，迎接挑战。为了帮助学生建立自信心，教师可以采取多种方式，如给予学生正面的反馈和鼓励，让学生感受到自己的价值和能力；或者通过适当的训练，帮助学生克服困难，提高自我认知。这样，学生就能逐渐建立起自信心，相信自己可以通过努力和适当的训练克服困难，实现自己的目标。

3. 总体把握，全面兼顾

因材施教是教育中的一项重要原则，意味着教师需要根据每个学生的个性、兴趣和能力制订相应的教学计划。然而，这并不意味着教师可以忽视对全班学生的总体把握。为了确保教学计划的全面性和系统性，教师需要对学生的整体水平有深入的了解，以便制订出既符合学生个体差异，又能促进全班学生共同进步的教学方案。这不仅包括教学内容的选择，还包括教学方法和评估方式的确定。通过因材施教与全面把握的结合，教师可以更好地满足学生的个性化需求，确保全班学生都能获得系统、全面的教育。

在体育教学中，关注学生的个体差异至关重要，因为每个学生的身体素质、运动能力和兴趣点都有所不同。然而，除了满足这些个体差异外，教师还需要关注全班学生的共同目标。这些目标可能包括提高基本的运动技能、增强身体素质、培养团队合作精神等。通过关注共同目标，教师可以确保每个学生都能达到基本的体育素质要求。为了实现这一目标，教师可以采用多种教学方法，如分组练习、竞赛活动、课堂讲解等，以激发学生的学习兴趣和积极性。同时，教师还需要定期评估学生的表现，以便及时调整教学计划，确保每个学生都能在体育教学中取得进步。

4. 因材施教与统一要求相结合

每位学生都有其独特的个性、兴趣和能力。因此，教师应该充分考虑到这些因素，为每个学生制订一套既符合他们特点又富有挑战性的个性化教学计划。然而，这并不意味着放任自流，教师还需要设定一定的统一要求，以确保所有学生都能达到基本的学业水平。这样，既能够尊重学生的个体差异，又能够确保教育质量。

个性化教学并不意味着我们要放弃对学生统一的基本要求。相反，它是一种更高层次、更人性化的教育方式。在个性化教学中，我们尊重每个学生的独特性，但同时也要求他们掌握基本的体育知识和技能。这样，我们既能满足学生的个性化需求，又能确保他们获得必要的基础教育，为他们未来的全面发展打下坚实的基础。

实现因材施教与统一要求的结合并非易事，但教师可以通过一些有效的教学方法达成这一目标。例如，在分组教学中，可以根据学生的能力和兴趣将他们分成不同的小组，然后为每个小组设计适合的教学计划和内容。另外，分层教学，即根据学生的学习进度和理解能力，将他们分成不同的层次，然后针对不同层次的学生提供不同的教学难度和内容。这些教学方法既能满足学生的个性化需求，又能确保他们达到统一的学习要求。

（五）巩固提高原则

1. 体育教学巩固提高原则的基本依据

巩固提高原则在高校体育教学中的基本依据主要来源于以下两个方面。

第一，基于条件反射的强化与消退理论。学生在体育学习过程中所掌握的技能和知识，只有通过持续的重复和巩固才能得到强化，否则，这些技能和知识可能会随时间逐渐消退。这就像是我们学习骑自行车，如果长时间不骑，就会感到生疏，需要通过再次练习进行恢复和提高。

第二，人体机能的适应性规律强调了巩固提高的必要性。人体在运动训练中会不断适应和提高，从而应对更高强度的体育训练和更复杂的体育技能。例如，一名学生在初次接触长跑时可能会感到吃力，但通过持续的锻炼和巩固，身体机能会逐渐适应，长跑能力也会得到提高。

2. 体育教学巩固提高原则的基本要求

（1）组织有效的复习和练习

为了实现这一目标，教师可以制订详细的复习计划，明确每个阶段需要掌握的重点和难点。同时，教师应设计有针对性的练习活动，确保学生在反复实践中不断提高。例如，在教授篮球运球技巧时，教师可以先进行示范，然后让学生分组进行练习，并对学生的动作进行纠正和指导。此外，教师还可以定期组织小测验或比赛，以检验学生的掌握情况，并激发他们的学习兴趣。

（2）采用多元化的教学手段

传统的体育教学方式往往侧重于教师的示范和学生的模仿，但这种方式往往难以激发学生的学习兴趣。因此，教师可以尝试引入多媒体教学、实物演示等多元化的教学手段。例如，在教授游泳技巧时，教师可以利用多媒体教学设备展示游泳的动作要领和注意事项，让学生更直观地了解游泳的技巧。同时，教师还可以准备一些游泳装备或模型进行实物演示，让学生更加深入地了解游泳的细节和技巧。这些多元化的教学手段不仅可以激发学生的学习兴趣，还可以帮助他们更好地理解和掌握体育知识与技能。

（3）注重理论与实践的结合

在体育教学中，单纯的理论传授或技能练习是不够的。理论知识为学生提供了运动原理、规则和方法的基础，而实践技能则使学生真正体验到运动的乐趣和实用性。因此，教师应在课堂教学中结合两者，让学生在理解运动为何如此进行的同时，能通过实践去体验、去验证。例如，在教授篮球运球技巧时，教师不仅要讲解运球的原理和方法，还应让学生亲自上场，感受运球的节奏和力量，这样通过理论与实践的结合才能真正提高教学效果。

（4）及时反馈和评估

在体育教学中，学生的学习进步不只取决于课堂上的努力，更取决于及时的反馈和评估。教师应该经常检查学生的学习情况，包括学生对技能的掌握程度，对理论知识的理解。通过反馈，学生可以知道自己在哪些方面做得好，哪些方面需要改进。评估则为学生提供了一个明确的学习目标，使他们能够有针对性地调整学习策略，进一步提高学习效果。例如，每次课后，教师可以为学生打分，指出他们的优点和不足，并给出建议，这样学生可以更加明确自己的学习目标，更快地进步。

（六）身体全面发展原则

身体全面发展原则是高校体育教学的重要指导原则之一，强调在体育教学过程中，应注重学生身体的全面、均衡和协调发展。以下是贯彻和运用身体全面发展原则的基本要求。

1. 身体全面发展体现在课堂教学的全过程

在每节体育课中，都应包含多种身体训练内容，以确保学生得到全面的锻炼。这意味着体育课不是单一的跑步或举重课程，而是应该涵盖灵活性、力量、耐力、速度和协调性等方面的训练。例如，可以安排一段时间进行有氧运动，如慢跑或跳绳，以提高学生的心肺功能和耐力；再安排一段时间进行力量训练，如俯卧撑或深蹲，以增强学生的肌肉力量。通过这样的多样化训练，学生能够得到更全面的身体锻炼，有助于培养他们的身体素质和健康习惯。

教师应合理安排教学顺序和教学方法，确保学生在课堂学习中能够充分活动各身体部位。为了达到这一目标，教师可以根据学生的年龄、性别和体能水平等因素制订教学计划。例如，在开始课程时，首先可以进行一些轻松的热身活动，如伸展和慢跑，以准备学生的身体。其次可以进行一些针对特定肌肉群的力量训练或针对协调性的活动。在教学过程中，教师还应根据学生的反应和表现调整教学方法与顺序，以确保每个学生都能得到充分的锻炼。

教师还应关注学生的运动负荷和恢复情况，以避免过度训练或训练不足。为了实现这一目标，教师可以定期评估学生的体能水平和运动表现，以便了解他们的训练状态。此外，教师还可以询问学生关于他们的身体感受和恢复情况，以便及时调整训练计划。如果学生表现出过度疲劳或受伤等迹象，教师应立即降低训练强度或给予适当的休息。同时，教师还应鼓励学生充分休息和恢复，以便在下一次体育课中有更好的表现。通过这样的关注和调整，教师可以确保学生在体育课上既能够得到有效的锻炼，又能避免过度训练或训练不足的风险。

2. 克服单纯从兴趣出发的倾向

虽然学生的兴趣在教学过程中至关重要，但是教师不能仅仅依赖于学生的兴趣来制定教学内容和方法。学生的兴趣可能会随着时间和环境的变化而变化，而教学的目标是帮助学生掌握基础知识和技能，培养他们的综合素质。因此，教师应该根据学生的实际情况和教学目标，合理选择教学内容和方法，确保学生能够全面发展。

为了使学生得到全面的身体训练，教师应该从全面发展的角度出发，选择适合学生的教学内容和方法。这包括选择多样化的运动项目，让学生尝试不同类型的运动，提高他们的各项身体素质。同时，教师还应该注重学生的运动技能训练，通过科学的教学方法，帮助学生掌握基本的运动技能，提高他们的运动水平。

除了选择适合的教学内容和方法外，教师还应该通过丰富多样的教学内容和手段，激发学生的学习兴趣和积极性。例如，教师可以采用游戏化的教学方法，让学生在轻松愉快的氛围中学习运动技能；教师还可以组织多样化的体育活动，让学生在参与中感受到运动的乐趣，从而更加主动地参与体育活动。这样做不仅可以提高学生的学习效果，还能培养他们的团队合作精神和竞争意识。

（七）终身体育原则

1. 体育教学终身体育原则的基本依据

终身体育原则的基本依据主要来自两个方面。首先，人体自身的发展是有规律可循的，人的一生一般会经历三个主要的发展时期：生长发育期、成熟期和衰退期。体育锻炼对人各不同时期的身体健康都具有积极的影响，能够增进健康、增强体质。因此，体育教学应伴随人的一生，满足人们在不同阶段的身体锻炼需求。

其次，现代社会对人才培养的要求也使我们坚持终身体育的原则。随着科技的进步和社会的发展，人们需要具备良好的身心素质，以应对快速变化的环境和挑战。终身体育不仅有助于个人健康，也是提高国民整体素质和社会文明程度的重要途径。

2. 体育教学终身体育原则的基本要求

（1）不间断性原则

终身体育的核心在于培养学生对体育活动的持续热爱和参与。这种不间断性原则强调的不是学生在学校期间的体育锻炼，而是要求他们能够在毕业后，乃至整个生命过程中都保持对体育的热爱。因此，体育教学应当着重培养学生的运动兴趣，让他们从内心感受到运动的乐趣，并形成一种良好的运动习惯。这样才能确保学生在面对生活的种种压力和挑战时，能通过体育锻炼来保持身心健康，实现终身受益。

为了实现这一目标，教师需要在教学过程中采用多样化的教学方法，以激发学生的学习兴趣和积极性。例如，可以通过组织各种有趣的体育游戏和活动，让学生在轻松愉快的氛围中锻炼身体；还可以引入竞赛机制，让学生在竞技中感受运动的魅力，进而形成长期坚持体育锻炼的动力。

（2）预见性原则

体育教学不仅要关注学生的当前身体健康状况，还要预见他们未来的身体需求和挑战。这要求教师在教学过程中不仅传授运动技能，还要注重培养学生的自我保健意识和能力。为此，教师需要教授学生预防和康复的知识与方法，帮助他们掌握科学的锻炼方法和技巧，避免运动损伤的发生。

教师还要密切关注学生的身体发育和健康状况，及时发现并解决潜在的健康问题。例如，对于某些可能存在身体缺陷或疾病的学生，教师可以为他们量身定制合适的运动方案，帮助他们改善身体状况，提高生活质量。

此外，预见性原则还要求教师具备前瞻性的眼光，关注学生的未来发展需求。随着社会的进步和科技的发展，人们对身体健康的要求也在不断提高。因此，教师需要不断更新自己的知识和技能，以适应时代发展的需要，为学生提供更加科学、有效的体育教学服务。

（3）健康第一原则

在高校体育教学中，健康始终应该被放在首位。这不仅仅是因为健康是学生能够顺利完成学业和未来事业发展的基础，更是每个人最基本的需求和权利。因此，高校体育教学应始终将健康作为首要目标，确保所有教学活动都围绕保障学生的身心健康而展开。

为了实现这一目标，教师需要精心选择教学内容和方法，确保它们既能够锻炼学生的身体，又能够促进心理健康发展。例如，可以选择一些具有挑战性和趣味性的体育项目，让学生在锻炼身体的同时，能够感受到成功的喜悦和挫折的教训；还可以引入一些心理训练的元素，帮助学生提高自我认知和情感调节能力，从而更好地应对生活中的种种挑战。

二、高校体育教学目标

（一）高校体育教学目标基本理论

1. 高校体育教学目标的概念

（1）目标的概念

从"目标"的表面字义来看，"目"是指"眼睛""看""目录""孔眼""名称""大项中再分的小项""想要达到的地点或想要得到的结果"等；"标"是指"标志""标准""记号""用文字或其他事物表明""事物的枝节或表面"等。将两者合起来解释，"目标"具有以下几个方面的含义。

第一，射击目标，即观察、射击的对象。

第二，被攻击的对象。

第三，需要经历斗争或忍受艰难困苦才能获得的东西。

第四，要达到的目的、要获得的战略地位，或海战或陆战规定的要到达的地点。

第五，目的与标准两者的结合。即说话或做事都需要有一定的目的，所说的话或所做的事也都需要一定的标准。

综上所述，在教学领域中，目标是指在教学过程中需要得到的具有一定标准的结果。也就是说，目标具有标准性、预期性和观测性。

（2）教学目标的概念

教学目标是教学活动的核心，是教师和学生共同追求的预期学习成果，反映了教学大纲和课程内容的精髓，为整个教学过程提供了清晰、明确的指引。教学目标不仅为教学活动指明了方向，还为教师设计和实施教学策略提供了依据；同时，教学目标帮助学生了解自己的学习目标，从而更有针对性地展开学习。

教学目标的设定既要考虑学生的实际需求、认知特点和兴趣爱好，也要结合社会发展和时代进步的要求。它涵盖了多个维度，包括但不限于学生的知识掌握、技能提升，以及情感态度价值观的塑造。知识目标强调对基础理论、概念原理的认知和理解；技能目标则关注实际操作能力、技术运用水平的培养；而情感态度目标则关注学生的情感体验、价值观塑造以及学习动机的激发等方面。

（3）高校体育教学目标的概念

高校体育教学目标是指在高校体育教学过程中，针对大学生的身心发展特点和需求，通过体育教学活动所期望达到的预期学习成果。它旨在培养学生的体育兴趣、习惯和能力，提高学生的身体素质和健康水平，促进学生的全面发展。高校体育教学目标具有层次性、多元性和可操作性等特点。

高校体育教学目标是体育教学活动的重要组成部分，指导着教学内容的选择、教学方法的运用和教学评价的开展。在制定高校体育教学目标时，应充分考虑学生的身心发展特点、时代需求和社会发展的趋势，以确保教学目标的科学性和实用性。

2. 高校体育教学目标的划分

依据教育目标分类的对象和应遵循的基本原则，我们可以将教学目标分成认知、情感和动作技能三大领域，每个领域的目标又可由低级到高级分成若干层次。

依据布鲁姆的教学目标分类理论，可以将体育教学目标分为以下几类。

（1）认知领域分类

体育教学中认知领域的教学目标，按照从简单到复杂的顺序分为知识、领会、应用、分析、综合、评价六个层次（如表 1-2 所示）。

表 1-2　认知领域的教学目标分类

层次	一般目标举例	行为动词
知识	知道体育领域的名词和基本概念	界定、描述、指出、列举、选择、说明
领会	理解动作要领和有关知识， 将有关知识从一种形式转换成另一种形式	转换、区别、估计、解释、归纳、猜测
应用	应用概念及原理于新情况， 应用定律及学说于实际情况	改变、计算、示范、发现、操作、解答
分析	评鉴资料的相关性，分析一部作品的组成结构	关联、选择、细述理由、分辨好坏
综合	写出一组完善的动作要领	联合、创造、归纳、组成、重建、总结
评价	运用内在材料评判所学内容的价值， 运用外在标准评判所学内容的价值	鉴别、比较、结论、对比、检讨、证明

（2）情感领域分类

体育教学中情感领域的教学目标，按照价值内化的程度分为接受、反应、价值评价、组织、由价值或价值符合体形成的个性化五个层次（如表1-3所示）。

表1-3 情感领域的教学目标分类

层次	一般目标举例	行为动词
接受	注意听讲， 显示已了解学习的重要性， 显示对体育锻炼的敏感性并参与体育活动	把握、发问、描述、命名、点出
反应	完成规定练习， 遵守学校规则， 参与课上讨论， 显示对体育课的兴趣	标明、表现、遵守、讨论、呈现、帮助
价值评价	欣赏健康体育， 欣赏体育在日常生活中的地位， 显现解决问题的态度	邀请、验证、完成、阅读、报告、分享
组织	承认解决问题系统规则的重要性， 接受自身行为的责任， 了解并认知自身的能力及限度， 形成一个与自身能力和兴趣信仰相协调的生活计划	坚持、安排、修饰、比较、准备
由价值或价值符合体形成的个性化	表现具备良好的思想品德， 显示在独立完成动作时的自信心， 实践在团体活动中的合作态度， 保持良好健康的习惯	建立、分辨、倾听、实践、提议、品质

（3）动作技能领域分类

体育教学中动作技能领域的教学目标，分为知觉、定式、指导下的反应、机制、复杂的外显反应、适应、创作七个层次（如表1-4所示）。

表 1-4 动作技能领域的教学目标分类

层次	一般目标举例	行为动词
知觉	口述运动器械各部分名称，复诵动作要领	描述、使用、抄写、理解、解释
定式	评量身体的起始动作，调查反应的意愿	选择、建立、安置
指导下的反应	描述所观察教师的示范动作并能够正确模仿	制作、复制、混合、依从、建立
机制	正确、熟练地做出技术动作	操作、练习、变换、固定、修理
复杂的外显反应	完成精确的技术动作， 演示复杂的技术动作， 完成一套连贯的技术动作	组合、修缮、专精、解决、折叠
适应	迅速有效地掌握新动作， 根据已知的能力或技术编制一套技术动作	改正、计算、示范
创作	改良动作技术， 发现新的练习方法， 创造新的表演方法	设计、发展、创造、筹划、编辑

（二）高校体育教学目标的制定

1. 高校体育教学目标制定的程序

制定高校体育教学目标是一个系统性、逻辑性和科学性的过程，通常包括以下几个步骤。

（1）需求分析

首先，对于社会需求的分析，应当着眼于社会对人才健康水平和体育技能的实际需求。现代社会对人才的综合素质要求越来越高，体育能力作为其中的一部分，不仅关系到个体的身心健康，还影响着团队合作能力和竞争力的形成。因此，体育教学必须以满足社会的健康人才需求为出发点。

其次，对于学校的需求，应当考虑到学校体育教育的特色和目标定位。每所学校都有自己的教育理念和发展目标，体育教学作为其中的一环，需要与学校的整体教育目标相契合，为学校特色建设贡献力量。

最后，对于学生的需求，需要深入了解不同年龄、性别、兴趣爱好的学生的体育需求。只有真正了解了学生的实际需求，才能制定出更加符合学生兴趣与需求的体育教学内容和方法，从而激发学生的学习兴趣和积极性。

（2）政策解读

政策解读是制订体育教学计划的关键环节，需要对国家教育政策、体育课程标准以及学校的教育理念进行深入的解读和分析。首先，国家教育政策是指导教育工作的宏观方针，体育教学作为教育的重要组成部分，必须与国家教育政策保持高度一致。其次，体育课程标准是体育教学的基本规范，明确了体育教学的目标、内容、方法和评价等方面的要求。最后，学校的教育理念是指导学校各项工作的核心思想，体育教学作为学校教育的一部分，应当与学校的教育理念相融合，为学校的发展贡献力量。在解读这些政策时，我们要充分理解其内涵和要求，确保我们的体育教学目标与宏观政策相一致，为培养符合时代要求的人才打下坚实的基础。

（3）目标设定

在完成了需求分析和政策解读之后，就需要设定具体的、可衡量的、可实现的、相关性强的、时限明确的体育教学目标。第一，这些目标应该是具体的，能够明确表达要达到什么样的效果。第二，这些目标应该是可衡量的，能够通过一定的标准和方法来评估我们的教学效果。第三，这些目标应该是可实现的，既符合学生的实际情况和需求，也符合学校的教育资源和条件。第四，这些目标应该与体育课程标准和学校的教育理念相关性强，确保教学方向是正确的。第五，这些目标应该有时限性，明确需要在什么时间内达到这些目标，以便能够有计划、有步骤地开展体育教学工作。通过设定这样的体育教学目标，可以更加明确我们的教学任务和方向，为培养具有健康体魄和良好体育素养的学生提供有力保障。

（4）目标分解

为了有效地实施教学计划，将总体目标分解为更小、更具体的子目标至关重要。例如，在教授一门外语课程时，总体目标可能会帮助学生达到流利的口语水平。为此，可以将目标分解为多个子目标，如掌握基础词汇、语法结构、日常对话技巧等。在不同的教学阶段，重点围绕一个或多个子目标进行授课，这样可以使学生逐步累积知识和技能，最终实现总体目标。同时，具体的子目标更便于评估和跟踪学生的进度。

（5）目标评价

目标评价是教学过程中不可或缺的一环。通过建立科学、全面的目标评价体系，可以准确了解教学目标的达成情况。评价不仅包括学生的学业成绩，还应考虑学生的学习态度、实践能力、创新思维等因素。定期评估学生的表现，可以及时发现教学中存在的问题和不足，为后续的调整和改进提供依据。同时，对教师的教学效果进行评价，也是促进教师专业成长、提升教学质量的重要手段。通过目标评价，我们可以更好地调整教学策略，确保教学目标有效实现。

（6）反馈调整

在实施教学过程中，定期收集学生的反馈意见是非常重要的。这些反馈可以直接反映出学生对教学内容、方法和进度的看法与建议。通过分析和整理这些反馈，教师可以及时发现教学中的问题和不足，从而做出相应的调整和改进。此外，定期的目标评价也能为教师提供客观的数据和依据，帮助教师更准确地判断教学目标的达成情况。在反馈调整的过程中，教师还应保持开放和灵活的心态，愿意接受新的想法和建议，不断提升自己的教学水平和能力。这样不仅能确保教学目标的实现，还能为学生提供更加优质、高效的教学服务。

2. 高校体育教学目标制定的具体对策

（1）明确体育教学目标

在确立体育教学目标时，必须确保目标的清晰性、可衡量性和可操作性。这意味着要将目标具体化，使其能够明确反映出学生的体育技能提升、身体素质增强以及体育兴趣和习惯的培养情况。例如，教师可以设定目标：通过本学期的体育教学，使学生能够熟练掌握两项基本运动技能，提高体能水平，并在日常活动中展现出对体育活动的兴趣和参与热情。这样的目标既明确又具体，便于教师进行教学评估，学生进行自我反思。

（2）深入研究体育教学各层次的目标

体育教学的目标设定具有鲜明的层次性，这种层次性体现在课程目标、单元目标和课时目标等层面。课程目标是宏观的，定义了整个体育教学过程的终极目的，如培养学生的体育兴趣，提升身体素质等。单元目标则是课程目标的细化，针对某一具体教学内容设定。例如，通过某一体育项目的学习，让学生掌握基本技能和规则。课时目标则是单元目标的进一步分解，具体到每节课的教学内容和学生应达到的学习效果。要确保各层次目标之间的连贯性和一致性，需要在设定目标时，从宏观到微观，层层递进，形成完整的目标体系，这样才能确保体育教学的效果达到最佳。

（3）深入研究学生身心发展目标的逻辑性

在制定教学目标时，必须充分考虑学生的身心发展规律。根据学生的年龄、认知水平、情感发展和生理变化等特点，合理设置教学目标的层次和难易程度，确保教学内容既能激发学生的兴趣，又符合其认知能力的发展需求。同时，尊重每个学生的个体差异，根据学生的兴趣爱好、学习基础和潜能等因素，制定个性化的教学目标，让每个学生都能在适合自己的道路上取得进步，实现自我价值。这样的教学目标不仅符合逻辑，还具有人文关怀，有助于促进学生的全面发展。

（4）处理好育人与知识传承两个目标之间的关系

体育教学不仅是教授运动技巧，在育人方面也扮演着重要角色。通过体育活动，学生不仅能够锻炼身体，还能培养坚韧不拔的体育精神和团队协作能力。这些能力在未来的生活和工作中具有重要意义。同时，我们还应平衡体育技能和知识传承的关系，确保学生在掌握运动技能的同时，能深入了解相关的体育知识。这样，学生不仅能够在实践中感受体育的魅力，还能在理论知识的学习中加深对体育的理解和热爱。

（5）深入研究体育教学运动技能目标的特性

运动技能目标的特性包括基础性、发展性和综合性。基础性是指技能目标是建立在基本动作和技巧上的，为学生后续学习更高阶技能打下基础。发展性则是指技能目标随着学生水平的提高而逐渐提升，促进学生的持续发展。综合性则是指技能目标涵盖多个方面，如身体素质、技术运用和战术理解等。

针对这些特性，设计相应的教学内容和方法十分重要。教学内容应注重基本动作的传授和训练，逐步引入更复杂的技能。在教学方法上，可以采用循序渐进、多样化的训练方法，如分组练习、模拟比赛等，以激发学生的学习兴趣和动力，促进技能目标的全面达成。

（6）构建科学、实用、简便、易操作的体育课堂教学目标

为了制定具有可操作性的课堂教学目标，我们需要确保这些目标既科学又实用，还要易于理解和执行。首先，教学目标应该明确、具体，能够量化评估。例如，我们可以使用布鲁姆的认知领域目标分类法，将目标分为知识理解、应用、分析、综合和评价等不同层次，并为每个层次设定具体的教学活动和评估标准。其次，教学目标应该与学生的实际水平和需求相匹配，避免过于简单或过于复杂。最后，教学目标应该具有可调整性，能够根据教学实际情况进行灵活调整，以确保教学的顺利进行。通过这样的方式，我们可以确保教师和学生都能轻松理解与执行教学目标，从而提高教学质量和效果。

第二章 信息化时代高校
体育教学思维转变与应用研究

第一节 信息化时代高校体育教学思维的内涵与特征

一、信息化时代高校体育教学思维的内涵

信息化时代高校体育教学思维，是指在信息化时代背景下，高校体育教学活动所持有的指导思想、教学原则和教学方法等方面的总和。[①] 这种教学思维是随着信息技术的不断发展及其在教育教学领域的广泛应用逐渐形成的。

在信息化时代，高校体育教学思维的核心是以学生为中心，以信息技术为手段，以提高教学效果和质量为目的。它强调在教学过程中，充分利用信息技术优势，打破传统的教学模式，构建新型的教学环境，实现教学资源的优化配置和高效利用。

二、信息化时代高校体育教学思维的特征

高校体育教学作为培养学生身心健康和全面发展的重要环节，也受到了信息化时代的影响。在信息化时代，高校体育教学思维展现出了新的特征，这些特征对于推动高校体育教学改革、提高教学质量和效率具有重要意义。[②]

（一）教学内容的多元化与实时性

教学内容的多元化与实时性不仅关系到学生的学习效果，也反映了教育体系和教学方法的进步与更新。以下是对这两个方面的详细分析。

1. 教学内容的多元化

（1）多元文化的融合

为了培养学生的国际视野和跨文化交流能力，教学内容必须充分展示不同文

---

① 邱天，林水秋，陈晰. 高校体育创新思维的教学与实践 [M]. 厦门：厦门大学出版社，2020：11-13.
② 李文冰. 信息化时代高校体育理论与实践教学探究：评《信息化时代体育教学思维转变及其改革发展探索》[J]. 中国科技论文，2022，17（7）：841.

化的多样性和特色。这意味着在教育过程中，我们不仅要传授本国文化，还要介绍和讨论其他国家的文化、历史和价值观。学生需要了解各种文化背景下的价值观、习俗和传统，并学会尊重和欣赏它们。同时，教师应该鼓励学生在日常交流和学习中使用外语，以便更好地与不同文化背景的人进行沟通。通过这种方式，学生不仅能够拓宽自己的视野，还能够培养跨文化交流的能力，为未来的国际交往做好准备。

（2）跨学科的学习

在现代社会，知识不再局限于某一学科领域，而是相互渗透、相互融合的。因此，学生需要掌握跨学科的知识和技能，以应对日益复杂多变的现实世界。为了实现这一目标，教学内容应该鼓励学生跨越学科界限，进行综合性的学习。例如，在科学课程中，可以引入历史、哲学和社会学等学科的视角，让学生更全面地理解科学知识的产生和发展过程。这种跨学科的学习方式可以帮助学生建立更加全面、立体的知识体系，提高他们的综合素质。同时，教师应该鼓励学生自主选择跨学科的学习项目，培养他们的创新能力和解决问题的能力。这样，学生不仅能够学到更多知识，还能够培养自己的综合素质，为未来的发展做好准备。

2. 教学内容的实时性

（1）与时俱进的知识更新

随着科技的飞速发展，新的研究成果层出不穷，教学内容一旦停滞不前，就会逐渐失去其指导意义。因此，教学内容必须时刻保持与时俱进，确保传授给学生的知识和技能是最新、最有效的。这不仅是对学生负责，也是对未来社会的投资。通过不断更新教学内容，我们可以培养出具备最新知识和技能的学生，使他们能够更好地适应和满足时代的需求，为社会的进步和发展做出贡献。

（2）实时反馈与调整

教师的职责不仅仅是传授知识，更重要的是引导学生主动思考和探索。为了实现这一目标，教师需要密切关注学生的反馈，及时调整教学策略和内容。这种实时性的反馈机制可以确保教学效果的最优化，使每个学生都能得到个性化的指导和帮助。同时，教师还需要根据学生的实际情况，灵活调整教学进度和难度，确保学生能够逐步掌握所学知识。只有这样，我们才能真正做到因材施教，让每个学生都能在最适合自己的环境中成长和发展。

（3）结合现实生活的案例

结合现实生活的案例进行教学是一种非常有效的教学方法。通过将理论与实际相结合，我们可以使教学内容更加生动、具体，更容易被学生理解和接受。同时，现实生活的案例还能帮助学生更好地用所学知识解决实际问题。这种教学方式不仅提高了学生的实践能力，还培养了他们的创新精神和解决问题的能力。因此，在教学过程中，教师应该积极寻找和挖掘与现实生活相关的案例，将其融入课堂教学中，让学生能够在实践中学习和成长。同时，教师还需要关注社会的发展动态，及时更新和丰富案例库，确保教学内容始终与时俱进。

（二）教学方式的互动性与创新性

教学方式的互动性与创新性对于提高学生的学习效果、激发学生的学习兴趣以及培养学生的综合能力具有至关重要的作用。以下是对这两个方面的详细分析。

1. 教学方式的互动性

（1）互动性的定义与重要性

①互动性的定义

互动性就是在教学过程中师生间的双向交流与协作。它不仅仅局限于语言的交流，更包括了非言语的表达，如面部表情、手势等。

②互动性在教学中的重要性

第一，它可以极大地激发学生的学习兴趣，使他们对学习内容产生浓厚的兴趣。第二，互动性可以提高学生的课堂参与度，使他们更加积极地投入学习。第三，互动性有助于提高学生的学习效果，使他们在轻松愉快的氛围中掌握知识。

（2）互动性在教学中的具体应用

为了增强教学的互动性，教师可以采用多种多样的教学方法。例如，小组讨论可以让学生在团队中互相交流、互相学习，从而提高他们的协作能力。角色扮演则可以让学生更好地理解和体验学习内容，增强他们的学习动力。此外，教师还可以利用现代科技手段增强互动性，如使用多媒体教学软件、在线学习平台等。这些现代化的教学方式可以让学生更加积极地参与课堂学习，提高他们的学习效果。

（3）互动性对学生学习的影响

互动性强的教学方式对学生的学习具有深远的影响。首先，它可以激发学生的学习兴趣，使他们更加主动地参与学习。在互动的过程中，学生可以自由地发表自己的观点和想法，与其他同学进行深入的交流和碰撞。这种交流方式不仅可以帮助学生加深对知识的理解和掌握，还可以培养他们的思维能力和创造力。其次，互动性可以培养学生的合作精神和沟通能力。在互动的过程中，学生需要学会与他人合作、沟通、协商等技能，这些技能对他们未来的工作和生活都非常重要。总之，互动性强的教学方式对学生的成长和发展具有积极的促进作用。

2. 教学方式的创新性

（1）创新性的定义与重要性

①创新性的定义

创新性是教育领域中的一个核心概念，是指在教学过程中，教师不拘泥于传统的教学方法，而是不断探索和实践新的教学理念与策略。这种创新性的追求，源于学生不断变化的学习需求和社会快速发展的现实。在信息化、全球化时代背景下，教育的目的不仅仅是传授知识，更重要的是培养学生的综合素质和竞争力。因此，创新性成了教育进步的重要动力。

②创新性在教学中的重要性

第一，创新性的教学方式能够激发学生的学习兴趣和创造力。传统的教学方式往往注重知识的灌输，忽视了学生的主观能动性。创新性的教学方式则强调学生的参与和体验，让他们在探索和发现中感受学习的乐趣，从而激发其内在的学习动力。第二，创新性的教学方式能够培养学生的综合素质和竞争力。在创新性的学习过程中，学生不仅需要掌握知识，还需要培养自己的批判性思维、创新能力、团队协作能力等方面的素质。这些素质正是未来社会所需人才必须具备的。

（2）创新性在教学中的具体应用

要实现教学方式的创新，教师需要尝试一些新颖的教学方法。其中，项目式学习是一种以学生为中心的教学方式，让学生在实际的项目中发现问题、解决问题，从而培养他们的实践能力和创新精神。翻转课堂则是一种将传统课堂颠倒的教学方式，学生在课前通过观看视频、阅读资料等方式自主学习，在课堂学习中则主要进行讨论、交流和展示。这种教学方式能够激发学生的学习兴趣和主动性，提高他们的学习效果。混合式教学则是将线上和线下的教学方式相结合，充分利用现代信息技术手段，为学生提供更加丰富、多样化的学习资源和环境。

除了这些新颖的教学方法外，教师还可以结合学科特点和学生实际，设计一些具有挑战性的学习任务。这些任务可以让学生在完成的过程中发现问题、思考问题、解决问题，从而培养他们的创新能力和实践能力。同时，教师还可以鼓励学生参与一些课外活动或者社会实践，让他们在实践中感受学习的乐趣和价值。

（3）创新性对学生学习的影响

创新性的教学方式对学生学习的影响是深远的。首先，创新性的教学方式能够使学生更加主动地参与学习。在传统的教学方式中，学生往往处于被动接受的状态，而在创新性的教学方式中，学生则需要主动思考、探索和实践。这种主动性的学习方式不仅能够提高学生的学习效果，还能够培养他们的自主学习能力和创新精神。

其次，创新性的教学方式能够激发学生的学习兴趣和创造力。在创新性的学习过程中，学生需要不断尝试新的方法和思路来解决问题，在此过程中不仅能够让他们感受学习的乐趣，还能够激发他们的创造力。同时，创新性的教学方式还能够拓展学生的视野和思维。在创新性的学习过程中，学生需要接触到更多新知识和新技能，这些知识和技能不仅能够让他们更好地适应未来的社会发展，还能够拓宽他们的视野和思维。因此，创新性的教学方式对于培养学生的综合素质和竞争力具有重要意义。

（三）教学评价的科学性与客观性

教学评价的科学性与客观性确保了评估结果的准确性和可信度，为教育决策提供了有力的依据。

1. 教学评价的科学性

（1）基于明确的标准和指标

为了建立科学的教学评价，首先我们需要明确并具体地设定教学标准和指标。这些标准和指标不仅应该与教育目标和课程要求相契合，还要切实反映学生发展的实际需求。比如，在教学目标方面，我们可以设定提高学生的知识掌握度、批判性思维能力和创新能力等具体指标。这些指标不仅为评价者提供了清晰的评价方向，也为教师提供了明确的教学导向，确保了教学评价工作有明确的目标和依据。

（2）采用科学的方法和技术

在进行教学评价时，我们需要运用科学的方法和技术搜集、整理和分析评价数据。这些方法和技术不仅要具备可靠性与有效性，还要能够真实反映教学的实际情况。比如，我们可以采用量化分析方法评估学生的学业成绩和教师的教学效果，同时，也可以运用质化研究方法深入了解学生的学习过程和教学互动情况。通过这些科学的方法和技术，我们可以获得更为准确、全面的评价数据，为教学改进提供了有力的支持。

（3）强调证据和数据支持

科学的教学评价非常重视证据和数据的支持。评价者需要搜集充足、可靠的数据支持评价结论，避免主观臆断和偏见。同时，我们还需要运用统计和分析方法对这些数据进行处理，以形成客观、全面的评价结果。比如，在评价教师的教学效果时，我们可以搜集学生的学业成绩、课堂参与度、问卷调查等数据，并运用统计分析方法分析这些数据，得出客观的评价结果。通过强调证据和数据支持，我们可以确保教学评价更加科学、客观、公正。

2. 教学评价的客观性

（1）去除主观偏见

客观的教学评价不仅仅是一项技术性的任务，更是一项伦理责任。评价者在教学评价过程中必须时刻保持清醒的头脑，审慎判断，避免个人偏见和喜好影响评价结果。为了实现这一目标，评价者可以通过培训和自我反思提高自己的专业素养与道德觉悟。此外，还可以采用多种评价方法和工具，如学生问卷、同行评议、课堂观察等，以获取更全面、客观的评价信息。在评价过程中，评价者还应该尊重被评价者的个性和差异，以公正、公平的态度对待每位被评价者，确保评价的公正性和客观性。

（2）确保评价过程的透明性

为了保证教学评价的客观性和公正性，评价过程必须保持透明。这意味着评价者需要公开评价的标准、方法和程序，让被评价者了解评价的整个过程。同时，评价结果也应该及时、准确地反馈给被评价者，以便他们了解自己在教学过程中的表现和存在的问题。透明化的评价过程还有助于增强被评价者的信任感和参与感，促进他们积极参与评价活动，共同提升教学质量。为了实现评价过程的透明性，评价者可以采取多种措施，如制订详细的评价方案、公开评价过程和结果、与被评价者进行充分的沟通和交流等。

（3）接受监督和质疑

客观的教学评价需要接受来自各方面的监督和质疑。这既是对评价者的一种考验，也是提升评价质量的重要途径。来自教育管理部门、同行专家、学生家长等方面的意见和建议可以为评价活动提供宝贵的参考与借鉴。评价者应该积极听取各方面的意见和建议，对评价方法和指标不断进行调整与完善。同时，评价者还应该勇于接受质疑和挑战，以开放、包容的态度面对各种问题和挑战。通过接受监督和质疑，客观的教学评价可以不断完善和提高客观性与准确性，为提升教学质量提供有力支持。

（四）教学资源的共享性与开放性

教学资源的共享性与开放性不仅推动了教育的现代化进程，还极大地促进了教育的公平与普及。

1. 教学资源的共享性

（1）资源共享的定义

教学资源的共享性不仅代表着物质层面的互通有无，还体现了教育理念的开放与进步。在教育领域中，无论是实体的教室、教学用具，还是数字化的课程资料、在线学习平台，都是重要的教学资源。当这些资源能够在不同的教育机构、教师和学生之间流动与共享时，它们所蕴含的知识、技能和经验也会得到更广泛的传播与应用。这种共享不仅促进了教育资源的合理配置，也为教育的创新与发展提供了源源不断的动力。

（2）共享的优势与价值

教学资源的共享带来的优势与价值是显而易见的。首先，通过共享，我们可以避免重复投资与建设，将有限的资源用在最需要的地方，从而提高资源的使用效率。其次，共享有助于打破传统教育中地域和学校的界限，让更多的人接触到优质的教育资源，缩小不同地区、不同学校之间的教育差距。这种公平性的实现，对于促进整个社会的教育进步与和谐至关重要。此外，资源共享也为教育创新提供了广阔的舞台。教师可以借鉴和学习其他优秀的教育方法与经验，结合自身的实际情况进行创新实践，从而推动教育教学方法的多样化和个性化发展。

（3）实现共享的途径与策略

实现教学资源的共享，需要政府、教育机构和社会各方的共同努力。首先，政府应加大投入，支持建设和完善教育资源公共服务平台，为资源的共享提供稳定的基础设施和技术支持。这些平台可以提供一个统一、便捷的入口，让教师和学生能够轻松地找到与分享所需资源。其次，教育机构之间应加强合作与交流，建立起一套行之有效的资源共享机制。这不仅包括实体资源的互换与借用，还包括数字资源的开放与共享。通过这种机制，各机构可以互相学习、互相借鉴，共同提升教育教学的质量和水平。此外，我们还可以鼓励教师和学生积极参与资源的分享与使用。例如，开放课程项目可以让更多的学生接触到不同学校、不同老师的教学风格和课程内容；在线学习社区则可以为教师和学生提供一个互动交流的平台，让知识的分享与学习变得更加轻松和高效。通过这些具体的路径与策略，我们可以逐步推进教学资源的共享，为教育的进步与发展贡献力量。

2. 教学资源的开放性

（1）开放性的内涵

教学资源的开放性，意味着教育资源不再被束缚在传统的教育体制中，而是像互联网上的信息一样，可以被自由地获取、使用和修改。这种开放性并不仅仅体现在资源的获取方式上，更体现在资源的内容和形式上。比如，教学视频、课件、教材等都可以被自由地获取和使用，这些资源的内容也可以被自由地修改和完善。这种开放性的教育资源，打破了传统教育的束缚，鼓励学生主动探索和创新，促进了知识的共享与传播。在这样的环境下，学生可以根据自己的需求和兴趣，选择适合自己的学习资源，从而更加高效地学习。

（2）开放性的意义与影响

教学资源的开放性对于教育领域的创新和发展具有深远的意义与影响。首先，开放性的教育资源可以激发学生的学习兴趣和动力。传统的教育模式下，学生往往只是被动地接受知识，而开放性的教育资源则让学生可以根据自己的兴趣和需求选择学习内容，从而更加主动地参与学习。其次，开放性的教学资源可以促进教育资源的共享与协作。在互联网上，任何人都可以分享自己的教育资源，这使教育资源得到了更加广泛的传播和共享。同时，开放性的教育资源也可以促进教育领域的交流与合作。通过互联网平台，教师可以更加方便地与其他教师进行交流和合作，从而不断推动教育教学的改进和创新。

（3）实现开放性的措施与保障

为了保障教学资源的开放性，需要采取一系列措施与保障。首先，政府和教育机构应该制定相关政策和法规，明确教育资源的开放性和共享性原则。这些政策和法规应该鼓励教育机构与个人分享自己的教育资源，同时保护知识产权和隐私安全。其次，教育机构应该建立开放的教学资源平台，为学生提供丰富的、高质量的开放教育资源。这些平台应该具备良好的用户体验和搜索功能，方便学生快速找到自己需要的资源。此外，还需要加强教育技术的研发与应用，为教学资源的开放性和共享性提供技术支持与保障。例如，可以通过云计算、大数据等技术提高教育资源的存储和处理能力，从而更加高效地满足学生的需求。同时，还需要加强教师的培训和能力提升，提高他们的信息素养和开放教育资源的使用能力。教师只有具备了足够的技术能力，才能更好地利用开放性的教育资源，推动教育教学的不断改进和创新。

（五）教学目标的全面性与终身性

1. 教学目标的全面性

（1）知识与技能的传授

教学的首要目标在于让学生掌握扎实的基础知识和基本技能。这意味着在教学过程中，教师需精心设计课程内容，确保涵盖各学科的核心知识点。教师还应注重实践技能的培养，通过实验、项目等方式让学生将理论知识应用于实际中。这样的教学方法不仅有助于学生打下坚实的知识基础，还能为他们适应未来社会提供必要的技能储备。通过不断的教学探索和实践，我们可以确保学生能够在知识和技能方面得到全面发展。

（2）情感、态度与价值观的培养

在教学过程中，除了关注知识和技能的传授外，我们还必须重视学生的情感、态度和价值观的培养。情感培养是指通过教学活动帮助学生建立积极的学习态度和情感体验，让他们在学习中感受到快乐和成就感。态度培养是指引导学生形成正确的学习态度和行为习惯，培养他们对待学习的责任感和自律性。价值观培养则更加深入，涉及帮助学生树立正确的世界观、人生观和价值观，让他们能够明确自己的人生目标和追求，形成积极向上的情感态度。这些方面的培养需要教师在日常教学中潜移默化地引导，让学生在学习过程中逐渐形成正确的情感态度和价值观。

（3）个体兴趣的培养

每个学生都是独一无二的个体，都有自己的性格、兴趣爱好和特长。尊重学生的个性，关注他们的兴趣爱好，有助于激发他们的学习动力，提高他们的学习效果。为了实现这一目标，教师应采用个性化的教学方法，针对学生的不同特点进行因材施教。同时，学校还可以通过开展丰富多样的兴趣小组活动，为学生提供展示自我、交流学习的平台，帮助他们发现自己的潜能，培养独特的兴趣爱好。这样的教育方式不仅有助于学生的全面发展，还能为社会培养出更多具有创新精神和实践能力的人才。

2. 教学目标的终身性

（1）适应社会发展的能力

在当今快速发展的社会中，个体不仅要具备扎实的专业知识，还要拥有适应不断变化和挑战的能力。因此，教学目标应当特别注重对学生适应社会发展能力的培养。首先，学生需要具备持续学习的能力，能够不断吸收新知识、新技能，以应对日新月异的社会环境。其次，学生需要具备自我更新的能力，能够在面对挑战时，主动调整自身思维和行为模式，以适应新的环境和要求。最后，学生需要具备创新创业的能力，能够在不断变化的市场环境中，发现新的机会，创造新的价值。这样的教学目标，不仅使学生在学习过程中不断提升自我，更能为他们在未来社会生活中的发展奠定坚实的基础。

（2）终身学习的意识

学习作为人类的一项基本活动，贯穿一生。在这个信息爆炸的时代，终身学习意识的培养尤为重要。教学应当致力于激发学生的终身学习意识，使他们明确认识到，学习不只是为了应对考试或者获得某种资格，更是为了不断提升自我，实现个人价值。通过培养学生对学习的兴趣和热爱，我们可以激发他们的自主学习能力，使他们能够在未来的生活中，不断探索新知识，开拓新视野。教师还需要引导学生掌握有效的学习方法，培养他们的学习毅力，为他们的终身学习之路提供有力的支持。这样的教学理念，不仅有助于学生在校期间取得优异的成绩，还能为他们的未来发展奠定坚实的基础。

（3）可持续发展的责任感

在当今世界，可持续发展的观念已经深入人心。为实现这一目标，我们必须培养下一代具备强烈的可持续发展责任感。因此，在教学目标中强调这一点至关重要。为了实现这一目标，我们需要通过生动有趣的课程和活动，激发学生对环境保护的兴趣。比如，组织实地考察，让学生亲身体验环境污染的危害；邀请环保专家开展讲座，让学生了解环保的紧迫性和自己能够做出的贡献。此外，我们还应引导学生关注社会公正问题，通过参与社区服务项目，让学生明白自己的社会责任。这样的教学方式不仅能培养学生的公民意识，还能增强他们的社会责任感。

（4）人生规划与决策能力

每个人的人生都是一场旅行，而旅行中最重要的一步就是明确目的地。为了实现这一目标，学生需要具备人生规划与决策能力。为此，教学应着重帮助学生明确自己的人生目标。我们可以通过职业规划课程，让学生了解各种职业的特点和未来发展趋势，从而为他们选择职业提供指导。此外，我们还应鼓励学生参与实践活动，让他们在实践中学会如何做出明智的决策。通过这样的教学方式，学生不仅能够明确自己的人生道路，还能在未来的旅途中更加从容和自信。

（六）教学环境的虚拟化和智能化

教学环境的虚拟化和智能化是现代教育技术领域的重要发展方向，为教育带来了革命性的变革。

1. 教学环境的虚拟化

（1）虚拟教室的创建

随着科技的进步，虚拟教室成了现代教学的新宠。这种教室并非我们传统意义上的实体空间，而是一个基于计算机和网络技术的虚拟空间。学生不需要走出家门，只需要通过电子设备，如电脑、平板或手机，就能轻松进入这个虚拟空间，与教师和同学实时交流、互动。虚拟教室的创建极大地提高了学习的灵活性和便利性。它打破了传统教室的时间和空间限制，使学生可以在任何时间、任何地点进行学习，真正地实现了"随时随地学习"的理念。同时，虚拟教室还为学生提供了一个更加开放、多元的学习环境，他们可以在这里自由探索、交流、合作，充分发挥自己的创造力和想象力。

（2）教学资源的共享

在虚拟化的教学环境中，教学资源的共享变得非常简单和高效。这些资源包括课件、视频、图片等多样化的教学材料。教师可以轻松地将这些资源上传到虚拟平台，供学生随时下载和学习。学生不需要再担心遗漏重要信息或错过精彩课堂，只需要动动手指，就能随时随地获取所需学习资源。这种共享方式不仅节省了学生的时间和精力，还促进了优质教学资源的传播和共享。同时，教学资源的共享也促进了教师之间的合作与交流，他们可以共同开发教学资源，实现资源共享的最大化。此外，教学资源的共享还促进了教育的公平性和普及性，使更多的学生能享受到优质的教育资源。

（3）模拟实验和实践活动

虚拟化技术在教育领域的应用越来越广泛，模拟实验和实践活动就是其重要的一环。通过模拟实验，学生可以在虚拟环境中进行各种实验操作，如物理、化学、生物等实验。这种模拟实验具有很高的真实感和互动性，让学生仿佛置身于真实的实验场景中。他们可以通过实验操作，深入了解实验原理和方法，掌握实验技能和科学知识。此外，模拟实验还具有很高的安全性和经济性，可以避免实验过程中可能出现的危险和浪费。除了模拟实验外，虚拟化技术还可以用于模拟实践活动。例如，在医学教育中，学生可以通过虚拟现实技术进行手术模拟训练；在工程教育中，学生可以通过模拟实践环境进行机械设计和操作等训练。这些模拟实践活动具有很高的逼真性和互动性，让学生在模拟的实践环境中锻炼实际操作能力，提高他们的实践能力和综合素质。

2. 教学环境的智能化

（1）智能教学辅助系统的应用

智能教学辅助系统这一融合了人工智能技术的先进工具，为教育领域带来了革命性的变革。通过实时监控和分析学生的学习情况，该系统能够精准捕捉学生的学习进度、学习效果等关键信息，并将这些反馈信息及时传达给教师。这意味着教师不再需要耗费大量时间和精力去逐一了解每个学生的学习状况，而是可以通过智能系统得到全面、准确的数据支持，从而更加有针对性地调整教学策略，确保每位学生都能得到最适合他们的教学方法和资源。这种教学方式不仅大大提高了教学效果，还有助于培养学生的学习兴趣和自主学习能力，为他们未来的学习和职业生涯奠定坚实的基础。

（2）个性化学习推荐

在智能化教学环境中，每个学生都能享受到个性化的学习推荐服务。这一创新模式充分考虑了学生的个体差异和需求，确保每位学生都能得到最适合自己的学习资源和课程。系统会根据学生的学习能力、兴趣爱好和学习进度等因素进行智能分析，然后为他们量身打造个性化的学习路径。这样的学习方式不仅更加符合学生的兴趣和需求，还能帮助他们更加高效地掌握知识和技能。同时，个性化学习推荐还

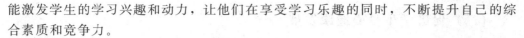

能激发学生的学习兴趣和动力，让他们在享受学习乐趣的同时，不断提升自己的综合素质和竞争力。

（3）自动化评估和反馈

在智能化教学环境中，自动化评估和反馈机制为师生双方都带来了极大的便利。在传统的教学方式中，教师需要花费大量时间和精力批改作业、测试学习成果，而学生则需要等待较长时间才能得到反馈意见。如今，通过智能系统的支持，这些烦琐的工作都可以自动完成。系统能够自动对学生的作业、测试等进行准确评估，并给出评分和详细的反馈意见。这不仅大大减轻了教师的工作负担，还让学生能够在短时间内得到更加及时和准确的反馈，从而更好地调整自己的学习方法和策略。同时，自动化评估和反馈还能帮助学生更加清晰地了解自己的优点与不足，为他们的进一步学习和提升提供有力的支持。

第二节　高校体育教学思维转变的必要性与动力

一、高校体育教学思维转变的必要性

（一）适应教育现代化发展趋势

随着社会的日新月异，科技的飞速进步，我们身处的这个时代正在以前所未有的速度向前发展。这种快速的发展不仅改变了我们的生活方式，也深深地影响了我们的教育体系。高校教育，作为培养未来社会栋梁的关键环节，更是需要紧跟时代的步伐，逐步实现现代化。[①] 体育教学，作为高校教育不可或缺的一部分，其教学思维的转变，更是适应这一现代化发展趋势的必然要求。

在过去，体育教学可能更多地关注技能的传授和体能的训练，但现代教育理念告诉我们，学生的全面发展才是教育的终极目标。因此，体育教学思维的转变势在必行。这种转变意味着我们不仅要关注学生的身体素质，还要关注他们的心理、情感和认知能力的发展。我们要认识到，每个学生都是独一无二的个体，他们有着不同的兴趣、特长和需求。因此，体育教学应该更加注重学生的个体差异，提供多样化的教学内容和方法，以满足不同学生的需求。

---

① 刘治国．"互联网＋教育"背景下高校体育教学创新思维探究：评《互联网视域下体育教学体系建设》[J]．中国科技论文，2022，17（5）：590．

（二）促进学生身心健康发展

长期以来，体育教学以技能传授为主，注重学生在体育技能方面的表现，而对于学生的身心健康则缺乏足够的关注。随着社会的发展和教育理念的不断更新，我们越来越认识到身心健康对于个人成长和发展的重要性。因此，高校体育教学思维需要进行深刻的转变，从传统的以技能传授为主向全面促进学生身心健康的方向发展。

为了实现这一转变，我们需要采取多元化的教学手段。首先，通过丰富的教学内容，激发学生的学习兴趣。体育教师应该结合学生的兴趣和需求，设计多样化的教学内容，如篮球、足球、羽毛球、游泳等，让学生在愉快的氛围中学习和掌握体育技能。其次，培养学生的体育兴趣和爱好。体育教师可以通过组织各种体育比赛和活动，让学生在实践中体验体育的乐趣，增强对体育的热爱和投入。

此外，提高学生的身体素质和心理素质也是高校体育教学的重要任务。在教学过程中，体育教师应该注重学生的体能训练和技能训练的结合，通过科学的训练方法，提高学生的身体素质。同时，体育教师还要关注学生的心理健康，通过运动帮助学生释放压力，培养坚韧不拔的意志品质和积极向上的心态。

（三）提高体育教学质量和效果

随着教育改革的不断深化，体育教学也面临着巨大的变革需求。传统的体育教学思维，往往侧重于技能的传授和训练，强调学生的体能和技能的达标，而忽视了学生的兴趣和情感体验。然而，现代教育理念告诉我们，学生的兴趣和情感体验对于学习效果有着至关重要的影响。因此，体育教学思维的转变势在必行，这不仅有助于提高体育教学的质量和效果，还是对学生全面发展的有力保障。

转变体育教学思维，首先需要关注学生的个体差异和学习需求。[①] 每个学生都是独一无二的，他们的兴趣、爱好、身体素质等方面都存在着差异。因此，在教学过程中，教师应充分考虑这些因素，根据学生的实际情况，制订个性化的教学方案，满足学生的学习需求。同时，教师还应积极与学生沟通，了解他们的学习困惑和反馈，不断调整和优化教学方法，确保教学的针对性和有效性。

在转变教学思维的过程中，采用多样化的教学方法是至关重要的。传统的体育教学往往采用单一的教学方法，如讲解示范、练习巩固等，很容易让学生感到枯燥

---

① 向超宗，严舒宁.创新型思维导向下的高校体育教学实践：评《高校体育创新思维的教学与实践》[J].热带作物学报，2021，42（3）：982.

无味，失去学习的兴趣。因此，教师应积极探索多样化的教学方法，如情景教学、游戏教学、合作学习等，通过丰富多彩的教学活动，激发学生的学习兴趣，提高学生的学习积极性。

（四）培养具有国际视野的体育人才

在全球化的浪潮下，世界各国的交流与合作日益密切，这不仅仅在经济、科技等领域表现得淋漓尽致，更在教育领域展现出前所未有的活力。高校体育教学作为培养新一代体育人才的重要基地，必须紧跟时代步伐，调整教学思维，拥抱国际视野。

传统的高校体育教学，往往偏重技能的培养和体能的训练，而忽视了对学生跨文化交流能力的培养。然而，在全球化的今天，仅仅拥有出色的体育技能已经不足以应对国际竞争的挑战。因此，高校体育教学应当转变思维，引入国际化的教学内容和方法，使学生不仅在国内舞台上崭露头角，还能在国际舞台上大放异彩。

国际化的教学内容应当包括国际体育赛事的规则、礼仪和文化背景等方面的知识。通过学习这些内容，学生可以更好地了解国际体育文化的内涵，提高自己的跨文化交流能力。同时，高校体育教学还可以借鉴国际先进的体育教学方法和理念，如体验式学习、合作学习等，使教学更加生动有趣，激发学生的学习兴趣和积极性。

在引入国际化的教学内容和方法的同时，高校体育教学还应当注重培养学生的国际竞争力，包括提高学生的体能、技能和心理素质等方面的能力。通过参与国际体育竞赛和交流活动，学生可以积累宝贵的经验，锻炼自己的国际视野和团队合作能力，为将来的国际体育事业发展打下坚实的基础。

（五）推动体育教学改革与创新

随着时代的变迁和社会的发展，体育教学已经不仅仅局限于传授技能和增强体质的单一目标，而是更加注重培养学生的全面素质和能力。体育教学思维的转变正是这一趋势下的必然产物。它要求我们从传统的以教师为中心的教学模式，向以学生为中心的教学模式转变。这种转变意味着，体育教学不只是技术的传授，更是情感、态度和价值观的培养，以及自主、合作、探究能力的培养。

在新的时代背景下，体育教学面临着诸多挑战和机遇。一方面，随着科技的发展，现代体育教学手段不断丰富，如数字化教学、多媒体教学、网络教学等，这些新型教学手段的出现为体育教学提供了更广阔的空间和可能性。另一方面，社会对人才的多元化需求对体育教学提出了更高的要求，体育教学需要更加注重培养学生的创新能力和实践能力，以适应社会的发展和变革。

为了应对这些挑战和机遇，我们需要积极转变教学思维，积极探索新的教学模式和方法。[①] 具体来说，可以从以下几个方面入手。

首先，注重学生的主体地位，发挥他们的主动性和创造性。在教学过程中，我们可以引导学生自主思考、自主实践，鼓励他们提出问题和解决方案，培养他们的探究能力和创新精神。其次，注重教学的多样性和趣味性。我们可以通过设计多样化的教学内容和形式，激发学生的学习兴趣和热情，让他们在轻松愉快的氛围中学习和成长。最后，注重教学的实用性和应用性。我们可以将体育教学与现实生活相结合，让学生在实际应用中体验和感受体育的魅力，提高他们的实践能力和应用能力。

二、高校体育教学思维转变的动力

高校体育教学思维转变的动力是一个多方面的复合过程，涉及教育理念的更新、科技进步的推动、学生需求的变化以及社会需求的适应等方面。

（一）教育理念的更新

随着社会的进步和人们教育理念的更新，高校体育教学思维也经历了深刻的变化。在过去，体育教学往往侧重于技能训练和体能测试，教学内容单一，缺乏对学生个体差异和兴趣爱好的关注。随着教育理念的不断进步，高校体育教学思维逐渐发生了转变，开始关注学生的全面发展，注重培养学生的体育兴趣和体育素养。

这种新的教育理念强调学生的个体差异，认为每个学生都有自己的特长和兴趣，体育教学应该根据学生的实际情况，提供多样化的教学内容和方法。例如，对于喜欢篮球的学生，可以提供更加深入的篮球技巧和战术训练；对于喜欢瑜伽的学生，可以提供瑜伽理论和实践的课程。这样的教学方式不仅可以激发学生的学习兴趣，提高学生的学习积极性，还可以培养学生自主学习和终身锻炼的习惯。

新的教育理念还注重学生的全面发展。除了体能训练和技能训练外，体育教学还应该注重学生的心理健康、社会适应能力和创新能力的培养。通过组织各种体育比赛和活动，可以培养学生的团队合作精神和领导能力；通过体育文化的传授，可以提高学生的审美素养和文化素养。这种全面发展的教育理念，使体育教学不再是单纯的技能训练，而是成了促进学生全面发展的重要途径。

---

① 李文明，汪旭．信息技术在高校体育教学中的运用研究：评《信息化时代体育教学思维转变及其改革发展探索》[J]．林产工业，2021，58（2）：112.

（二）科技进步的推动

科技的飞速发展给高校体育教学带来了前所未有的变革和无限的可能性，推动了教学思维和方法的深度转变。传统的体育教学模式往往依赖于实体场地和器材，如今随着虚拟现实技术、智能设备等新兴科技的广泛应用，体育教学迎来了全新的面貌。

虚拟现实技术以沉浸式的体验，为学生创造了一个逼真的运动环境。学生通过佩戴虚拟现实头盔，仿佛置身于真实的运动场景中，无论是足球场的激烈对抗，还是篮球场的快速进攻，都能得到极为真实的模拟体验。这样的教学模式不仅大大增强了学生的学习兴趣和参与度，还有助于他们更加深入地理解和掌握运动技能。

智能设备的出现也为体育教学带来了革命性的变化。例如，智能运动手环、智能手表等设备可以实时监测学生的运动数据，如心率、步数、运动时长等，使教师可以更加准确地了解每位学生的身体状况和运动能力。这些数据不仅为教师制订个性化的教学计划提供了有力支持，还有助于学生更好地认识自己，调整运动状态，实现科学锻炼。

此外，科技的进步还为体育教学提供了更加科学、准确的评估手段。传统的体育评估往往依赖于教师的观察和经验，难免存在主观性和误差。现在，通过运用高速摄像、运动生物力学分析等技术，可以对学生的运动表现进行更加客观、全面的评估。这种科学化的评估方式不仅有助于教师更准确地掌握学生的学习情况，还能为学生提供更加具有针对性的指导，帮助他们更快地提升运动技能。

（三）学生需求的变化

随着社会的进步和科技的发展，现代大学生的生活方式和价值观念发生了显著的变化。这些变化不仅仅体现在他们的学术追求上，更体现在他们对身心健康的重视和对生活的多元化需求上。特别是在体育运动方面，现代大学生的需求已经不再是简单的锻炼身体，而是更加注重运动的多样性和趣味性。他们期待通过体育活动，不仅能够增强身体素质，还能够获得身心的愉悦和满足。

在这样的背景下，高校体育教学思维也必须进行相应的调整和转变。传统的体育教学模式，往往注重技能和成绩的考核，而忽视了学生的兴趣和需求。然而，现代教育理念强调以学生为中心，注重学生的全面发展和个性化需求。因此，高校体育教学也开始积极探索更加多样化、个性化的教学内容和方式。

为了满足学生的需求，高校体育教学不仅提供了篮球、足球、排球等传统体育项目，还增加了瑜伽、街舞、攀岩等新兴运动项目。这些项目不仅丰富了体育课程的种类，也更好地满足了学生的兴趣和爱好。同时，高校体育教学还注重培养学生的自主锻炼能力，通过组织各种体育俱乐部和社团，让学生在课余时间也能够积极参与体育锻炼。

（四）社会需求的适应

高校体育教学在现今社会背景下所扮演的角色已经远远超出了简单的运动技能教授。它不仅要满足学生对体育知识和技能的渴求，还要紧密结合社会的实际需求，培养出与社会发展相契合的优秀人才。在全球化、信息化的今天，社会对人才的渴求已经发生了深刻的变化，那种仅仅拥有专业技能的"单一型人才"已经不能满足社会的多元需求。现代社会更倾向于那些既有专业技能，又具有良好综合素质，特别是创新能力的人才。

这种社会需求的变化，对高校体育教学提出了更高的要求。传统的体育教学往往过于注重技能的传授和体能的训练，而忽略了学生的全面发展和个性培养。为了适应新的社会需求，高校体育教学必须进行深入的改革，转变传统的教学思维，更加注重学生的综合素质和创新能力的培养。

高校体育教学不仅要让学生在运动中提高体能，还要让他们在体育活动中培养合作、沟通、解决问题等综合能力。这要求教师在教学中，不仅要注重技能的传授，还要关注学生在学习过程中的体验，激发他们的学习兴趣和创新思维。

第三节　信息化时代高校体育教学思维转变的挑战与对策

一、信息化时代高校体育教学思维转变的挑战

（一）适应信息化教学环境的挑战

从早期的黑板到如今的多媒体教学、在线教育等，信息技术的应用使教学方法和模式都发生了巨大的变化。在这样的背景下，教师和教育机构都面临着适应信息化教学环境的挑战。信息化教学环境为教育带来了诸多便利。例如，多媒体教学使课堂教学内容更加生动、形象；在线教育则打破了时间和空间的限制，让学生可以随时随地学习。然而，这些便利的背后也隐藏着不少挑战。

技术更新迅速，因此教师需要不断学习和掌握新技术，才能将其有效地应用到教学中。教师面对海量的信息资源，如何筛选和整合适合学生的内容，也是一个不小的挑战。此外，信息化教学环境下的师生互动方式也发生了变化，教师需要适应这种新

的互动模式，以更好地激发学生的学习兴趣和积极性。除了教师外，教育机构也需要进行一系列的调整。例如，需要投入更多的资金和资源来建设与完善信息化教学设施；同时，需要制订相应的教学计划和课程安排，以确保信息化教学的顺利进行。

（二）更新教学理念和方法的挑战

在现代社会，教育的角色与重要性日益显现。然而，传统的教育理念和方法在某种程度上已经显得陈旧，无法满足当今社会的多元化和个性化需求。为此，我们必须对教育理念和方法进行深刻的反思与改革。

传统的教育理念常常以教师为核心，强调知识的单向传递，而忽视了学生在教育过程中的主体地位和个性差异。在这种模式下，学生往往只是被动地接受知识，缺乏主动学习和实践的机会。这种"填鸭式"的教学方式不仅抑制了学生的创造性和主动性，也无法适应现代社会对人才的多元化需求。

同时，更新教学方法也是至关重要的。传统的教学方法往往过于单一和刻板，缺乏灵活性和创新性。现代教育则强调教学方法的多样性和灵活性，以适应不同学生的学习需求和兴趣。为此，教师需要不断探索和尝试新的教学方法，如项目式学习、翻转课堂等，以激发学生的学习兴趣和动力，提高他们的学习效果。

然而，更新教学理念和方法并非易事，人们需要面对诸多挑战。其中，教育资源和技术支持是两大关键问题。在一些地区，由于经济和教育资源的限制，无法为教师和学生提供足够的教学资源与技术支持。为此，社会各界需要共同努力，加大教育投入，提高教育资源的利用率和覆盖面，为教育的现代化提供有力的支持。

（三）应对技术更新换代的挑战

在当今快速发展的科技时代，技术更新换代的速度日益加快，这为企业、行业乃至整个社会带来了巨大的挑战。这种挑战不仅体现在技术和设备上，还深刻地反映在思维方式、组织架构和人才培养等层面。

首先，技术更新换代带来的首要挑战是知识折旧。传统的技能和经验在新的技术面前可能迅速贬值，这使企业和个人必须不断学习新知识、新技能。然而，这个过程往往伴随着高昂的成本和风险，因为不是所有的新技术都能在短时间内产生效益，也不是所有人都能顺利转型。

其次，技术更新换代加剧了市场竞争。新技术的出现往往伴随着新的商业模式和竞争策略，那些不能及时跟上技术更新换代步伐的企业，很可能会在竞争中失去优势，甚至面临生存危机。这种竞争压力不仅存在于同行业之间，也存在于跨行业的竞争中，因为新技术的出现可能会颠覆整个行业生态。

再次，技术更新换代带来了数据安全和隐私保护的挑战。随着技术的不断发展，数据的搜集、处理和存储变得越来越容易，但同时也存在数据泄露、滥用等风险。如何在享受技术带来的便利的同时，确保数据安全和个人隐私，也成了一个亟待解决的问题。

最后，技术更新换代对社会的影响也不容忽视。新技术的应用可能会带来就业结构的变化、社会关系的调整甚至伦理道德的冲突。例如，人工智能和自动化技术的发展可能会导致部分岗位的消失，同时也会创造出新的就业机会。这种变化需要社会各方面通过共同努力来适应和应对。

（四）融合线上线下教学的挑战

在当今教育领域，线上线下融合的教学模式已成为教育创新的重要方向。然而，这种融合并不是简单的相加，而是需要进行一系列的融合。

首先，技术整合的挑战不容忽视。线上线下融合教学需要依赖先进的技术平台和工具，如在线教学平台、多媒体教学软件等。然而，这些技术工具的稳定性、易用性和安全性都直接影响着教学质量。如何确保技术工具的稳定运行，避免在教学过程中出现技术故障，是教师需要面对的重要问题。

其次，教学方法和策略的调整是一大挑战。线上教学和线下教学各有优势，如何将两者有机结合，发挥各自的最大效能，是教师需要深入思考的问题。这需要教师具备较高的教学设计能力，能够根据课程内容和学生特点，灵活运用不同的教学方法，确保教学效果的最优化。

再次，学生的学习适应性和自律性是融合教学需要关注的重要方面。线上学习需要学生具备较高的自律性和自我管理能力，而线下学习则更注重学生的互动和参与。如何平衡这两者，确保学生能够在融合教学中获得最佳的学习体验，是教师需要解决的问题。

最后，线上线下融合教学需要面对评估和反馈的挑战。如何对学生的学习效果进行有效的评估，如何及时收集和处理学生的反馈，以便对教学方法和策略进行调整，是教师需要持续关注和改进的问题。

（五）应对学生个性化需求的挑战

应对学生个性化需求的挑战是教育领域中一个日益显著的问题。随着社会的多元化和信息技术的发展，学生的个性化需求越发明显，这对传统教育模式提出了巨大的挑战。

首先，学生个性化需求的多样性要求教师具备更高的灵活性和创新能力。每个学生都是独一无二的个体，兴趣、才能、学习方式和速度各不相同。因此，教师需要针对不同学生的特点，提供个性化的教学方案，以满足他们的学习需求。这要求教师具备丰富的知识储备和创新能力，能够根据学生的特点设计出富有创意的教学活动。

其次，应对学生个性化需求需要教师关注学生的个体差异，并提供针对性的支持。在学习过程中，学生可能会遇到各种困难，这些困难可能是他们的学习能力、兴趣爱好、家庭背景等因素造成的。教师需要关注这些差异，为学生提供个性化的辅导和支持，帮助他们克服困难，提高学习效果。

再次，应对学生个性化需求需要教师建立良好的师生关系，营造积极的学习氛围。良好的师生关系能够增强学生的归属感和自信心，使他们积极参与学习活动。同时，积极的学习氛围能够激发学生的学习兴趣和动力，提高他们的学习效果。

最后，教师需要不断更新教育理念和方法，以适应学生个性化需求的变化。随着社会的不断发展和教育技术的不断进步，学生的个性化需求也在不断变化。教师需要时刻保持敏锐的洞察力，关注教育动态和学生需求的变化，不断更新自己的教育理念和方法，以满足学生的个性化需求。

二、信息化时代高校体育教学思维转变的对策

（一）引入信息化教学手段

在现代教育中，引入信息化教学手段已经成了一种趋势。通过利用信息技术，不仅可以使教学内容更加生动有趣，提高学生的学习兴趣和积极性，还可以使教学更加高效和便捷。

1. 信息化教学手段的定义

信息化教学手段是指利用信息技术和数字化资源辅助教学活动，包括多媒体教学、网络教学、移动学习等，可以为学生提供更加多样化的学习方式和学习资源。

2. 信息化教学手段的优势

（1）提高学生的学习兴趣和积极性

在当今的教育环境中，信息化教学手段的应用极大地丰富了教学内容的呈现方式，将图像、声音、动画等多元化的元素融合在一起，使原本抽象、枯燥的知识点瞬间鲜活起来，极大地提高了学生的视觉冲击力和学习兴趣。信息化教学通过互动性强的活动设计，如线上讨论、模拟实验、互动游戏等，赋予了学生更多的参与机会，使他们能够从被动接受知识转变为主动探索和发现知识。这一转变不仅提升了

学生的学习积极性与主动性，也促进了他们批判性思维和创新能力的发展，从而全面优化了教学过程，提升了教学质量。

（2）提高教学效率和效果

传统的教学方式通常要求教师投入大量的时间和精力进行教学资源的创作、整理与发布，这一过程往往烦琐且易出错。相比之下，信息化教学手段的出现极大地改变了这一局面。教师如今可以借助各类教学软件和网络平台，轻松高效地设计和发布数字化教学资源，如多媒体课件、互动视频、在线习题等，极大地节省了时间和精力。

这些现代化教学手段使教师能够更便捷地与学生进行实时互动与交流。此外，学生也可以利用这些平台进行自主学习，根据自身需求和节奏灵活安排学习时间与地点，真正实现自主学习。这种信息化教学模式不仅显著提高了教学效率，使教师能够快速、大规模地传播知识，也极大地优化了学生的学习体验，激发了他们的学习兴趣和主动性。更重要的是，这种教学方式促进了教学质量的提升。通过大数据分析、学习行为跟踪等技术手段，教师可以更准确地把握学生的学习需求和难点，实施精准化教学，从而显著提高教学效果。

（3）拓展学生的学习方式和时间

传统的课堂教学模式往往受到严格的时间和地点的约束，即在固定的教室和特定的课程时间内进行教学活动，这种模式难以满足现代社会节奏下学生个性化、自主化的学习需求。然而，信息化教学手段的引入彻底改变了这一状况，它突破了时空限制，赋予了学生前所未有的学习自主权。

在信息化教学环境中，学生不再局限于传统的课堂环境，而是可以在家中、学校图书馆或任何有网络连接的地方轻松获取并学习各类在线课程资源，实现随时随地的学习可能。这种灵活性不仅极大地便利了学生，也使教育更加公平，让更多人享受到优质的教育资源。

此外，信息化教学通过运用数字化、网络化的技术和平台，为学生提供了丰富多样的学习方式和资源。在线课程允许学生根据自身节奏和兴趣自由选择学习进度；互动练习和模拟实验软件则通过模拟真实情景，让学生在虚拟环境中反复实践，巩固理论知识；而社交媒体、论坛等在线交流工具则鼓励学生之间开展协作学习和深度讨论，培养他们的团队协作能力和批判性思维。

这种信息化教学模式不仅革新了教育形态，还切实促进了学生的深度学习和全面发展。它打破了传统课堂的时间局限，使学生能够在碎片化的时间里高效吸收新知识，提升了学习效率；同时，也颠覆了以往单向灌输的教学方式，鼓励学生主动探索、主动思考，有效锻炼了他们的自主学习能力和创新精神。

3. 如何引入信息化教学手段

（1）建立数字化教学资源库

数字化教学资源库应包括教材、教学视频、图片、音频等多样化的教学素材，且应易于搜索和使用。为了确保资源的准确性和时效性，学校可以组织教师团队进行资源的筛选和整理，同时，鼓励学生和家长参与资源的贡献与分享。此外，学校还可以与专业的教育资源提供商合作，引入更多优质的教学资源，为师生提供更丰富的学习选择。

（2）推广多媒体教学和网络教学

多媒体教学可以通过图像、声音、动画等形式，将抽象的知识点具象化，提高学生的学习兴趣和理解能力。网络教学可以突破时间和空间的限制，让学生随时随地开展学习。为了实现这一目标，学校应加强对教师的信息技术培训，提升他们的信息化教学能力。同时，学校还可以定期举办多媒体教学和网络教学比赛，激发教师的创新热情，促进信息化教学手段的广泛应用。

（3）建立在线学习平台

在线学习平台可以为学生提供丰富多样的在线课程和学习资源，满足他们个性化的学习需求。同时，平台还应具备互动性强、操作简便等特点，方便学生进行在线学习和交流。为了保障在线学习的效果和质量，学校可以制订详细的学习计划和考核机制，督促学生按时完成学习任务。此外，学校还可以与专业的在线教育平台合作，引入更多优质的教学资源和教学方法，为学生打造更加完善的在线学习环境。

（二）强化学生主体地位

在现代教育体系中，强化学生主体地位已经成为教育改革的核心目标之一。传统的教育模式往往以教师为中心，学生处于被动接受知识的地位。这种模式限制了学生的主动性和创造性，不利于培养学生的综合素质。因此，强化学生主体地位，让学生成为学习的主人至关重要。

首先，强化学生主体地位需要教师转变教学理念。教师应该从传统的知识传授者转变为学生学习的引导者和促进者。在教学过程中，教师应该关注学生的需求和兴趣，根据学生的个体差异，设计多样化的教学活动，激发学生的学习兴趣和动力。同时，教师还应该鼓励学生主动参与教学过程，发表自己的观点和想法，培养学生的批判性思维和创新能力。

其次，强化学生主体地位需要优化课程设置。课程应该根据学生的兴趣和需求进行设置，注重知识的实用性和趣味性。此外，课程应该注重培养学生的实践能力和综合素质，增加实践性课程和活动性课程，让学生在实践中体验学习的乐趣和成就感。

最后，强化学生主体地位需要建立健全的评价机制。传统的以考试成绩为主要评价标准的机制已经不能满足现代教育的要求。评价应该注重学生的全面发展，其中包括知识、能力、素质等方面。评价应该注重过程而非结果，关注学生的学习过程和学习方法，以及学生在学习中表现出来的主动性和创造性。

（三）拓展体育教学资源

在当今社会，体育教育不仅仅关乎学生的身体健康，更是培养他们团队协作能力、竞技精神和创新能力的关键。首先，拓展体育教学资源意味着提供更丰富的课程内容。传统的体育课程往往局限于田径、篮球、足球等运动，而现代体育教育应该更加注重多元化。例如，可以引入瑜伽、街舞、攀岩等新兴运动项目，以满足不同学生的兴趣和需求。同时，结合当地的体育文化和特色，开设具有地方特色的体育课程，不仅能够增强学生的归属感，还能传承和弘扬地方体育文化。

其次，拓展体育教学资源包括优化教学设施和设备。现代化的体育场馆、先进的运动器材是开展高质量体育教学的基础。学校应该加大投入，改善体育设施条件，确保学生能够在安全、舒适的环境中进行体育锻炼。同时，随着科技的发展，体育教学也可以借助现代科技手段进行创新。例如，利用虚拟现实技术模拟运动场景，让学生在虚拟世界中进行体育学习和训练，既增加了趣味性，又提高了教学效果。

最后，拓展体育教学资源应注重师资力量的培养。优秀的体育教师是开展高质量体育教学的关键。学校应该加大对体育教师的培训和引进力度，提高他们的专业素养和教学能力。同时，鼓励体育教师进行教学研究和创新，推动体育教学方法的改革和进步。

（四）创新教学评价机制

创新教学评价机制是当前教育改革的重要议题。随着社会的快速发展和科技的日新月异，传统的以分数为主导的教学评价方式已经无法满足现代教育的需求。因此，需要从多个方面对教学评价机制进行深入的改革和创新。

1. 多元化评价方式的探索

传统的评价方式过于注重学生的知识掌握程度，而忽视了其他重要的素质，如创新能力、团队合作能力等。因此，创新教学评价机制需要打破这种单一的评价模式，采用多元化的评价方式，包括学生的自我评价、互评、实践评价等方式，以更全面地反映学生的综合素质。

2. 注重过程性评价

过程性评价是创新教学评价机制的重要组成部分。它不仅关注学生的学习成果，还注重学生在学习过程中的表现。这种评价方式可以激发学生的学习兴趣和积极性，使其主动学习和思考。同时，过程性评价还能帮助教师更好地了解学生的学习情况，及时调整教学策略。

3. 建立全面的反馈机制

教学评价不仅仅是为了评价学生的学习成果，更重要的是为了促进学生的学习和发展。因此，创新教学评价机制需要建立全面的反馈机制，及时向学生和教师提供评价结果与改进建议，有助于学生和教师了解自己的优势与不足，制订更合理的学习和教学计划。

4. 强化教师的评价能力

教师是教学评价机制的重要执行者，评价能力和素质直接影响到教学评价的效果。因此，创新教学评价机制需要加强对教师的培训和指导，提高他们的评价能力和专业素养；同时，还需要建立科学的教师评价体系，激励教师积极参与评价工作。

（五）加强师资队伍建设

加强师资队伍建设是当前教育领域中至关重要的任务。师资队伍建设是学校发展的基石，直接关系到教育教学质量和学校的整体竞争力。为了进一步提高教育教学水平、促进学生全面发展，加强师资队伍建设刻不容缓。

1. 重视教师的专业成长

学校作为教育工作的核心载体，应当充分认识到教师队伍建设的重要性，并为此提供丰富多样的培训和学习机会，帮助教师紧跟时代步伐，不断更新和完善知识体系，提升教育教学能力。这些培训机会不仅包括参加各类教育教学研讨会、研修班和学术交流活动，也涵盖了对现代教育技术、教学方法和理念的深入研读与实践操作，以确保教师能够灵活运用各种资源，创新教学手段，满足不同学生的学习需求。

2. 加强教师的师德师风建设

师德是教师的灵魂，不仅仅是教师个体素质的核心体现，更是整个教育事业的根基和生命力。教师的师德状况直接影响着学生的价值观、世界观、人生观，以及他们对教育和学校的信任度与满意度。因此，学校作为培养人才、传播知识的重要场所，应当将加强教师的师德师风建设作为一项首要任务。

在实际工作中，学校应通过系统的培训课程、生动的实践活动以及深入的案例研讨等方式，引导全体教师树立正确的教育观，明确教育的根本目的是培养德智体美劳全面发展的社会主义建设者和接班人，而非单纯追求学术成绩或经济利益。同时，帮助教师深化对人才观的理解，鼓励他们尊重每个学生的尊严和权利，关注每个学生的全面发展，做到因材施教、寓教于乐，让学生在学习的过程中感受到温暖和尊重。

学校要注重培养教师以身作则、言传身教的优秀品质。教师的一言一行都影响着学生的成长，一个具有良好师德的教师会在日常教学中展现高尚的道德情操，以自身的人格魅力去感染、启迪学生，使学生在潜移默化中受到教育、得到成长。

3. 加强教师的团队合作和凝聚力

学校作为培育人才、传播知识的场所，内部环境的和谐稳定与教学氛围的营造至关重要。尤其应当注重构建和谐的工作关系和学术生态，通过设立多元化的教师交流平台，鼓励并促进不同学科背景的教师之间开展广泛的学术研讨与教学经验分享。这些交流活动可以涵盖跨学科的课程设计、教学方法创新、教育理念交流等层面，确保教师能够在安全、开放、支持性的环境中共享资源、共同成长。

4. 增强教师的科研能力

培养科研能力是教师专业发展的重要途径，在教师的学术提升和学校整体科研水平的提升方面至关重要。科研活动能够深度挖掘教师的专业知识，锻炼其解决问题的能力，使他们紧跟教育前沿，不断更新和丰富教学内容。同时，教师参与科研还有助于推动学校的教学改革，促进教育教学的内涵式发展。

学校应当创造条件，鼓励所有教师积极投身于各类科研项目，为此提供充足的资源保障和指导支持。这包括但不限于设立专项基金资助教师申报课题，提供实验设备、图书资料等基础设施，以及聘请专家进行专业指导等。

（六）注重学生体育素养的培养

在当今社会，对于学生的全面发展来说，体育素养的培养尤为重要。体育素养不仅仅是指体育技能和体能水平，更包括学生对体育文化的理解、体育精神的培养，以及体育活动的参与度和习惯。

首先，培养学生的体育技能是体育素养的基础。无论是球类、田径还是其他体育项目，都需要学生通过系统的训练和实践，掌握基本的运动技能。这样的技能学习不仅有助于学生在体育活动中获得成就感，也能为他们未来参与更高层次的竞技活动打下基础。

其次，对体育文化的理解是体育素养的重要组成部分。体育文化涵盖了体育的历史、规则、价值观等方面的内容。通过体育文化的教育，学生可以更加深入地理解体育的本质，明白体育对个人和社会的价值，从而培养对体育的热爱和尊重。

再次，体育精神的培养也是不可忽视的。体育精神包括公平竞争、团队合作、拼搏进取等方面。这些精神不仅仅能够在体育活动中得到锻炼和提升，更能够渗透到学生的日常生活中，影响他们的行为和价值观。

最后，培养学生的体育活动参与度和习惯也是提升体育素养的关键。无论是在学校还是在社区，学生都应该被鼓励积极参与各种体育活动。通过持续的参与，学生可以逐渐养成良好的运动习惯，从而保持健康的体魄和充沛的精力。

第四节　信息化时代高校体育教学思维转变的实践应用

一、利用信息化技术革新教学手段

（一）引入智能教学平台

随着科技的飞速发展，教育领域也迎来了前所未有的变革。在这样的背景下，引入智能教学平台尤为重要。智能教学平台不只是将传统的课堂内容简单地搬到线上，更是通过采用云计算、大数据、人工智能等先进的教育技术，为学生和教师打造一个全新的、功能全面的在线教学环境。智能教学平台能够让学生在任何时间、任何地点进行自主学习，不再受到传统课堂的时间和空间限制，真正实现了"随时随地学"的愿望。

智能教学平台的功能丰富多样，既满足了学生的个性化学习需求，也提供了教师高效教学的工具。对于学生来说，他们可以根据自己的学习进度和兴趣点，自主选择学习的内容和难度，进行有针对性的学习。对于教师来说，智能教学平台不仅提供了丰富的教学资源，还通过数据分析、智能推荐等技术，帮助他们更好地理解学生的学习情况，制订更加有效的教学计划。

此外，智能教学平台还鼓励学生与教师、同学之间的互动交流，形成了一个活跃的学习社区。学生可以在这里分享自己的学习心得、提问求解，也可以参与各种学习活动和讨论，进一步提升自己的学习效果。

（二）利用多媒体丰富教学内容

在体育教学中，理论知识的学习往往显得抽象而枯燥，难以引起学生的兴趣。近年来，随着多媒体技术的快速发展，越来越多的教师开始尝试将其应用于体育教学中。多媒体资源以生动、形象的特点，为体育教学带来了新的可能性。通过视频、动画、模拟软件等多媒体教学资源，我们可以将原本抽象的体育理论知识具象化，使其更加直观、易懂。

以篮球教学中的"三步上篮"动作为例，传统的教学方式往往是教师示范一遍，然后让学生自行模仿。然而，由于动作迅速且复杂，很多学生在模仿时难以准确掌握要领。如果我们利用动画演示来展示"三步上篮"的分解过程，就可以帮助学生清晰地看到每个步骤的细节，从而更好地理解和掌握。

此外，模拟软件的应用也为体育教学带来了革命性的变化。通过模拟软件，学生可以在虚拟环境中进行实践操作，仿佛置身于真实的体育场景中。这种身临其境的学习方式不仅可以激发学生的学习兴趣，还能帮助他们更好地理解和记忆知识点。例如，在足球教学中，我们可以利用模拟软件让学生亲自体验不同的战术布局和球员位置，从而深刻理解战术的重要性。

（三）采用智能评估系统

在现今的教育领域中，传统的体育教学方式面临着一些显著的问题。它往往依赖于教师的主观判断和人工操作来评估学生的体能与技能水平，这样的评估方式不仅效率低下，而且很难保证评估结果的客观性和准确性。由于每个学生的体能和技能水平都有所不同，因此他们需要个性化的反馈和建议帮助他们更好地改进自己的技能与体能。

为了克服这些挑战，我们首先可以引入智能评估系统替代传统的评估方式。这种先进的系统可以利用各种传感器、摄像头等设备采集学生在体育活动中的实时数据。这些数据可以包括学生的运动轨迹、速度、力量、耐力等方面的信息。其次，通过高性能的算法对这些数据进行深入分析，从而客观、准确地评估学生的体能水平和技能掌握情况。

与传统的评估方式相比，智能评估系统具有显著的优势。首先，它能够快速、准确地提供评估结果，大大提高了评估的效率。其次，由于评估是基于客观的数据分析，能够避免主观判断带来的误差，保证了评估的客观性。最后，智能评估系统能够为学生提供个性化的反馈和建议。通过分析学生的运动数据，系统可以找出学生在体能和技能方面存在的不足，并为他们提供针对性的训练建议。这样，学生就

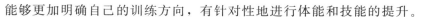

能够更加明确自己的训练方向，有针对性地进行体能和技能的提升。

从教师的角度来看，智能评估系统也为个性化教学提供了有力的支持。根据每个学生的评估结果，教师可以制订更具针对性的教学计划和方法，从而更好地满足学生的学习需求和发展潜力。同时，教师还可以通过系统跟踪学生的进步情况，及时调整教学策略，确保教学效果的最大化。

二、推动体育教学思维从以教师为中心向以学生为中心转变

（一）强调学生的主体性

在信息化教学的浪潮中，学生的学习地位正在发生根本性的变革。他们不再是被动的知识容器，而是积极主动的学习主体。这种转变并不是简单的形式变化，而是教育理念的巨大进步和社会对人才培养的深刻认识。

信息化教学为学生打开了一扇通往广阔知识世界的大门。在这个世界里，学生不再是单纯的听众，而是探索者、实践者和创造者。他们可以利用网络资源丰富的学习平台，自由地选择学习内容和学习路径。他们可以根据自己的兴趣和需求，选择适合自己的学习方式和节奏。这种自主性和灵活性，为学生提供了更广阔的发展空间。

在这样的教学模式下，教师的角色也发生了转变，他们不再是单纯的知识传授者，而是学生学习路上的引导者和辅助者。教师不仅要为学生提供必要的知识和技能，还要教授他们学习的方法和策略；他们要鼓励学生跳出舒适区，勇于挑战未知领域，通过自主学习和实践，发掘个人的潜能和兴趣。

这种以学生为主体的教学方式，对学生的全面发展具有深远的影响。它不仅能培养学生的自主学习能力，让他们学会如何独立地解决问题和获取知识，还能激发他们的创新精神和批判性思维。在信息爆炸的时代，单纯的知识积累已经无法满足社会的需求，而创新能力和批判性思维则成了一个人才竞争的核心。

（二）加强师生互动

随着科技的进步和教育信息化的推进，传统的教学方式已经不再是唯一的选择。信息化教学手段的出现，不仅为教育领域带来了革命性的变革，还为加强师生互动提供了有力支持。这种新型的教学方式为学生和教师提供了一个随时随地进行交流与互动的平台，使教学和学习不再受到时间与空间的限制。

在传统的教学模式下，师生互动往往局限于课堂上，而且受到时间、空间和人数等因素的限制。但是，借助在线论坛、即时通信工具等信息化平台，教师和学生

可以在任何时间、任何地点进行互动，打破了以往的局限性。这种跨时空的沟通方式不仅使师生之间的互动更加频繁和深入，还能够让学生感受到更多的关注和支持，提高他们的参与度和归属感。

通过在线讨论，学生可以自由地发表自己的观点和想法，与其他同学进行交流和碰撞。教师也可以及时地对学生的发言进行点评和指导，帮助他们更好地理解和掌握知识。同时，学生还可以通过在线提问的方式向教师请教问题，而教师则可以在第一时间给出解答和建议。这种即时反馈的方式让学生感受到了教师的关注和支持，也让他们更加主动地参与学习。

除了在线讨论和问题解答外，信息化教学手段还可以提供作业反馈、在线测试等功能。学生可以在线上提交作业并获得及时反馈和评价，这不仅让他们更加清楚地了解自己的学习情况，还能够激发他们的学习动力和自信心。同时，教师还可以根据学生的学习情况及时调整教学策略和方法，提高教学效果。

三、利用信息化手段提升体育教学的趣味性和实效性

利用信息化手段，不仅可以增加体育教学的趣味性，激发学生的学习兴趣，还可以提高教学的实效性，使学生更好地掌握运动技能。

（一）利用互动教学软件提升参与感

信息化时代的来临，为体育教学领域带来了革命性的变革与丰富的互动教学软件。这些软件不仅将传统的体育教学内容进行了创新化的融合，还引入了游戏化的学习模式，使原本枯燥的运动技能训练变得生动有趣。如今，在信息化手段的助力下，学生不再是体育知识的被动接收者，而是转变为积极参与、乐在其中的探索者和实践者。

以虚拟现实技术为例，它将学生带入一个全新的三维立体运动空间。在这个虚拟的世界里，学生可以身临其境般的参与各类体育赛事，如足球、篮球等，并通过第一人称视角，真实感受赛场的激情与挑战。这种身临其境的教学体验不仅极大地提升了学生的学习兴趣和参与热情，还通过高度模拟的真实场景，帮助学生更直观、更深入地理解和掌握各种运动技巧。

不仅如此，此类互动教学软件通常还富含社交元素，鼓励学生在虚拟环境中进行团队协作、竞技对抗，从而锻炼他们的策略规划和协同合作能力。通过不断模拟练习和实战演练，学生能够在轻松愉快的氛围中逐步提高自己的运动水平，达到技能习得与综合素质提升的双赢效果。

（二）利用大数据分析优化教学方案

在体育教学中，通过运用先进的数据收集工具和技术，教师可以系统地获取并深入分析学生在各类体育活动中的表现信息。例如，在跑步训练环节，教师可以借助智能穿戴设备实时采集学生的跑步数据，包括但不限于跑步速度、步幅、步频、心率恢复速度以及运动耐力等指标。通过对这些翔实数据的科学解读，教师能够精准地洞察每个学生在体能、技能及运动习惯上的优势与不足，从而因材施教，制订出贴合个体差异的教学计划和训练策略。

对于那些跑步速度相对较慢的学生来说，教师不仅可以通过数据看到他们在运动中的实际表现，还能够观察到他们在技术动作执行时的细微差距，如肌肉发力是否合理、关节活动度是否恰当、步态是否稳定以及体能恢复能力如何等问题。基于这些具体数据，教师可以提供针对性的矫正指导，如调整呼吸节奏、优化跑步姿势、提升下肢力量训练等，并依据学生的反馈和进步情况进行动态调整，确保每个学生都能得到最大限度的关注和有效的帮助支持。

数据驱动的个性化教学方式在提高体育教学实效性方面具有显著优势，既能确保每个学生得到适合自身发展的专业指导，也能帮助学生建立信心，激发他们对体育运动的热爱，进而全面提升体育教学质量与学生满意度。

（三）利用智能设备监测运动状态

智能设备如今已深深地渗透到教育领域，特别是在体育教学改革的过程中发挥了极其重要的作用，为体育教学提供了更多的可能性。例如，在学生参与体育活动时，通过佩戴诸如智能手环、智能手表等先进设备，可以实时、准确地获取和追踪自身的各项生理指标，如心率、步数以及消耗的卡路里等详尽的运动数据。

这些数据对于学生而言，不仅是一种直观的自我健康状况反馈机制，还能帮助他们建立科学的健身认知，根据自身实际调整运动策略，从而达到更高效、更健康的锻炼效果。此外，这些实时传输的数据还可以作为教师调整教学计划的重要参考依据。在实际教学过程中，教师能够根据学生个体差异化的生理反应，灵活地调整教学内容和训练节奏，真正实现个性化教学。

例如，如果教师通过分析智能设备提供的数据，发现某个学生在某个时间段内心率持续偏高，这可能意味着该学生的运动强度过大或身体状况出现疲劳累积。在这种情况下，教师就会及时做出相应的调整，如适当降低该时段的运动强度，或者改变训练内容，由高强度运动转为低强度恢复性训练，甚至建议学生适当休息，以避免因过度疲劳引发的各种运动损伤及潜在健康风险。

（四）利用网络资源拓宽知识视野

互联网的发展为体育教学带来了前所未有的机遇和丰富的资源。教师可以将网络资源收集的体育知识、比赛视频、训练方法等素材融入教学，丰富教学内容。此外，教师还可以引导学生利用网络资源进行自主学习和探索。学生可以在课后时间自主观看教学视频、进行自我训练，并在线上社区与教师、同学进行交流和讨论，这种自主学习的方式不仅能够拓宽学生的知识视野，还能激发他们对体育学习的兴趣和热情；不仅能培养学生的自主学习能力，还能使他们在探索中发现体育的乐趣和价值。

第三章　信息化时代高校体育教学内容的创新与发展研究①

第一节　体育教学内容相关理论阐析

一、体育教学内容的概念与特点

（一）体育教学内容的概念

体育教学内容是实现体育教学目标的重要物质载体，主要是指在体育教学过程中对体育知识和技能体系等方面的选择与运用。教学内容从书面知识变为学生的知识积累和运动技能的提高，这一过程要以体育教学目标为指导，通过合理的教学方法和教学组织在一定的教学环境中进行转化，这一转化过程的所有内容就是教学内容。②

教师可以通过以下几个方面深入理解体育教学内容。

第一，体育教学内容是教学的材料和依据。在体育教学实践中，教师对体育教学内容的选择要以实现体育教学目标为指导，根据自己的教学经验和对体育教学的理解，从众多体育教学材料中选出最佳的、最能实现教学目标的内容。

第二，体育教学内容在教师与学生中间扮演着中介和媒体的角色，促进教师和学生之间的信息交流。

第三，体育教学内容制约体育教学方法的选用。

第四，体育教学内容决定体育教学的效果和体育教学目标实现的程度。

（二）体育教学内容的特点

1. 教育性

体育教学在教育领域占有举足轻重的地位，不只教授学生各种运动技能，更在

---

① 山西省教育科学"十四五"规划 2023 年度专项课题
　　课题名称：基于 OBE 理念下高校体育公共课教学改革创新研究
　　课题编号：SZH - 230043
② 韩中.高校体育教学体系建设研究［M］.北京：北京工业大学出版社，2021：64 - 66.

无形中传递着价值观、社会规范和道德观念。学生在球场上挥洒汗水，不仅仅是在锻炼身体，更是在学习如何与人合作、如何面对挑战和如何尊重对手。这些经验不仅仅局限于体育领域，同样适用于学生的日常生活和未来的职业生涯。

2. 实践性

体育教学与其他学科相比，具有独特的教学方式，最显著的特点就是实践性。在体育教学中，理论知识固然重要，但亲身参与体育活动才是学习的核心。学生需要在实践中体验运动带来的乐趣和挑战，通过不断尝试和练习提高自己的运动技能。

这种实践性使体育教学变得更加生动和有趣。每当学生在操场上奔跑、跳跃或投掷，他们的身体都在与运动产生直接的互动，这种互动让他们更加深入地理解运动的奥秘和技巧。此外，实践性也为学生提供了与同龄人交流和合作的机会，他们在运动中互相学习、互相帮助，共同进步。

与传统的课堂教学相比，体育教学的实践性更具吸引力和挑战性。它要求学生不仅仅是知识的接收者，更是实践的参与者。通过亲身参与体育活动，学生不仅能够提高自己的运动技能，还能够培养自己的实践能力、创新能力和解决问题的能力。这些能力将对学生未来的学习和生活产生积极的影响，使他们在面对困难时更加自信和从容。

3. 健身性

在体育教学中，教师要强调通过各种体育活动的实践，使学生能够全面提高身体素质，增强抵抗力，塑造健美的体形。为了实现这一目标，需要设计一系列科学的体育训练计划，其中包括有氧运动、力量训练、柔韧性训练等，旨在全面提升学生的速度、力量、耐力、灵敏度和协调性等身体素质。同时，教师还应该注重教授正确的运动技巧和姿势，以预防运动损伤，确保学生的运动既安全又有效。通过这些教学活动，学生不仅能够提高身体素质，还能够培养终身运动的习惯，为未来的健康生活奠定坚实的基础。

4. 娱乐性

体育活动通常具有娱乐性，这使体育教学成了一个寓教于乐的过程。在体育教学中，教师注重营造轻松愉快的课堂氛围，让学生在运动中享受乐趣，激发他们的学习动机。通过引入多样化的体育项目和游戏，如足球、篮球、羽毛球等，让学生在参与中感受到体育的魅力，培养他们的团队精神和协作能力，同时还应该鼓励学生发挥创造力，尝试创新玩法和技巧，让他们在运动中展现个性，实现自我价值。这种娱乐性不仅提高了学生对体育的兴趣和参与度，还培养了他们的积极心态和乐观情绪，有助于他们在学习和生活中更加自信与积极地面对挑战。

5. 人际交往的开放性

体育教学往往在一个多元、互动的环境中展开，这种环境为学生提供了宝贵的人际交往机会。在这种场景下，学生不仅仅在学习运动技能，更是在与同伴的互动中，学习如何合作、如何沟通以及如何妥善处理冲突。每次传球、每次配合、每次战术布置，都是一次锻炼人际交往能力的机会。通过这样的交往，学生能更加明白团结的力量，懂得如何与他人建立和谐的关系，进一步提升自己的社会适应能力和团队协作能力。

6. 非逻辑性

与数学、物理等需要严格逻辑推理的学科不同，体育教学更多地依赖于学生的身体感知、运动经验和直觉。例如，在学习篮球投篮时，学生并不需要计算角度、力度等复杂的逻辑数据，而是需要通过自己的身体感知和直觉判断如何调整姿势、力度和方向。这种非逻辑性的特点使体育教学更加注重实践和体验，让学生在亲身体验中掌握运动技能，体验运动的魅力。这种教学方法也更加符合学生的学习特点，能够激发学生的学习兴趣，培养学生的自主学习能力。

7. 规定性

在体育教学中，规定性的存在是至关重要的。这不仅是因为体育活动本身就具有一定的风险性，需要明确的规则确保参与者的安全，还因为体育是一种社会文化现象，需要通过规定性进行传承和发扬。例如，在足球比赛中，规则规定了球员如何进攻、防守，裁判如何判罚等，这些都确保了比赛的公平性和观赏性。同时，这些规定也在潜移默化中培养了学生的纪律性和规范意识，让他们明白在生活中也需要遵守各种规则和制度。因此，体育教学不仅要教授技能和活动，还要注重规定性的传授和引导，让学生在掌握技能的同时，学会做人、学会遵守规则、学会尊重他人。

二、教学内容的层次与分类

（一）教学内容的层次

教学内容的层次主要可以分为宏观层面和微观层面，这两个层面各自具有不同的特点和作用。

1. 宏观层面

宏观层面的教学内容是教育体系中至关重要的一个环节，它决定了学生在整个学习过程中能够获得怎样的知识和能力。[①] 这一层面的教学内容主要关注整体的教育目标和课程设计，确保教育内容的连贯性、系统性和整体性。

从宏观角度出发，教学内容的设计是一项综合性的任务。它需要基于教育政策、课程标准和教育理念，全面考虑学生的需求和社会的需求。教育政策是教学内容设计的指导方针，规定了教育的方向和目标。课程标准则是教学内容的具体要求，为教师提供了清晰的教学目标和教学内容框架。教育理念则是教学内容设计的理论基础，引导教师如何更好地进行教学设计，以培养学生的核心素养和综合能力。

宏观层面的教学内容涵盖了多个方面，包括学科知识、技能培养、情感态度和价值观的引导等。学科知识是教学内容的基础，为学生提供了各领域的基本知识和技能。技能培养则强调学生的实际操作能力，通过实践活动和项目学习，使学生能够将所学知识应用到实际生活中。情感态度和价值观的引导则关注学生的内心世界，培养他们的道德品质和社会责任感。

在宏观层面，教学内容的设计还关注教育目标的达成。教育目标不仅仅是知识的传授，更重要的是培养学生的核心素养和综合能力。其中包括批判性思维、创新能力、合作与沟通能力、自主学习能力等，这些能力对于学生未来的学习和职业发展具有重要意义。

2. 微观层面

在微观层面的教学内容中，每个细节都至关重要。其中不仅仅涉及单一的教学活动或课程单元，更涵盖了整个教学过程的核心要素。从教学设计开始，教师就需要深入研究学生的学习特点、兴趣和需求，确保所设计的教学内容既能满足学生的求知欲望，又能有效达成教学目标。

教学方法的选择在微观层面显得尤为重要。不同的教学方法适用于不同的学生群体和教学内容，如启发式教学、案例教学、实验教学等。教师需要根据学生的实际情况和教学内容的特点，灵活选择和运用不同的教学方法，以激发学生的学习兴趣和积极性。同时，教师还需要关注学生的学习过程，及时发现问题并给予指导，确保学生能够顺利完成学习任务。

教学资源的利用也是微观层面教学内容的重要组成部分。随着科技的发展，教学资源的种类和形式也越来越丰富，如数字资源、实物模型、实验器材等。教师需要充分利用这些教学资源，为学生创造一个丰富多样的学习环境，提高教学效果。

在微观层面，教学评价的实施同样不容忽视。教学评价不仅是对学生学习成果的检验，也是对教师教学效果的反馈。教师需要采用科学、客观的评价方法，全面

---

① 刘景堂. 高校体育教学改革研究［M］. 北京：中国纺织出版社有限公司，2020：102－104.

了解学生的学习情况和教学效果，为教学改进提供依据。同时，教学评价还能够激发学生的学习兴趣和动力，促进学生的自我发展和进步。

（二）教学内容的分类

1. 按身体运动技能分类

（1）基本运动技能

基本运动技能是每个人在参与体育活动时都应掌握的基础动作。这些看似简单的技能，如跑步、跳跃、投掷、抛球和接球，对于初学者的成长至关重要。它们不仅是进行体育活动的基础，还是培养运动兴趣、提高身体素质的起点。通过不断练习这些技能，初学者可以逐渐建立起对运动的信心，形成正确的运动姿势和习惯，为日后学习更复杂的技能打下坚实的基础。

（2）协调性技能

协调性技能是评价一个运动员综合素质的重要指标之一。它要求运动员在运动中，身体各部分能够协同工作，达到最佳的运动效果。比如，手眼协调能够帮助运动员在投掷、接球等动作中更准确地控制球的方向和力度；左右脚协调则能让运动员在跑步、转身等动作中更加流畅和自然。这类技能在多数体育项目中都有广泛的应用，尤其在需要精确操作的技能中更为重要。在日常的训练中，教练和运动员都应注重这类技能的训练，通过专门的练习和反复的实践，逐渐提高身体的协调性和反应能力。

（3）灵活性技能

灵活性是运动员不可或缺的核心能力之一，涉及身体各部位在多维空间中的快速、准确移动。一个灵活的运动员能够更顺畅地完成转身、跳跃、蹲起等动作，不会因为身体僵硬而受限。这种灵活性对于避免运动伤害至关重要，因为它能确保运动员在做各种动作时都能保持身体平衡，从而避免不必要的扭伤或拉伤。同时，提高灵活性还能显著提高运动效率。比如，在短跑中，灵活的运动员能够更快地调整步伐和节奏，以达到最佳的速度。在体操、舞蹈等运动中，灵活性更是执行高难度动作的前提条件。

（4）力量与耐力技能

力量与耐力是构成运动员体能的两大支柱。力量是指身体肌肉在瞬间或一段时间内所能产生的最大力量，而耐力则是指身体在长时间活动中保持高水平表现的能力。力量训练可以通过重量训练、爆发力训练等方式增强肌肉力量，帮助运动员在执行需要瞬间发力的动作时，如举重、冲刺等，能够发挥出更大的力量。耐力训练则通常通过长时间的有氧运动、间歇性高强度训练等方式提高身体的持久能力。在足球、篮球等需要频繁跑动和对抗的运动中，耐力训练对于保持高水平表现至关重要。同时，力量与耐力也是相辅相成的。强大的肌肉力量可以为耐力提供支撑，而良好的耐力则可以让运动员在比赛中持续发挥出强大的力量。

2. 按体育运动项目分类

（1）球类运动

球类运动是一项广泛而丰富的体育项目，涵盖了多种不同类型的运动。其中，足球是世界上最受欢迎的运动之一，需要球员掌握传球、射门、控球等基本技巧，同时还需要团队协作和战术策略。篮球则需要球员拥有出色的运球、投篮和防守能力，同时在比赛中还需要灵活的战术配合。排球则需要球员拥有准确的传球和扣球技巧，同时也需要默契的团队配合。乒乓球和羽毛球则需要球员拥有敏捷的反应和精湛的技巧，这样才能在比赛中取得优势。这些球类运动不仅仅能锻炼身体，更能培养人们的团队协作能力和竞技精神。

（2）田径运动

田径运动是体育竞赛的基础，也是培养学生体育素质的重要途径。短跑需要学生拥有出色的爆发力和速度，需要在极短的时间内完成比赛。长跑则需要学生拥有足够的耐力和体力，需要坚持不懈的训练和毅力。跳高和跳远则需要学生拥有出色的爆发力和协调能力，需要精确的助跑和起跳。投掷项目则需要学生拥有强大的力量和技巧，需要不断的练习和调整。田径运动不仅可以锻炼学生的身体素质，还可以培养学生的意志品质和自信心，对于学生的全面发展有着重要意义。

（3）水上运动

水上运动在学校体育课程中占据了重要的位置。无论是畅游在泳池中的游泳，还是从高空跃下的跳水，抑或是在湖面上划行的皮划艇，都深受学生的喜爱。这些运动不仅仅要求学生掌握基本的技能，更需要他们在水中展现出卓越的平衡感和协调性。每次的划水、每次的跃起，都是对身体能力的挑战和对心理承受力的锻炼。水上运动不仅能锻炼学生的肌肉，提高心肺功能，还能培养他们在面对困难时的勇气和毅力。同时，水上运动也是一项团队运动，需要学生相互合作，共同完成任务，从而培养他们的团队合作精神和集体荣誉感。

（4）体操与舞蹈

体操与舞蹈是两种截然不同的运动形式，但都对学生的全面发展有着不可估量的作用。艺术体操要求学生展现出身体的柔韧性和协调性，每个动作都需要精准到位，既有力量又不失优雅。健美操则更注重节奏的把握和身体的协调，让学生在动感的音乐中感受运动的魅力。舞蹈，无论是优雅的芭蕾舞还是热情的街舞，都能让学生在舞动中找到自我，释放内心的情感。这些运动不仅仅锻炼了学生的身体，更培养了他们的艺术修养和审美能力。通过体操与舞蹈的学习，学生能够更好地理解自己的身体，掌握自己的身体语言，从而在生活中更加自信、从容。

3. 按体育教学目的分类

（1）技能培养

在技能培养方面，我们的主要目标是确保学生能够全面掌握并熟练运用各种运动技能。以足球的传球为例，我们不仅要教授学生基本的传球技巧，如控制球的力度、角度和方向，还要让他们了解传球在比赛中的重要性，以及如何根据不同的比赛情况选择合适的传球方式。为此，我们将通过一系列的训练和实战演练，逐步提高学生的技能水平，使他们能够在比赛中发挥出自己的最大潜力。同时，我们还将注重培养学生的团队协作能力和竞技精神，让他们在掌握技能的同时，能够体验到运动的乐趣和团队合作的力量。

（2）健康促进

健康促进是我们体育活动的另一重要目标。通过组织丰富多样的体育活动，我们希望能够帮助学生提高身体健康水平，包括心肺功能、身体素质等。在训练过程中，我们将注重学生的运动量和运动强度的适度控制，以确保他们在锻炼身体的同时不会受到伤害。此外，我们还将通过营养指导、心理辅导等方式，帮助学生建立健康的生活方式和心态，让他们在运动中不仅能够锻炼身体，还能够培养健康的生活态度和心理素质。通过我们的努力，期望每位学生都能够拥有强健的体魄和积极向上的生活态度。

（3）社会交往

在现代社会中，人与人之间的沟通和合作变得越来越重要。因此，通过团队运动培养学生的合作精神和社交能力尤为重要。在这样的活动中，学生不仅能够学会如何在团队中发挥作用，还能够提升他们的沟通技巧和团队协作能力。在团队运动中，每个学生都有机会展示自己的特长和才能，同时也需要与其他队员密切合作，共同面对挑战和困难。这样的经历不仅可以增强学生的自信心，还可以让他们更加懂得尊重和理解他人，从而更好地适应社会生活。

（4）竞技教育

竞技教育旨在培养学生的竞技精神和比赛技能，为他们将来参与更高层次的比赛做好准备。在这个过程中，学生不仅需要掌握各种比赛技能，还需要学会如何面对挑战和压力，保持冷静和自信。通过不断训练和比赛，学生可以逐渐培养出一种积极向上的心态和坚韧不拔的毅力，这些都是未来成功的关键因素。同时，竞技教育也能够让学生更加珍惜团队合作的机会，更加懂得尊重对手和裁判，从而更好地塑造自己的品格和价值观。

4. 按个人体育能力分类

（1）初级水平

对于初学者或体育能力较弱的学生来说，我们应当从基础开始，逐步建立他们对体育的信心和兴趣。初级阶段的教学应主要集中在教授基础技能和简单的运动项目上，如基本的跑、跳、投等动作，以及一些易于上手的球类运动。通过这种方式，学生可以在安全、愉快的环境中逐渐提高体能，为后续的学习打下坚实的基础。

（2）中级水平

当学生已经掌握了一定的基础技能后，他们需要更多的挑战和刺激，进一步提升自己的体育能力。在中级阶段，教学内容应侧重于更复杂的运动技能和项目，如更高难度的体操动作、更快的跑步速度、更准确的投篮技巧等。此外，还可以引入一些团队合作的运动项目，以培养学生的协作能力和竞技精神。

（3）高级水平

对于已经具备较高体育能力的学生来说，他们需要更加专业、更具挑战性的训练内容，进一步提升自己的技能水平。在高级阶段，教学应针对专业运动队的训练内容展开，如高强度的体能训练、高精度的技术训练、高压力的比赛模拟等。同时，教师还应注重学生的心理素质和意志品质的培养，以帮助他们在激烈的竞技环境中保持最佳状态。

三、体育教学内容的目标与要求

（一）传统体育教学内容的目标和要求

传统体育教学内容的目标和要求通常涵盖了多个方面，旨在通过体育活动促进学生的身心健康发展。以下是几个传统体育教学内容的目标和要求的简要概述。

1. 体育保健

（1）体育保健的目标

为了培养学生正确的体育卫生习惯和保健意识，提高他们的身体健康重视程度和自我保健能力，学校可以开展一系列针对性的教育活动。例如，可以组织定期的体育卫生知识讲座，邀请专业人士向学生讲解健康的生活方式、科学的锻炼方法以及运动损伤的预防和处理技巧。此外，学校还可以开设体育卫生课程，将体育卫生知识纳入教学体系，让学生在日常学习中不断积累相关知识，形成正确的体育卫生观念和保健意识。通过这些措施，可以帮助学生更好地关注自己的身体健康，提高自我保健能力，促进全面发展。

（2）体育保健的要求

在体育卫生教育中，教授学生基本的体育卫生知识至关重要。首先，教师需要向学生传授科学的锻炼方法，让学生了解如何根据自身身体状况选择适合的运动项目和锻炼强度，避免运动过度或不当造成的身体损伤。其次，教师需要教授学生合理的饮食搭配知识，让学生了解如何合理搭配食物，保证营养均衡，增强身体素质。此外，教师还需要向学生讲解运动损伤的预防和处理方法，让学生了解如何预防运动损伤的发生，以及在发生损伤时如何正确处理和恢复。通过这些知识的传授，可以帮助学生更好地保护自己的身体健康，提高运动效果和生活质量。

2. 田径运动

（1）田径运动的目标

通过系统的田径运动训练，全面提升学生的身体素质。我们要特别关注学生的速度、力量、耐力、灵敏度和协调性这五大关键要素，因为这些能力不仅影响着学生在田径比赛中的表现，还直接关系到他们的日常生活和未来职业发展。此外，我们也非常重视通过田径运动培养学生的意志品质和团队协作精神。我们希望通过训练，使学生能够在困难和挑战面前保持坚韧不拔的毅力，同时学会与他人合作，共同为团队的成功贡献力量。

（2）田径运动的要求

为了确保训练效果，我们对学生田径运动的基本技能和规则的掌握提出了明确要求。要通过专业的教练团队，教授学生正确的跑步、跳跃、投掷等技术动作，并让他们了解并遵守各项田径比赛的规则。在训练过程中，我们将组织学生进行规范、系统的训练，确保每个学生都能在安全和有效的环境下进行锻炼。同时，我们将注重训练的安全性和有效性，避免学生因不正确的训练方式而受伤，确保他们能够在训练中得到真正提高。

3. 体操运动

（1）体操运动的目标

体操运动不仅仅是一项体育运动，更是一项综合性的身体锻炼方式。它的目标不仅仅是提高学生的身体素质，更是通过训练，帮助学生发展柔韧性、协调性和平衡感。在体操训练中，学生通过各种动作的训练，可以有效地提高身体的灵活性和稳定性，增强身体的耐力和爆发力。同时，体操训练还能够帮助学生提高审美能力，让他们更加敏锐地感知身体的动态美感和静态美感，从而更好地欣赏和创造美。

（2）体操运动的要求

在进行体操运动时，学生需要掌握基本的动作和技巧。这些动作和技巧不仅要求准确、规范，还要求流畅、自然。因此，在教授体操时，教师需要注重动作的细节和规范性，确保学生能够正确地掌握每个动作。同时，体操运动还需要培养学生的节奏感和韵律感。在体操训练中，动作的节奏和韵律感是非常重要的，不仅能够让动作更加流畅、自然，也能够帮助学生更好地感知音乐的节奏和韵律。因此，在进行体操训练时，教师不仅需要注重动作的准确性和规范性，还需要注重培养学生的节奏感和韵律感，让他们能够在体操训练中更好地展现自己的身体魅力和艺术才华。

4. 球类运动

（1）球类运动的目标

借助球类运动的训练，全面提升学生的体能和心理素质。通过反复的练习和比赛，学生能够锻炼出更快的反应速度和更准确的判断能力。球类运动需要多个人的配合，这使学生在运动中能够锻炼出卓越的协调能力和团队协作能力。更重要的是，球类运动具有天然的竞技性，能够培养学生的竞争意识和运动兴趣，让学生在运动中感受到挑战和乐趣。

（2）球类运动的要求

为了达成上述目标，我们需要对学生进行全面的球类运动教学。首先，我们要教授学生球类运动的基本技能和规则，确保他们在实战训练中能够明确自己的任务和责任。其次，我们要组织学生进行实战训练，让他们在实战中学习和运用技术，锻炼战术的配合能力。在实战训练中，我们不仅仅要注重技术的运用，更要强调比赛的公平性和体育精神，让学生在比赛中学会尊重对手、尊重规则，展现出良好的体育风貌。

5. 韵律运动

（1）韵律运动的目标

让学生在动感的音乐中舞动身体，从而培养他们的节奏感和韵律感。这样的活动不仅有助于提高学生的身体协调性和灵活性，还能在舞动中释放压力，愉悦心情，促进学生的身心健康发展。我们期望通过韵律运动的实践，让学生在享受运动乐趣的同时，也能在身心层面得到全面提升和发展。

（2）韵律运动的要求

在教授韵律运动的过程中，要注重教授学生韵律运动的基本动作和技巧。教师可以从基础步伐、身体协调性、音乐节奏配合等方面入手，帮助学生建立扎实的韵律运动基础，同时注重动作的协调性和流畅性，让学生在舞动中展现出优雅和力量。此外，教师还要引导学生进行舞蹈和音乐的欣赏与创作，让他们通过感受和理解不同的舞蹈与音乐风格，提升自己的艺术素养和创新能力。我们期待通过这样的教学方式，让学生在韵律运动的学习中，得到全面提升和成长。

6. 民族传统运动

（1）民族传统运动的目标

通过民族传统运动的训练，让学生在体验和学习中深刻理解与感受民族体育文化的独特魅力。我们期望通过这种方式，使民族体育文化得到更好的传承和弘扬，进而提高学生的身体素质和文化素养。同时，我们更希望通过这样的训练，培养学生的民族自豪感和自信心，让他们从内心深处认可和热爱自己的民族文化，从而在未来的生活中能够积极传承和发扬。

（2）民族传统运动的要求

在教授学生民族传统运动的基本技能和规则时，要注重技术的准确性和规范性，力求让学生在掌握技能的同时，能够深刻理解这些技能背后的规则和原则。同时，引导学生去了解和探索民族传统运动的历史与文化背景，让他们在运动的过程中，不仅仅能够享受到运动带来的乐趣，更能够感受到民族文化的深厚底蕴。我们相信，通过这样的教学方式，学生不仅能够掌握民族传统运动的基本技能，还能够从中获得身心的双重提升。

在实际教学中，这些目标和要求需要根据学生的年龄、身体状况、兴趣爱好和教学内容等因素进行具体化与调整。同时，在教学过程中，应注重学生的个体差异和全面发展，注重培养学生的运动兴趣和终身锻炼的习惯。

（二）新兴体育教学内容的目标与要求

新兴体育教学内容在现代教育体系中逐渐占据重要地位，其教学目标与要求呈现出多元化、创新性及实践性的特点。以下是新兴体育教学内容的目标与要求的概述。

1. 乡土体育

（1）乡土体育的目标

首先需要深入研究本地的体育文化，包括历史渊源、特色项目以及社会意义等。通过系统的课程设置，将乡土体育的理念融入教学，使学生在参与体育活动的过程中，深刻感受到乡土文化的独特魅力和深厚底蕴。我们还应该注重培养学生的参与感和体验感，让他们在实践中深入理解和传承本地的体育文化，从而增强对乡土文化的认同感和自豪感。

（2）乡土体育的要求

挖掘当地的传统体育项目，如民间游戏、民族舞蹈等。这些项目不仅具有丰富的文化内涵，还具有很强的实践性和趣味性。我们可以将这些项目融入体育教学，通过教师的专业指导和学生的亲身实践，使学生掌握相关的体育知识和技能。我们还应该注重教学的创新性和多样性，根据学生的兴趣和特点，设计出富有挑战性的体育活动，让学生在轻松愉快的氛围中学习和成长。

2. 体适能与身体锻炼

（1）体适能与身体锻炼的目标

通过精心设计和实施科学、系统的身体锻炼计划，我们旨在全面提升学生的体适能水平。这不仅仅是为了提高学生的身体健康水平，更重要的是通过锻炼，提升学生的心理素质，帮助他们建立起面对挑战和压力的勇气与自信。我们深知，一个健康的身体是支撑学生学习、成长和实现自我价值的基础，因此我们将不遗余力地推动学生体质的提升。

（2）体适能与身体锻炼的要求

在教授学生身体锻炼方法和技巧时，我们特别强调锻炼的科学性和规范性。这意味着，我们不仅要让学生掌握正确的锻炼方法，还要让他们明白为什么要这样锻炼，以及锻炼背后的科学依据。此外，我们深知每个学生的个性化需求都不尽相同，因此我们将根据不同年龄、性别和身体状况，为学生量身定制合适的锻炼计划。这样，每个学生都能在锻炼中找到适合自己的方式，从而达到最佳的锻炼效果。

3. 新兴体育运动

（1）新兴体育运动的目标

新兴体育运动的目标在于打破传统体育教学模式，将更具活力和创新性的体育项目介绍给学生，使他们能接触到更为丰富的体育世界。这不仅有助于拓宽学生的体育视野，激发他们对体育的兴趣，还能培养他们的创新精神和团队合作意识。通过参与新兴体育运动，学生将学会如何在团队中发挥自己的特长，如何在挑战中超越自我，从而对他们未来的生活和学习产生深远影响。

（2）新兴体育运动的要求

新兴体育运动的教学要求与时俱进，密切关注当前流行的体育运动项目。攀岩、滑板、电子竞技等运动项目因其独特的魅力和挑战性，深受年轻人的喜爱。将这些项目纳入教学内容，不仅能激发学生的学习兴趣，还能帮助他们掌握最新的运动技能。在教学过程中，应注重教授学生相关运动的基本知识和技能，确保他们在安全的前提下享受运动的乐趣。同时，教师还应关注运动的趣味性，让学生在轻松愉快的氛围中学习，从而更好地培养他们的体育兴趣和习惯。

4. 巩固和应用类课程的基本教学内容

（1）巩固和应用类课程的基本教学内容的目标

巩固和应用类课程的核心目标是确保学生在体育领域中拥有坚实的知识和技能基础。这不仅仅意味着他们需要理解体育的基础理论和技巧，更意味着他们应该能够将这些知识内化于心，外化于行，转化为实际操作的能力。为此，我们不仅要强调课堂教学的重要性，还要注重实践教学，使学生能够在实践中不断巩固和拓展所学知识，真正提升他们运用体育知识解决实际问题的能力。

（2）巩固和应用类课程的基本教学内容的要求

为了确保学生能够达到这一目标，我们需要对传统的体育教学内容进行有计划的巩固和复习。这意味着我们需要重新审视和优化现有的教学内容与方法，确保学生能够全面、系统地掌握体育的基本知识和技能。同时，我们还应该鼓励学生将所学知识应用到实际生活中，如组织班级或学校的体育活动、指导他人进行科学的锻炼等。此外，我们还应该激发学生的创新精神和跨学科意识，鼓励他们将体育知识与其他学科进行融合和创新，以此拓宽他们的视野，提升他们的综合素质。

在实施新兴体育教学内容时，教师应根据学生的实际情况和兴趣特点进行灵活调整，注重教学的实践性和互动性，同时还应关注新兴体育项目的发展趋势和变化，不断更新和完善教学内容与方法。

第二节　信息化时代高校体育教学内容的组织与实施

一、信息化时代高校体育教学内容的组织

（一）信息化时代高校体育教学的内容属性

1. 信息化与多元化

在信息化时代，高校体育教学迎来了前所未有的变革。这种变革不再局限于传统体育技能和知识的传授，而是融入了更多的信息化元素，使体育教学更加生动、多元和高效。

随着信息技术的飞速发展，高校体育教师开始积极尝试使用各种信息技术工具和平台，为学生带来更加丰富多样的教学内容和方式。例如，利用多媒体教学软件，教师可以展示各种体育动作的标准示范，帮助学生更好地理解和掌握技术要点。同时，学生还可以通过网络平台接触到更多元的体育资源和信息，如高清的体育比赛

视频、专业的健身方法指导、实用的健康知识等。

这种信息化的教学模式不仅丰富了教学内容，也极大地拓宽了学生的视野。学生不再局限于课堂和教材，而是可以随时随地地学习和了解体育相关的知识与信息。这不仅激发了学生的学习兴趣，也培养了他们的自主学习能力和信息素养。

2. 互动性与自主性

在信息化教学的浪潮下，互动性和自主性成了学生学习的两大重要驱动力。网络平台的广泛应用，为学生和教师之间的实时交流提供了前所未有的便利。学生不再局限于传统的课堂环境，可以随时随地与同学讨论课程问题，分享学习心得和体验。这种无界限的交流模式，不仅激发了学生的学习热情，还培养了他们的团队协作和沟通能力。

此外，信息化教学还为学生提供了自主选择学习内容和进度的机会。在传统的教学模式下，学生往往需要按照统一的进度和教材进行学习，很难满足个性化的需求。现在，学生可以根据自己的兴趣和能力，在丰富的学习资源中选择适合自己的学习路径。这种自主性的学习模式，不仅提高了学生的学习效率，也促进了他们自主学习能力的发展。

3. 虚拟性与实践性

在信息化教学的浪潮中，虚拟现实技术正逐渐成为体育教育的新宠。这种技术为学生打造了一个与真实环境极为相似的虚拟体育世界，使他们可以在这个虚拟空间中尽情挥洒汗水，进行各种体育实践练习。与传统的体育教学方式相比，虚拟实践不仅更加安全，还能有效避免实际操作可能带来的风险和伤害。

更重要的是，虚拟实践为学生提供了一个无拘无束的学习环境。在这里，他们可以反复尝试，不断挑战自我，直至熟练掌握各项体育技能。此外，虚拟体育环境还可以根据学生的个性化需求进行调整和优化，以满足不同学生的学习和发展需要。虚拟实践不仅为体育教育注入了新的活力，也为学生的全面发展提供了有力支持。

4. 竞技性与娱乐性

在信息化时代，高校体育教学正在发生深刻的变化。传统的教学模式已经不能满足当代大学生的需求，因此竞技性与娱乐性的结合成了一种重要的趋势。高校不仅关注学生的竞技能力培养，还重视在教学过程中融入娱乐性和趣味性，让学生在学习技能的同时，也能享受到乐趣。

通过线上、线下各种形式的体育比赛和活动，学生能够积极参与其中，体验运动的魅力。无论是在虚拟环境中进行的电子竞技，还是在实际操场上进行的传统体育项目比赛，都为学生提供了一个展现自我、锻炼身体的平台。这种教学方式不仅激发了学生的运动兴趣，还提高了他们的参与热情，使他们在轻松愉快的氛围中不断提升自己的技能水平。这种寓教于乐的教学方式，不仅有利于学生的身心健康，也为他们的全面发展奠定了坚实的基础。

5. 健康教育与终身体育意识的培养

在信息化时代，高校体育教学已不再仅仅局限于传统的运动技能传授，而是更加注重健康教育和终身体育意识的培养。现代体育教学不仅仅是让学生掌握一两项运动技能，更重要的是培养他们的健康观念，使他们了解运动对于身心健康的重要性。通过专业的健康教育课程，学生可以学习到正确的运动方法和健康知识。这些知识不仅有助于他们在校园内保持活力，还能为未来的生活打下坚实的基础。

此外，高校体育教学还致力于引导学生养成健康的生活方式和运动习惯。通过一系列实践活动和理论教学，使学生深刻认识到运动对于生活的积极影响，从而自发地养成运动的习惯。这样的习惯不仅仅能让他们在大学期间受益，更能伴随他们的一生，形成终身体育意识。这样的教学理念不仅有利于学生的全面发展，也是对未来社会健康文化的重要贡献。

（二）信息化时代高校体育教学内容组织的原则

1. 目标原则

在现代教育体系中，教学内容的组织与设计尤为关键。这不仅仅关系到学生能否有效地获取知识，更直接关系到他们的未来发展。目标原则作为教学内容组织的核心原则，始终贯穿每个教学环节。

教学目标是教学活动的指南针，指引着教学内容的选取、教学方法的运用以及教学评价的实施。无论是数学知识的传授、语文能力的培养，还是体育技能的训练，都需要围绕目标展开。这样，学生不仅能够明确自己需要学习什么，还能够清楚地看到自己的进步与成长。

在信息化时代背景下，目标原则更加凸显其重要性。现代社会对人才的需求已经发生了深刻的变化，仅仅掌握基本的知识和技能已经远远不够，更需要具备良好的信息素养、创新能力以及团队协作精神。因此，教学内容的组织不仅要确保学生掌握基本的知识和技能，还要注重培养他们的综合能力，使他们能够更好地适应信息化社会的需求。

2. 弹性原则

（1）统一性原则

在信息化时代的浪潮下，统一性原则成了教育领域的一项基本准则。它强调了教学内容在标准化和规范化方面的重要性，确保学生不论身处何地，都能接受到高质量的教育。然而，统一的标准和要求并不意味着一成不变。相反，随着教学资源的日益丰富和学生需求的日益多元化，教学内容的组织需要展现出一定的弹性。

这种弹性体现在对个性化教学的追求上。每个学生都是独一无二的，他们的兴趣、特长和学习需求各不相同。因此，教师在教学过程中，应在遵循统一标准的前提下，关注每个学生的学习特点和需求，进行适度的调整和创新。这种个性化的教学方式不仅能够激发学生的学习热情，提高他们的学习效率，还能够培养他们的创新思维和自主学习能力。

（2）灵活多变性原则

在信息化时代，灵活多变性原则成了教学内容组织的关键要素。随着信息技术的迅猛发展和教育领域的深刻变革，新的教学资源和手段层出不穷，为教学内容的组织提供了更加广阔的空间和可能性。

灵活多变性原则要求教学内容的组织能够适应各种教学情景和变化。无论是线上还是线下的教学环境，无论是传统课堂还是翻转课堂的教学模式，教学内容都应该能够灵活地应对，确保教学的顺利进行。随着新技术和新方法的不断涌现，教学内容的组织也需要不断更新和完善，以保持时代性和前沿性。

这种灵活多变的教学方式不仅有助于提高学生的学习兴趣和积极性，还能够培养他们的适应能力和创新精神。当教学内容能够随时应对各种变化和挑战时，学生也将学会在变化中寻找机会、在挑战中成长进步。

3. 关联性原则

（1）沟通原则

在信息化时代，教学内容的组织越发需要注重不同教学内容之间的沟通和联系。沟通原则强调的是教学内容之间的内在逻辑性和相互补充性，确保学生在学习过程中能够形成完整的知识框架和体系。这不仅涉及同一学科内不同知识点之间的沟通与联系，还包括与其他学科领域、现实生活以及社会实践之间的交叉融合。通过沟通与联系，学生可以更全面地理解知识的实际应用价值，提高其综合素质和创新能力。因此，在教学内容的组织过程中，教师应积极引导学生发现不同知识点之间的联系，鼓励他们在跨学科、跨领域的实践中探索知识的奥秘，培养全面、综合的能力。

（2）衔接原则

我们还需充分考虑不同学习阶段之间的衔接和过渡。衔接原则要求教学内容的安排应遵循学生的认知发展规律和学习需求，确保学生在不同阶段的学习能够顺利过渡和连贯。这不仅仅体现在不同学年、学期之间的教学内容安排上，更需要关注线上与线下教学、理论与实践教学之间的衔接。线上教学为学生提供了丰富的学习资源和便捷的学习方式，而线下教学则能够为学生提供更直观、更深入的学习体验。同时，理论教学为学生构建了扎实的知识基础，而实践教学则能够帮助学生将理论知识应用于实际，提高其解决问题的能力。因此，在教学内容的组织过程中，教师应根据学生的实际情况和学习需求，合理安排教学内容的顺序和进度，确保学生在不同阶段的学习能够顺利过渡和连贯，为其未来的学习和生活奠定坚实的基础。

（三）信息化时代高校体育教学内容组织的原理

信息化时代高校体育教学内容组织的原理主要基于两个核心方面：内容组织的结构原理和进阶原理。

1. 内容组织的结构原理

（1）系统性

系统性是教学内容组织的基石。在实际教学中，系统性要求我们要确保每节课、每个知识点都与其他内容紧密相连，共同构建出一个完整、有序的知识网络。为了做到这一点，我们需要深入研究学科知识的内在逻辑结构，理解各部分之间的相互关系。同时，我们还要考虑学生的认知发展规律，确保教学内容符合他们的学习特点。此外，紧密结合教育目标来组织教学内容也是至关重要的。这样，我们才能确保教授的知识和技能能够真正为学生的全面发展服务。通过系统性的教学内容组织，我们不仅能够提高学生的学习效率，还能够培养他们的综合思维能力，为他们的未来发展奠定坚实的基础。

（2）层次性

层次性是教学内容组织的另一个关键原则。在实际教学中，我们需要将教学内容按照从基础知识到高级技能的顺序进行排列，确保学生在学习过程中能够循序渐进地掌握知识。这种层次性不仅有助于学生逐步建立完整的知识体系，还能够帮助他们更好地理解复杂的概念和技能。通过从简单到复杂的教学安排，我们能够逐步提高学生的自信心和学习兴趣，使他们在学习过程中不断取得进步。同时，清晰的层次结构还能够帮助教师更好地评估学生的学习进度和效果，从而及时调整教学策略，确保教学质量。总之，层次性的教学内容组织对于提高学生的学习效果和全面发展具有重要意义。

（3）模块化

在信息化时代，传统的教学内容组织形式已经难以满足现代教育的需求。因此，模块化教学逐渐成了教育界的热门话题。模块化教学将教学内容划分为若干个独立的模块，每个模块都有独特的知识点和技能点。这些模块既可以独立存在，供学生进行针对性的学习，又可以相互关联，形成一个完整的教学体系。这种灵活的教学方式不仅为教师提供了更大的教学空间，也为学生提供了更多的学习选择。教师可以通过调整模块的组合和顺序，轻松地进行教学内容的更新和调整。学生则可以根据自己的兴趣爱好、学习能力和专业背景，自主选择适合自己的模块进行学习。这样，教学变得更加个性化，学生的学习效果也会得到显著提高。

（4）多样性

在现代教育中，学生的需求呈现出多样化的特点。他们有着不同的兴趣爱好、学习能力和专业背景，因此教学内容的组织必须充分考虑到这些多样性需求。为了满足不同学生的需求，教学内容应该具备多样性的特点。这意味着教学内容不仅应该包括传统的学科知识，还应该涵盖各种实践技能、拓展知识和兴趣爱好等方面的内容。同时，教学内容的形式也应该多样化，包括文字、图片、视频、音频等形式。这样，学生可以根据自己的兴趣和需求，选择适合自己的学习内容和形式。此外，教学内容的组织还应该注重针对性和实效性。教师应该根据学生的实际情况和学习需求，精心设计教学内容，确保学生能够在实际应用中取得良好的效果。通过满足学生的多样性需求，教学内容的组织将更加人性化、个性化，从而提高教学的质量和效果。

2. 内容组织的进阶原理

（1）循序渐进

循序渐进强调教学内容的组织应当遵循学生的认知发展规律，以及学科知识的内在逻辑顺序。换句话说，教学不应急功近利，而应按部就班，从学生的实际出发，从简单易懂的知识点入手，逐步过渡到复杂深奥的内容。这样，学生可以在不断积累基础知识的同时，逐步提升自己的技能，形成稳固的知识体系。这种渐进式的教学方式有助于激发学生的学习兴趣，培养他们的自信心，使他们在学习过程中不断获得成就感。

（2）衔接性

在进阶原理中，衔接性是一个至关重要的概念。它要求教师在设计教学内容时，必须充分考虑不同知识点之间的内在联系和过渡，确保学生在学习过程中能够顺利从一个阶段过渡到另一个阶段。这种衔接性不仅能够保持学习的连贯性和稳定性，还能够帮助学生更好地理解和掌握知识。为了避免出现知识断层或重复，教师需要对学生的认知发展水平和学科知识的结构有深入的了解，以便在设计教学内容时能够做出合理的安排。同时，教师还需要不断反思和调整自己的教学方法，以确保教学内容之间的衔接和过渡能够最大限度地满足学生的学习需求。

（3）挑战性

教学内容的挑战性是学生成长和发展的重要驱动力。当学生掌握了基础的知识和技能后，就会渴望面对更具挑战性的学习任务。随着学生知识水平和技能的提升，教师应该逐步增加教学内容的难度和复杂度，以激发学生的求知欲和进取心。挑战性的教学内容不仅能够考验学生的能力，还能够激发他们的创新思维和解决问题的能力。通过面对挑战，学生可以不断超越自我，实现更高层次的学习和发展，为未来的学习和生活奠定坚实的基础。

（4）个性化

在信息化时代，学生的个性化需求越来越受到关注。每个学生的学习风格、兴趣爱好和发展方向都有所不同，因此教学内容的组织应充分考虑学生的个性化需求。通过提供个性化的学习路径和资源，教师可以满足不同学生的不同需求，激发他们的学习兴趣和积极性。例如，对于喜欢动手实践的学生，可以提供实验和实践活动；对于善于理论思考的学生，可以提供深入的分析和讨论。通过个性化教学，教师可以更好地促进学生的全面发展，帮助学生发掘自己的潜力和特长，为未来的学习和生活创造更多的可能性。

（四）信息化时代高校体育教学内容体系的组织架构

在信息化时代背景下，高校体育教学内容体系的组织架构需要适应新的教育理念和技术手段，以促进体育教学的创新与发展。以下是高校体育教学内容体系的组织架构。

1．基础理论层

（1）体育学基础

体育学基础作为体育学科的核心组成部分，涵盖了体育理论、运动生理学、运动生物力学等方面的内容。这些知识为学生在体育领域中提供了坚实的理论基础，使他们能够深入了解体育的本质、运动的原理以及人体在运动中的生理和生物力学反应。通过学习体育学基础，学生不仅能够为将来的专业学习和实践打下坚实的基础，还能够更好地指导和促进自己的身体健康与运动表现的发展。

（2）健康教育

健康教育强调体育与健康之间的紧密联系，教授学生正确的健身方法和健康的生活方式。通过健康教育，学生能够了解运动对身体的好处，掌握科学有效的健身技巧，并养成良好的运动习惯。同时，健康教育还关注学生的整体健康，包括心理健康和社会适应能力。通过培养健康的生活方式和积极的生活态度，健康教育为学生提供了全面的身心发展的支持，使他们能够更好地面对生活中的挑战和压力。

2. 技能实践层

（1）基本运动技能

基本运动技能是每个人都需要掌握的基本能力，不仅在日常生活中有所应用，还是进行各种体育活动的基础。跑、跳、投、抛等基本运动技能的训练，不仅有助于提高身体素质，还能培养个人的协调性和平衡感。通过持续的练习和训练，我们能够逐渐提高这些基本运动技能的水平，为日后的体育活动和竞技比赛打下坚实的基础。

（2）专项运动技能

专项运动技能则是指在特定运动项目中所需的技能和技巧，如篮球、足球、游泳等。专项运动技能的教授和训练，需要针对每个运动项目的特点和要求，制订相应的训练计划和教学方法。通过专业的指导和练习，运动员可以逐渐掌握这些技能，并在比赛中发挥出最佳水平。同时，专项运动技能的训练也有助于提高运动员的身体素质、协调性和反应能力，为他们的运动生涯打下坚实的基础。

3. 拓展应用层

（1）体育赛事与活动组织

通过详细讲解体育赛事的策划、管理、执行等环节，让学生深入理解体育活动的组织流程。同时，通过实践活动，让学生参与体育赛事的筹备和执行，培养他们的组织能力和团队协作精神。这不仅能增强学生的实践能力，也有助于他们未来的职业发展。

（2）运动康复与保健

教授学生运动康复的原理和方法，让他们了解运动损伤的原因和预防措施，以及如何进行科学的康复训练。通过实践练习，让学生掌握基本的康复技巧，提高他们的运动保健意识。这不仅有助于学生的身体健康，也有助于他们在未来职业生涯中更好地服务于运动员和健身爱好者。

4. 信息化融合层

（1）数字化体育教学资源

数字化体育教学资源是一种创新的教育资源。它通过提供先进的信息技术手段，如虚拟现实、智能设备等，为体育教学注入了新的活力。虚拟现实技术可以为学生创造出身临其境的运动场景，使他们更加直观地理解运动技巧和动作要领。智能设备则可以实时监测学生的运动数据，为他们提供个性化的指导和反馈。这些数字化体育教学资源不仅丰富了教学内容和形式，还提高了学生的学习兴趣和参与度，推动了体育教学质量的提升。

（2）在线学习与互动

随着信息技术的快速发展，在线学习与互动已经成为现代教育的重要组成部分。通过在线教学平台和社交媒体，学生可以随时随地进行学习，不再受时间和地点的限制。教师也可以利用这些平台发布教学资源、布置作业、进行远程辅导等，实现线上线下相结合的教学。同时，这些平台还为学生和教师提供了丰富的互动方式，如在线讨论、实时问答、视频会议等，促进了师生之间的深入交流和合作。这种在线学习与互动模式不仅提高了教学效率和质量，还培养了学生的自主学习和协作能力。

5. 个性化发展层

（1）个性化教学计划

为了真正实现教育公平和提高教育质量，我们应针对每位学生的兴趣和能力，精心制订个性化的教学计划。这意味着我们需要深入了解每位学生的特点，从他们的学习风格、兴趣爱好到已掌握的知识和技能，都要进行全面的评估。在此基础上，我们可以为每个学生量身打造适合他们的学习路径，确保他们能够在适合自己的节奏和方式下，充分发挥自己的潜能，实现全面发展。这样的教学计划不仅能够满足学生的多样化需求，还能够激发他们的学习热情和积极性，使他们在学习过程中感到快乐和满足。

（2）自主学习与探究

在知识爆炸的今天，仅仅依靠传统的课堂教学已经无法满足学生的需求。因此，我们必须鼓励学生进行自主学习和探究学习，培养他们的创新能力和终身学习的意识。这意味着我们要引导学生主动发现问题、提出问题，并尝试通过各种途径解决问题。我们可以为他们提供丰富的学习资源和工具，如图书馆、互联网等，让他们能够自由地获取所需知识和信息。我们还要注重培养学生的批判性思维和创新能力，鼓励他们在探究过程中勇于尝试、敢于创新，从而不断提升自己的综合素质和竞争力。这样的学习方式不仅能够让学生更好地适应未来社会的发展需求，还能够使他们在不断学习的过程中实现自我价值的提升。

（五）信息化时代高校体育教学内容组织的注意事项

1. 保持教学内容的时效性和前沿性

在信息化时代，知识更新的速度日益加快，体育教学亦不能例外。为了使学生更好地适应未来社会的需求，体育教学内容必须保持时效性和前沿性。[①] 首先，教

[①]　秦丽芬．新时代背景下贵州省民办高校体育课程教学内容与教学模式改革策略研究［J］．冰雪体育创新研究，2023（24）：125－127.

师应与时俱进，及时关注体育领域的最新动态和研究成果，将最新的知识和技能引入教学。其次，教学内容应紧密结合实际应用场景，使学生能够学以致用。最后，学校可以定期举办体育知识讲座、研讨会等活动，为学生提供更广阔的学习平台。通过这些活动，学生可以了解更多与体育相关的知识，拓宽视野，提高对体育的认识和理解。

2. 注重理论与实践相结合

体育教学是一个涵盖理论与实践的综合性教育过程，目标不仅仅是传授体育理论知识，更重要的是培养学生的体育实践能力和终身参与体育锻炼的习惯。因此，在体育教学实践中，教师需要采取多元化的教学手段，将枯燥的理论知识转化为生动、形象的实践体验。

教师在理论教学中应注重联系实际，通过生动的案例分析，帮助学生理解和掌握体育项目的基本规则、技术动作要领以及策略布局，使学生对体育理论有更为直观和深入的认识。同时，教师可以运用模拟训练的方式，让学生在安全有序的环境下模拟实际比赛场景，从而锻炼他们的临场应变能力和团队协作精神。

学校应当强化体育基础设施建设和教学资源的优化配置，提供足够且设施齐全的体育场地，以及丰富多样的体育器材设备，确保每位学生都有充足的实践空间和物质条件，随时可以进行技能练习或开展各类体育活动。此外，学校还可以通过组织校内外的体育竞赛、表演、交流活动，激发学生的参与热情，让他们在实战中提升和检验所学的体育技能，增强自信心和成就感。

3. 注重个体差异和个性化教学

每个学生都有独特的个性和需求，体育教学应尊重这些差异，进行个性化教学。教师应深入了解每个学生的学习风格、兴趣爱好和体能水平，根据学生的实际情况制订个性化的教学计划。同时，教师应采用多种教学方法，激发学生的学习兴趣和积极性。此外，教师还可以为学生提供定制化的学习资源和辅导，以帮助学生更好地实现自我发展和提高。

4. 充分利用信息技术手段

在体育教学中，信息技术手段的应用不仅革新了传统的教学方式，更极大地提升了教学效果。例如，通过使用多媒体教学工具，教师可以生动形象地展示各项体育技能和动作，使学生能够更加直观、深入地理解并掌握这些技能。这种可视化教学方式有助于学生形成清晰的动作概念，提高他们的学习效率和动作准确性。

5. 保持与社会的联系和沟通

体育教师不仅需要专注于传授运动技能和健身知识，更需要具备前瞻性的眼光，紧密跟踪社会体育界的发展动态，包括了解最新的体育理念、训练方法、比赛规则以及体育科技等方面的进步。通过参加国内外各类学术会议、研讨会和论坛，体育教师可以及时获得行业最新的研究成果和实践经验，并与业界权威专家进行深度交流，从而更新自身的教育教学理念，提升教学质量。

体育教师应积极与学校、社区、体育协会等外部机构建立紧密的合作关系，共同策划和组织各类体育活动、培训课程及社区服务项目。这样不仅可以丰富教学内容，引入更多来自实践的鲜活案例，还能让学生在真实的社会环境中应用所学，提前适应未来的体育环境，培养其团队协作能力和社会责任感。

二、信息化时代高校体育教育内容的实施

（一）分析并确定体育课程教学任务

1. 理解信息化时代的体育教育目标

在信息化时代，体育教育目标的内涵得到了极大的丰富。除了传统的体育技能和知识的传授外，体育教育更加注重培养学生的信息素养，即学生对信息技术的理解和应用能力。同时，体育教育也致力于提高学生的自主学习能力，让学生在没有教师直接指导的情况下，能够主动获取知识和技能。此外，团队协作能力也是现代体育教育所强调的，通过体育活动，学生需要学会与他人合作，共同完成任务。另外，体育教育还致力于培养学生的创新能力，让学生在掌握基本技能的基础上，能够独立思考，创造出新的体育方法和理念。因此，在信息化背景下，体育课程需要与时俱进，紧密结合信息技术，为学生提供一个更加全面、高效和有趣的学习环境。

2. 评估学生的信息化水平和需求

要评估学生的信息化水平和需求，首先需要通过调查、测试和观察等方式，全面了解学生对信息技术的掌握程度。其中包括学生使用信息技术的频率、熟练程度以及解决问题的能力。同时，教师也要关注学生的学习兴趣和期望，了解他们希望在体育课程中学到什么，以及他们对体育活动的态度和看法。其次，要确定学生在信息化学习环境中可能遇到的困难和挑战，包括技术上的难题，如设备操作不熟练、软件使用不熟练等，以及学习上的难题，如信息获取困难、知识理解困难等。了解这些困难和挑战，可以为设计针对性的教学内容提供依据，帮助教师更好地指导学生，使他们在信息化学习环境中能够更好地学习和成长。

（二）安排具体体育课程教学内容

1. 安排体育基础课程教学内容

（1）体育理论教育

体育理论教育不仅仅是传授体育科学的基础知识，更在于为学生构建一个全面、深入的体育理论体系。体育科学基础知识帮助学生理解体育的本质、目的和价值，为他们的体育实践提供理论支撑。运动生理学深入研究人体在运动状态下的生理变化，为学生提供了科学训练的依据。运动营养学则关注学生的饮食和健康，教会他们如何通过合理饮食提高运动表现。通过这些理论知识的学习，学生能够更加明确自己的学习目标，更有针对性地进行体育锻炼。

（2）基础体育技能训练

基础体育技能训练是体育教育中不可或缺的一部分。田径、游泳、体操等基础运动项目的训练，不仅能帮助学生掌握基本的运动技能，还能有效提升他们的体能水平。在田径训练中，学生可以学习到起跑、冲刺、跳跃等基本技能，提高速度、力量和协调性。游泳训练则能够锻炼学生的全身肌肉，提高心肺功能，同时，游泳也是一项重要的自救技能。体操训练则注重身体柔韧性和平衡感的培养，对于预防运动损伤也有很好的效果。通过这些基础体育技能的训练，学生能够在运动中感受到快乐，培养终身运动的习惯。

（3）健康教育与生活方式

健康教育与生活方式是现代教育体系中越来越受重视的一部分。在现代社会，人们的生活节奏越来越快，健康问题也日益显现。因此，体育教育不仅要关注学生的运动技能提升，更要培养他们的健康生活方式。通过健康教育，学生能够深入了解运动与健康的关系，认识到适量运动对于身体健康的重要性。同时，健康教育还教授学生如何合理安排运动时间、饮食和休息，帮助他们建立起科学的生活作息习惯。这样的教育不仅有利于学生的身体健康，还能提升他们的生活质量，为未来的学习和工作打下坚实的基础。

2. 安排体育俱乐部课程教学内容

（1）专项技能训练

为了提升学生在各运动项目上的技术水平，我们可以为他们提供深入的专项技能教学。例如，在足球训练中，我们可以邀请专业足球教练，教授学生基础的控球、传球、射门技巧，针对不同的位置特点，进行详细的战术解析和实战演练。在篮球领域，我们可以组织专门的运球、投篮、防守技巧培训，并结合实际比赛案例，让学生更好地理解比赛节奏和战术运用。通过这种针对性的训练，学生的运动技能将得到显著提升。

（2）实战模拟与比赛

实战模拟与比赛对于提升学生的实战能力和团队协作能力是至关重要的。我们可以定期组织学生进行内部比赛，模拟真实比赛环境，让他们在紧张刺激的比赛中锻炼技术、磨炼意志。我们还可以邀请其他学校或团队进行友谊赛，让学生体验更广阔的竞技舞台，增强他们的竞争意识和团队协作能力。通过这样的实战演练，学生将更好地适应比赛节奏，提升自己在实战中的表现。

（3）兴趣导向活动

为了激发学生的运动热情，我们可以根据学生的兴趣爱好，开设各种趣味性和创新性强的体育活动。例如，定向越野活动可以让学生在大自然中享受运动的乐趣，通过寻找标记点的方式锻炼他们的方向感和体能。街舞活动则可以让学生展现自己的个性与创意，通过舞蹈动作的表达感受运动的魅力。这些活动不仅能够丰富学生的课余生活，还能够提升他们的身体素质和团队协作能力。通过兴趣导向的活动设置，我们将让更多的学生爱上运动，享受运动带来的快乐。

3. 安排体育必修课程教学内容

（1）核心体育课程

核心体育课程是体育教育中的基石，其中包括体育概论、体育心理学和运动训练学等。这些课程为学生提供了深入了解体育学科的机会，不仅帮助他们掌握基本的理论知识，还培养了他们的实践能力。体育概论课程使学生全面了解体育的历史、发展和现状，增强对体育的热爱和兴趣。体育心理学课程帮助学生理解心理与体育表现的关系，提升他们在比赛和训练中的心理素质。运动训练学课程教授学生如何进行科学有效的训练，提高运动技能和竞技水平。

（2）体育实践课程

体育实践课程是体育教育中不可或缺的一环。通过参与至少一项体育运动实践，学生就能够将所学理论知识应用于实际中，提高运动技能和理论知识应用能力。在实践课程中，学生可以自由选择自己感兴趣的体育项目，如足球、篮球、游泳等。通过定期的训练和比赛，学生不仅能够锻炼身体，还能培养团队合作精神和竞技精神。同时，实践课程也为学生提供了展示自我、挑战自我的机会，让他们在体育领域找到属于自己的价值和乐趣。

（3）健康教育与评估

健康教育与评估是体育教育的重要组成部分。针对学生的体质状况，这门课程提供了个性化的健康指导和评估，帮助学生建立健康的生活方式。通过健康教育，学生可以了解自己的身体状况、健康问题和预防措施，从而有针对性地进行锻炼和调整。同时，课程还包括定期的体质测试和健康评估，让学生更全面地了解自己的身体状况和健康状况。通过健康教育与评估的学习和实践，学生能够更好地关注自己的身体健康，培养健康的生活习惯，为未来的生活奠定坚实的基础。

4. 安排体育选修课程教学内容

（1）拓展体育课程

为了更全面地满足学生的体育兴趣和需求，我们应该积极拓展体育课程。除了传统的足球、篮球、田径等项目外，我们还应引入更多元化的体育选项，如武术、瑜伽、跆拳道等。武术能培养学生的身体协调性和自卫能力，瑜伽则有助于学生的身心平衡和放松，而跆拳道则能增强学生的体质和自信心。这样的拓展课程将为学生提供更多选择，使他们在体育活动中找到真正的乐趣。

（2）体育文化与历史

体育文化与历史是了解人类文明和社会发展的重要窗口。在体育教育中，我们应该介绍不同国家和地区的体育文化、历史与发展趋势，让学生了解体育的全球多样性和影响力。通过学习各国的体育传统、习俗和比赛方式，学生将拓宽视野，增进对不同文化的理解和尊重。这将有助于培养学生的国际视野和跨文化交流能力。

（3）运动康复与损伤预防

对于运动员或体育爱好者来说，运动损伤是难以避免的问题，因此提供运动康复与损伤预防的指导至关重要。我们可以通过专业课程或讲座的形式，向学生介绍常见的运动损伤类型、原因和预防措施，同时还可以教授一些基本的康复训练方法，帮助学生在受伤后科学有效地进行恢复。这样的指导将使学生更加注重运动安全，降低受伤风险，提高运动表现。

（三）明确体育课程教学内容的课时数

在体育课程教学中，明确教学内容的课时数是一个至关重要的环节。这不仅关乎教师如何系统地规划自己的教学计划，也直接影响着学生的学习效果和进度。[①]因此，我们必须对此给予足够的重视。

首先，明确课时数有助于教师全面而深入地讲解体育知识和技能。教师可以根据学生的实际情况和教学内容的难度，合理分配每个知识点的讲解和实践时间，确

---

① 费俐兴. 基于 CPUP 模型分析高校体育课堂教学内容结构体系：以《足球脚内侧传接球》一课为例 [J]. 体育科技，2023，44（5）：127－129＋132.

保学生能够充分理解和掌握所学内容。同时，明确的课时数也可以避免教学内容的遗漏或重复，提高教学效率。

其次，明确的课时数有助于帮助学生了解课程进度和预期目标。学生可以通过教师提供的课程大纲和课时安排，清楚地了解每个阶段的学习任务和目标，从而有针对性地进行学习和练习。这种明确的目标导向可以激发学生的学习动力，使他们更加努力地投入体育课程学习。

最后，明确课时数还有助于教学资源的合理配置和利用。学校可以根据体育教学的需求，合理安排场地、器材等教学资源的使用，确保每个班级和学生都能得到充分的教学资源与支持。这种资源的合理配置不仅可以提高教学效果，也有助于培养学生的团队协作能力和集体荣誉感。

（四）选择与学生风格相适应的教学模式

在体育课程教学中，选择与学生风格相适应的教学模式是提高教学效果的关键。每个学生的学习风格、兴趣点和动力来源都不同，因此教师需要根据学生的实际情况选择最合适的教学模式，以满足他们的学习需求。

首先，了解学生的学习风格是至关重要的。通过观察学生的学习行为和偏好，教师可以了解他们的学习风格，如视觉型、听觉型或动手实践型。对于视觉型学生，教师可以采用图表、视频等直观教具辅助教学；对于听觉型学生，教师可以详细讲解并示范动作要领；对于动手实践型学生，教师可以组织实践活动和练习，让他们通过亲身实践掌握技能。

其次，采用多样化的教学方法是满足学生不同学习风格的有效手段。教师可以结合讲解示范、小组讨论、实践操作等教学方法，为学生提供多样化的学习体验。这样的教学方式不仅能够激发学生的学习兴趣和动力，还能帮助他们从多个角度理解和掌握体育技能。

再次，为了满足学生的兴趣和动力来源，教师可以引入学生感兴趣的教学内容和活动。例如，对于喜欢竞技的学生，教师可以组织小型比赛或挑战赛，让他们在竞技中学习和提高；对于喜欢探索的学生，教师可以介绍新的体育项目或技术，激发他们的好奇心和探索欲望。

最后，提供个性化的学习支持是帮助学生克服学习困难的关键。对于在学习上遇到困难的学生，教师可以提供额外的辅导、资源或调整教学计划等个性化的学习支持。这样可以确保每个学生都能在体育教学中取得进步，实现自己的学习目标。

第三节　信息化时代高校体育教学内容资源的开发与选择

一、信息化时代高校体育教学内容资源的开发与利用

随着信息化时代的到来，高校体育教学内容资源的开发与利用尤为重要。这不仅关系到学生体育技能和身体素质的培养，也与他们的全面发展息息相关。因此，我们需要不断探索和创新，充分利用各种资源，为高校体育教学注入新的活力。

（一）竞技运动项目的开发与利用

竞技运动项目在体育教学中占据着重要地位，不仅能够培养学生的竞技精神和团队合作能力，还能提高学生的身体素质。然而，传统的竞技运动项目往往存在着一些不足，如内容单一、缺乏趣味性等。因此，我们需要对竞技运动项目进行改造和创新，以更好地适应高校体育教学的需求。

1. 竞技运动项目改造的主要内容

竞技运动项目改造的主要内容：一是对传统竞技运动项目进行规则、形式、器材等方面的创新，增加趣味性和挑战性；二是结合高校学生的身心特点，开发适合他们的竞技运动项目；三是将竞技运动项目与健身、娱乐等元素相结合，创造出更加多元化的体育教学内容。

2. 竞技运动项目的改造方法

竞技运动项目的改造方法：一是引入新的规则和技术要求，使传统竞技运动项目焕发新的活力；二是利用现代科技手段，如虚拟现实、智能设备等，对传统竞技运动项目进行创新改造；三是结合学生的兴趣和需求，开发特色竞技运动项目。

（二）新兴运动类项目的开发和利用

随着社会的发展，人们的生活方式和观念发生了深刻的变化，越来越多的新兴运动类项目受到了大众的广泛关注。这些新兴运动不仅具有时尚、新颖的特点，还能够满足现代学生多样化的体育需求，为他们的身心健康和全面发展提供了更多的选择。高校作为培养未来社会栋梁的重要基地，应当紧跟时代步伐，积极开发和利用这些新兴运动类项目，为体育教学注入新的活力。例如，街舞、滑板、攀岩等新兴运动类项目，都可以成为高校体育教学的重要内容。

（三）民族、民间体育类项目资源的开发与利用

民族、民间体育类项目作为我国优秀传统文化的重要组成部分，承载着深厚的文化底蕴和独特的民族风情。它们不仅仅是身体锻炼的有效载体，更是弘扬民族文化、传承传统精神的重要平台。在高校体育教学中，开发和利用这类资源不仅能够丰富教学内容，提升学生的身体素质，还能在潜移默化中培养学生的民族自豪感和文化自信心，增强他们的民族认同感和国家凝聚力。

二、信息化时代高校体育教学内容的选择

（一）信息化时代高校体育教学内容选择的原则

在信息化时代，高校体育教学内容的选择应当紧密围绕教育目标，并结合当代科技发展的特点，以下是高校体育教学内容选择的原则。

1. 教育性原则

在体育教学过程中，选择恰当的教学内容至关重要。这些内容不仅应具备明确的教育目标，还应能够促进学生的身心健康发展。体育运动不仅可以锻炼身体，还可以磨炼意志，培养坚韧不拔的精神。通过参与团队项目，学生可以学会如何与他人合作，共同为目标努力，从而培养出深厚的团队精神。体育竞技的本质就是竞争，学生在比赛中可以锻炼自己的竞争意识，学会如何在压力下保持冷静，如何面对失败和挫折。此外，体育活动也是培养学生社会适应能力的重要途径。在体育场上，学生可以学会如何与人沟通、如何处理人际关系，这对于他们未来的社会生活至关重要。

2. 科学性原则

在选择体育教学内容时，我们必须坚守科学和教育的基本原则。我们不能随意选择教学内容，需要基于体育科学和教育科学的研究成果，确保每项教学内容都有科学依据和准确性。这不仅能帮助学生更好地理解和掌握体育技能，也能为他们的身体健康发展提供坚实的基石。

在科技日新月异的今天，我们可以利用运动生物力学、运动生理学等现代科技手段，对教学内容进行深度分析和精准评估。这些科技手段可以帮助我们更深入地理解各种体育动作的内在规律，分析学生在运动过程中的生物力学特性和生理反应，从而为教学内容的优化提供科学依据。

3. 趣味性原则

在教学过程中，趣味性的内容能够极大地调动学生的积极性，使他们对所学内容产生浓厚的兴趣，从而自发地投入学习。特别是在体育课堂教学中，一个充满趣味性的教学内容往往能够让学生忘记疲惫，全身心地投入体育活动。

为了实现这一目标，教师可以尝试采用游戏化的教学方法。比如，将传统的跑步练习转化为接力赛或趣味追逐游戏，这样不仅能锻炼学生的身体，还能在比赛中培养学生的团队合作意识和竞争意识。情景化的教学方法也是一个不错的选择。教师可以根据教学内容设定一个特定的情景，让学生在情景中完成体育任务，这样不仅能锻炼学生的体育技能，还能培养学生的解决问题能力和创新思维。

4. 实效性原则

在规划教学内容时，我们必须时刻关注其实际效果。教学的最终目的是让学生能够从中受益，获得实际的身体改善和运动技能提升。[①] 为此，教学内容的选择必须贴近学生的实际需求，既注重理论知识的学习，又强调实践技能的训练。同时，我们还要充分利用现代科技手段，如智能健身设备、在线教学平台等，来丰富教学方式，提高教学效果。这些现代科技工具不仅可以让学生更加方便地进行学习，还能让他们在实践中获得更直观、更深入的体验。通过这种结合传统与现代的教学方式，我们可以有效地激发学生的学习兴趣，帮助他们快速掌握所学内容，从而实现教学目标，达到提升学生运动技能和身体素质的目的。

5. 适应性原则

在教学过程中，我们必须充分认识到学生的个体差异和需求，并据此调整我们的教学内容和策略。每个学生都是独一无二的，他们的年龄、性别、身体条件以及运动经验等因素都会影响到他们的学习方式和效果。因此，我们不能一概而论，而应该提供多样化的教学内容和教学方法。例如，对于年龄较小的学生来说，我们可以设计更富有趣味性和互动性的教学内容，以激发他们对运动的兴趣；对于身体条件或运动经验有所限制的学生来说，我们可以提供更具针对性的训练和指导，以帮助他们克服困难，享受运动的乐趣。

6. 民族性与世界性相结合原则

在选择教学内容时，我们应当高度重视并深度融入本民族的传统体育文化。这不仅仅是对民族精神和文化自信的弘扬，更是让青少年一代传承和发展民族文化。

---

① 徐锐敏，李枫. 数字化背景下高校体育课程的改革和应用 [J]. 当代体育科技，2023，13 (18)：36-39.

通过学习民族传统体育项目，学生能够更深入地理解本民族的历史和文化，增强民族自豪感和归属感。

同时，我们也不能忽视全球范围内先进的体育教学理念和运动技能。在经济全球化背景下，体育教学也应该具有国际化的视野，积极吸收和借鉴国际先进经验，为学生提供更多元、更全面的运动技能学习机会。这不仅能够培养学生的国际视野和跨文化交流能力，也为他们将来更好地融入国际社会、参与国际竞争打下坚实的基础。

（二）信息化时代高校体育教学内容选用的具体方法

1. 学习领会

（1）理解教学理念与目标

在体育课程教学中，明确并深入理解教学理念与目标至关重要。教学理念是指导教学活动的核心思想，强调学生的全面发展，注重体育技能与身心健康的结合。教学目标则是具体、可衡量的教学成果，旨在通过体育教学提升学生的体育素质、增强体育意识、培养良好的运动习惯。只有深刻理解这些教学理念与目标，我们才能确保教学内容的选择和实施与总体教学方向保持一致，从而有效地推动学生全面发展。

（2）掌握信息化教学手段

随着信息技术的快速发展，信息化教学手段在体育课程中的应用日益广泛。为了更好地适应这一趋势，教师需要了解并掌握当前信息化教学的方法和工具。例如，通过在线教学平台，教师可以实现远程教学、实时互动，为学生提供更加灵活多样的学习方式；而多媒体教学资源则能够丰富教学内容，激发学生的学习兴趣。通过掌握这些信息化教学手段，教师可以更加高效地进行体育教学，提升教学质量和效果。

2. 调查

（1）调查对象

① 学生

深入了解学生的体育兴趣，探究他们体能的实际水平，以及平时的运动习惯等细节，有助于教师有针对性地选择和设计教学内容，使之更贴合学生的需求和期待。

② 教师

细致掌握教师的教学风格和专长，虚心采纳他们关于教学内容和教学方法的建议，能确保选择的教学内容不仅理论合理，还能在实际教学中发挥出教师自身的特长，提高教学质量。

③ 专家

积极寻求并咨询体育领域专家的意见，虚心接纳专业的教学内容和教学方法的建议，能够为教师提供权威的指导，使教学更加科学、系统和高效。

（2）调查内容

① 学生需求扩写

通过精心设计的问卷调查和深入的访谈，全面了解学生对体育活动的兴趣和期望，为优化体育课程提供有力依据。

② 教学内容效果扩写

通过课堂观察、学生反馈和教学效果评估，深入了解现有体育教学内容的实际效果，分析学生的参与度和满意度，为改进教学方法提供依据。

③ 教学资源扩写

对学校现有的体育场地、器材进行全面调查，探索信息化教学资源在体育教学中的应用情况，为提升体育教学质量提供硬件和软件支持。

3. 再加工

（1）筛选与优化

经过深入的市场调查和用户需求分析，我们筛选出了最符合当前教学目标的教学内容。为了确保教学效果，我们还根据实际情况对教学内容进行了细致的优化，使其更加贴近学生的实际需求和学习习惯。

（2）创新融合

为了打破传统教学模式的束缚，我们积极探索信息化教学手段的应用。通过结合多媒体技术，我们创新了教学内容的形式和方式，如制作生动有趣的在线教学视频，开发互动性强的教学游戏等，为学生带来了全新的学习体验。

4. 教学内容修整

（1）反馈搜集扩写

在教学过程中，为了确保教学质量与学生需求紧密结合，我们特别重视学生的反馈意见。通过定期的问卷调查、课后小测验和学生座谈会等，全面搜集学生对教学内容难易程度、趣味性等方面的看法和建议。这不仅有助于我们了解学生的学习状态，还能为后续的教学调整提供有力支持。

（2）动态调整扩写

根据从学生那里搜集到的宝贵反馈以及实际的教学效果评估，我们会对教学内容进行及时动态调整。其中包括优化教学方法、增减知识点、调整教学进度等，确保每次授课都能更好地满足学生的学习需求。通过这样的循环反馈和调整，我们希望能够持续提升教学质量，为学生提供更加优质的学习体验。

通过上述方法，可以确保高校体育教学内容的选择更加科学、合理，并更好地满足学生的需求，提高教学效果。同时，这也是一个持续改进和优化的过程，有助于不断提升体育教学质量。

（三）信息化时代高校体育教学内容选择过程

在信息化时代，高校体育教学内容的选择过程尤为重要，不仅关系到学生的身体健康，还与学生未来的生活方式和终身健康息息相关。以下是这一选择过程的主要步骤。

1. 选择合适的体育教学内容素材

当面对大量的体育教学资源时，我们需要认真筛选，确保所选资料真正有用。要围绕教学目标来选，能帮助学生提高体育技能和身体素质，同时也要考虑学生的兴趣和社会的需要，所选资料要既有趣又有用。在选资料时，一定要避免不良信息，保证内容健康、科学、积极。资料的形式可以多样，可以是视频、图片或文字描述等，这样能满足不同的教学需要。

2. 对体育素材进行细致分析并评估

在分析素材的教学价值时，要深入探究其是否能有效传达知识点，是否有助于学生掌握核心概念。在评估实用性时，要看素材是否易于操作，能否在日常教学中方便使用。同时，素材的趣味性对于激发学生的学习兴趣至关重要。在选择素材时，还需考虑学生的年龄和体能水平，确保内容既能给他们带来挑战又不会过于超出能力范围。此外，不同素材间的互补性和连贯性也是确保教学内容系统性与完整性的关键因素。综上所述，全面考虑这些方面，能够确保教学内容既科学又有趣，更利于学生的全面发展。

3. 选择合适的体育运动项目

为了满足学生的多元化需求，我们精心挑选了一系列体育运动项目作为教学内容。这些项目不仅包括篮球、足球、乒乓球等经典的传统体育项目，还涵盖了瑜伽、滑板、街舞等受到年轻人热烈欢迎的新兴运动。我们力求通过提供丰富多样的运动选择，让每个学生都能找到自己的兴趣所在，激发他们的运动热情。同时，我们也注重所选项目的普及性和参与性，确保每个学生都有机会参与其中，享受运动的乐趣。

4. 进一步分析已经选择的体育教学内容

（1）学生可行性

在考虑教学内容是否适合学生时，首先要关注的是学生的身体发育阶段。不同年龄段的学生，身体发育特点、力量、速度、耐力等方面都有所不同。因此，所选教学内容应与学生的身体发育相匹配，既不过于超前也不能滞后。其次，教学内容需要与学生的技能水平相适应，确保学生在学习中能够逐步提高，感受到进步和成功的快乐。最后，兴趣爱好是不可忽视的因素。选择学生感兴趣的教学内容，能够激发他们的学习热情，使他们更加主动地参与体育活动，同时也要考虑到学生的个体差异，确保教学内容能够满足大多数学生的需求，让每个学生都能在体育教学中找到属于自己的位置。

（2）学校可行性

在评估学校可行性时，首先要对学校现有的体育设施进行全面了解。其中包括体育场地、器材设备、运动场馆等硬件资源。确保这些设施能够满足所选教学内容的实施需求，确保学生在安全、舒适的环境中进行体育锻炼。其次，师资力量是关键因素之一。评估学校是否拥有足够数量和质量的体育教师，他们是否具备教授所选教学内容的专业知识和技能。如果师资力量不足，可以通过培训、引进等方式加以改善。最后，教学资源的丰富程度是需要考虑的一个方面。学校应提供丰富多样的教学资源，如教材、视频、网络课程等，以支持所选教学内容的实施。如果学校条件有限，可以通过与社区、企业等外部机构合作，寻求资源支持，共同推动体育教学的发展。

（3）大众可行性

在评估大众可行性时，我们需要考虑所选教学内容是否具有推广价值。这意味着该教学内容不仅要适用于学校环境，还要能在更广泛的范围内普及和推广。这样的教学内容通常具有普适性、实用性和趣味性等特点，能够吸引更多人的参与。通过推广这样的教学内容，我们可以提高学生的社会适应能力，帮助他们在日常生活中更好地运用体育知识和技能。这也有助于培养学生的终身体育意识，使他们在未来的生活中继续保持对体育的热爱和参与。为了实现这一目标，我们可以通过举办各种体育比赛、活动、讲座等形式宣传和推广所选教学内容，让更多的人了解和参与体育活动。

三、信息化时代高校体育教材化

（一）信息化时代高校体育教材化的意义

在信息化时代，高校体育教材化具有重大的意义。随着信息技术的飞速发展，传统的教学方式已经无法满足现代教育的需求。高校体育教材化不仅可以提高教学效率和效果，还有助于培养学生的自主学习能力和终身学习意识。

通过教材化，可以将丰富的体育知识和实践经验系统化、规范化地呈现给学生，使学生能够更加全面、深入地了解体育学科的知识体系。同时，教材化还可以促进体育教学与信息技术的深度融合，为学生提供更加多样化、个性化的学习方式，激发学生的学习兴趣和动力。

（二）信息化时代高校体育教材化的层次划分

1. 编制体育课程标准和编写教科书

为了确保学生能够全面、系统地掌握体育知识和技能，我们必须制定一套明确而严谨的体育课程标准。这些标准不仅界定了教学目标和教学内容，还详细规划了教学方法和评价方式，确保了教学的有效性和一致性。

为了满足这些标准，我们还需要精心编写与之相匹配的教科书。这些教科书应以系统化、连贯性的方式呈现体育学科的核心知识和技能，确保学生能够循序渐进地掌握知识。同时，教科书的设计应注重理论与实践的结合，让学生在理解理论知识的同时，能通过实践活动加深理解，培养他们的实践能力和创新精神。这样的教科书将为学生打下坚实的体育基础，为他们的未来发展奠定良好的基础。

2. 把教材变成学生的一部分"学习内容"

要让教材真正发挥作用，就必须将其与学生的实际学习需求紧密结合。这意味着教师在教学过程中不仅要传授知识，还要引导学生主动参与学习，激发他们的好奇心和探索欲望。通过组织各种活动和实践，教师可以帮助学生将教材中的理论知识转化为实际操作技能，使学习变得更加有趣和实用。教师还需要时刻关注学生的学习反馈和需求，及时调整教学内容和方法，确保教材的内容与学生的兴趣和需求保持一致。只有这样，教材才能真正成为学生学习的一部分，为他们的全面发展提供有力支持。

（三）信息化时代高校体育教材化的工作内容

在信息化时代背景下，高校体育教材化工作涉及多个方面的内容，旨在通过创新教学方法和提升教学资源质量，更好地满足学生的学习需求。以下是具体的工作内容。

1. 体育教学内容的改造与加工

随着信息化技术的发展，传统的教学内容需要进行适当的改造和加工，以适应新时代的教学需求，主要包括以下几个方面。

（1）简化的教材化方法

为了让学生更加轻松地掌握体育技能和理论知识，我们可以采用简化的教材化方法。这意味着将复杂的内容进行精练和提取，只保留最核心、最基础的部分。我们可以通过简洁明了的文字和图示，将复杂的概念和技巧转化为易于理解的形式。此外，我们还可以使用图表和示意图等直观工具，帮助学生快速捕捉关键信息，从而更好地掌握体育知识和技能。

（2）动作教育的教材化方法

在体育课程中，动作技能的学习是非常重要的一部分。为了确保学生能够正确、有效地掌握这些技能，我们需要采用动作教育的教材化方法。这意味着对每个动作都要进行细致的分解和标准化处理，确保学生清楚地了解每个步骤和要点。此外，我们还可以通过视频、动画等多媒体形式，生动地展示动作的执行过程，让学生更直观地理解和学习。动作教育的教材化方法不仅可以提高学生的学习效果，还可以帮助他们在实践中更好地应用所学技能。

（3）游戏化的教材化方法

为了激发学生的学习兴趣和动力，我们可以将游戏元素融入体育教学。游戏化的教材化方法可以让学生在轻松愉快的氛围中学习和掌握体育技能。我们可以设计各种互动游戏和挑战任务，让学生在玩乐中学习，提高他们的学习积极性和参与度。此外，我们还可以引入竞争机制，激发学生的胜负欲，让他们在竞争中不断挑战自我、超越自我。游戏化的教材化方法不仅可以提高学生的学习效果，还可以培养他们的团队合作精神和竞争意识。

2. 体育教学内容媒介化工作

在信息化时代，教学内容的媒介化是提升教学效果的重要手段，主要包括以下几个方面。

（1）多媒体课件

多媒体课件是现代教育的得力助手。它利用多媒体技术将传统的教学方式与现代科技相结合，为学生创造出一个形象生动、直观易懂的学习环境。在体育课件中，可以通过插入精彩的动作视频、生动的图片、配合讲解的音频，让学生更直观地理解体育动作的要领，提升学习效果。多媒体课件的互动性也让学生在学习过程中能够积极参与，增强学习的兴趣和动力。它不仅可以帮助学生更好地掌握体育知识和技能，还能激发学生对体育的热爱和兴趣，让学习变得更加愉快和高效。

（2）体育学习卡片

体育学习卡片是一种便携、实用的学习工具。它将体育知识、技能要点浓缩在一张卡片上，方便学生随时随地学习和复习。这些卡片内容简洁明了，重点突出，让学生能够快速掌握关键信息。此外，卡片的设计也富有创意，吸引学生的注意力，提高学习的兴趣。将学习卡片与线上学习平台结合，使学生可以在线下学习卡片内容，然后在线上进行交流和讨论，实现线上与线下的互动学习。这种学习方式既灵活又高效，能够帮助学生更好地巩固和拓展体育知识，提升学习效果。

通过以上工作内容的实施，信息化时代的高校体育教材化工作不仅可以更好地满足学生的学习需求，提升教学效果和质量，也有助于培养学生的自主学习能力和终身学习的意识，为他们未来的发展奠定坚实的基础。

第四节　信息化时代高校体育教学内容的创新与发展

一、信息化时代高校体育教学内容的总体发展现状

在信息化时代的浪潮下，高校体育教学正经历着深刻的变革。随着科技的不断进步和创新，高校体育教学内容的发展呈现出新的态势。

二、信息化时代高校体育教学内容发展过程中存在的问题

在信息化时代背景下，高校体育教学内容的发展虽然取得了显著成就，但也面临着一系列问题和挑战。

（一）高校体育教学内容比较繁杂

随着信息化技术的迅猛发展和教育理念的不断创新，高校体育教学已经逐渐超越了传统的单一模式，变得日益繁杂和多元。这种变革虽然为学生提供了更多学习和探索的空间，但也带来了一些挑战。繁杂的教学内容使学生在学习过程中可能面临更大的学习压力，不仅需要掌握更多的技能和知识，还需要在有限的时间内有效地安排学习计划。此外，教学内容的多样性也可能导致教学重点变得不那么明确，使学生在学习过程中难以把握核心要点。对于教师而言，面对繁杂的教学内容，也需要付出更多的时间和精力进行研究与准备，以确保能够准确地把握重点和难点，从而提高教学效果。因此，如何在保证教学内容丰富多样的同时，确保教学重点和难点的有效把握，是高校体育教学中亟待解决的问题。

（二）高校体育教学知识不够全面

伴随着科技进步和信息传播的高速发展，体育教学内容涵盖的领域与知识点越

来越丰富，从传统的基础体能训练到新兴的运动科技、健康管理等领域。然而，由于教学资源分配不均、教师团队水平参差不齐等现实问题的存在，部分高校体育教学在深度和广度上可能难以达到理想状态，存在着知识传授不够全面、技能培养不够深入的问题。

这种教学上的不足可能会直接导致学生在体育方面的知识储备和技能水平存在缺陷，从而影响他们在未来社会中的竞争力。特别是在当今社会，健康与体育的重要性日益显现，是否具备全面的体育知识和技能已成为衡量个人综合素质不可或缺的一部分。因此，高校体育教学应当努力突破各种限制，不断提升自身教学水平，为学生的全面发展奠定坚实的基础。

（三）体育教材内容偏向形式

在当前的教育环境下，我们不难发现，一些高校的体育教材在内容上存在着明显的问题。它们过于追求形式上的新颖和花哨，忽视了实质性的内容。这具体表现为，教材中充斥着华而不实的表述和过度的包装，却缺乏对核心知识和技能深入、细致的解析。这种倾向不仅使学生在学习过程中难以真正理解和掌握有用的信息，还可能因此降低他们的学习兴趣和动力，从而影响学习效果。这是一个值得我们深思的问题。

（四）体育教学内容体系过于陈旧和单一

部分高校的体育教学内容仍显得滞后和单调，缺乏创新的教学理念和方法。这不仅难以满足学生日益增长的个性化学习需求，也无法契合社会发展对人才培养的新要求。滞后的教学内容体系不仅影响了学生的学习体验和效果，还在某种程度上束缚了教师的创新精神和教学激情。缺乏新鲜感和挑战性的教学内容，难以激发教师的教学热情，进而影响了整体的教学效果和教学质量。因此，高校体育教学必须加快更新教学内容体系，引入更多现代化的教学方法，以适应信息化时代的发展需求。

三、信息化时代高校体育教学内容的改革创新措施

在信息化时代，高校体育教学内容的改革创新尤为重要。为了更好地适应社会发展的需求和提升学生的综合素质，可以采取以下措施。

（一）将健康教育适当加入教学内容

高校体育教学应该超越单一的体育技能传授，扩展到健康教育的广阔领域。在

如今快节奏的社会中，学生的身体健康和心理健康同样重要。因此，高校体育课程应该增添更多健康知识的内容，使学生不仅学会如何运动，还懂得如何科学地、健康地运动。比如，通过介绍营养学知识，学生可以了解到什么样的饮食能够为他们提供运动所需的能量和营养；运动生理学的知识则能帮助他们理解身体在运动中的变化，预防运动损伤；而心理健康的教育则能让他们认识到运动在释放压力、提高情绪调节能力方面的重要作用。这样的体育教学不仅能让学生受益终身，也能为他们未来的健康生活奠定坚实的基础。

（二）通过调整满足学生需求

在体育教学过程中，为了满足每个学生的个性化需求，教师应该注重课程内容的多样性和灵活性。要实现这一目标，了解学生的兴趣爱好和实际需求至关重要。通过发放调查问卷，可以搜集到学生对各类体育活动的喜好程度、参与频率以及期望等信息。此外，通过组织座谈会，可以与学生面对面交流，倾听他们的想法和建议，进一步加深对学生需求的理解。基于这些反馈，教师可以对课程内容进行针对性的调整，如增加热门运动项目、调整课程难度或引入新的教学方法等，以确保课程内容更符合学生的期望，并激发他们的学习热情和参与度。这样的个性化教学方法有助于培养学生的体育兴趣，促进他们的全面发展。

（三）重视体育教学过程的监控与评价

为了确保体育教学质量，必须高度重视对教学过程的全面监控和精准评价。为此，我们可以构建一套全面而科学的教学评价体系。这个体系不仅关注教师的教学内容和方法，还注重对学生学习效果的评估。通过定期的教学评估，我们可以了解教师教学的优势与不足，从而为他们提供针对性的培训和指导。同时，鼓励学生积极参与评价过程。学生的意见和建议能为我们提供宝贵的一手资料，有助于我们更准确地了解教学效果，及时调整教学策略。这种双向的沟通机制不仅能提升教师的教学水平，还能增强学生的学习体验，最终促进体育教学质量的全面提升。

（四）增加体育教学内容的弹性

体育教学的内容设计确实需要富有弹性，这样才能真正满足每位学生的个性化需求和能力水平。[①] 在规划教学内容时，教师应充分考虑学生的体能差异、兴趣爱

---

① 忻随韵，鲍巨彬．教育信息化背景下高校体育课程教学数字化理论与实践路径［C］//中国班迪协会，澳门体能协会，广东省体能协会．第八届中国体能训练科学大会论文集．天津：天津体育学院，2023：5.

好以及学习动力。例如，对于基础体能较差的学生来说，可以提供一些入门级的运动教程，如基础体操、慢跑等，帮助他们逐步建立体能基础；而对于体能较好的学生来说，则可以引入更具挑战性的内容，如高强度间歇训练、专项技能练习等。同时，为了满足不同学生的兴趣需求，教学内容还可以涵盖多种运动项目，如篮球、足球、游泳等，让学生根据自己的喜好进行选择。这种弹性化的教学内容设计，不仅有助于提升学生的学习积极性，还能帮助他们在体育学习中找到乐趣，实现全面发展。

（五）科学合理地开发体育教材填充其相关内容

在编写体育教材时，我们必须深入考虑信息化时代的特征，这意味着教材不再只是纸质的书本，而是融入了数字化、网络化、智能化的元素。同时，我们要紧密关注学生的实际需求和兴趣点，让教材内容更贴近他们的生活，更加激发他们的学习热情和动力。在内容方面，教材需要不断更新和拓展，以反映出体育领域的最新发展和研究成果。为了更好地传达这些内容，我们可以结合多媒体资源，如图片、视频、动画等，使教材内容更加生动、形象、有趣。这样的教材不仅能够提升学生的学习效果，还能够帮助他们更好地理解和掌握体育知识与技能，从而培养他们的体育兴趣和终身锻炼的习惯。

第四章　信息化时代高校
体育教学方法的创新与发展研究

第一节　体育教学方法相关理论阐析[①]

一、体育教学方法相关概念

（一）教学方法概念

教学方法是教育教学活动的核心组成部分，直接关系到教学目标的达成度和学生的学习效果。在选择教学方法时，教师需要充分考虑学生的年龄、兴趣、学习风格以及教学内容的性质和特点。一个好的教学方法应该能够激发学生的学习兴趣，使他们从被动接受转变为主动探究，从而更加积极地参与学习过程。同时，教学方法还应鼓励师生互动，营造和谐的课堂氛围，使教师和学生能够在教学过程中相互学习、相互成长。此外，一个有效的教学方法还应该包含明确的教学评价和反馈机制，以便及时了解学生的学习情况，调整教学策略，确保教学目标的顺利实现。

（二）体育教学方法的概念

体育教学方法是体育教学中不可或缺的一环，它是教学方法在体育学科中的具体体现。[②] 这些教学方法是教师在体育课堂教学中用来传授体育知识、技能和体能的重要工具。为了更有效地促进学生的身心发展，教师在选择和运用体育教学方法时，必须充分考虑体育教学的特点、教学目标以及学生的实际情况。

体育教学不仅要求学生掌握基本的运动技能，还要让学生在运动中感受到快乐，从而培养他们的体育兴趣和习惯。因此，体育教学方法应该既注重技能的传授，又能够让学生在运动中享受到乐趣。这样，学生在体育课堂上不仅能得到身体上的锻

①　山西省教育科学"十四五"规划 2023 年度专项课题
　　课题名称：基于 OBE 理念下高校体育公共课教学改革创新研究
　　课题编号：SZH-230043
②　陈辉. 高校体育教学探索与模式构建研究［M］. 北京：北京工业大学出版社，2023：22-24.

炼，也能够在心灵上得到成长和提升。

二、体育教学方法的分类

体育教学方法的分类是基于不同的标准和指导思想，对体育教学过程中的手段、途径和程序进行归纳与总结。以下是从体育学科特性、体育教学指导思想以及体育与健康课程标准目标三个维度对体育教学方法进行的分类。

（一）依据体育学科特性的分类

1. 技能传授法

技能传授法在体育教学中占据着核心地位。动作示范是指教练或教师首先展示正确的技能动作，让学生有一个直观的感受。分步练习则是将复杂的技能分解成若干个简单的步骤，逐一进行教授，确保学生能够逐步掌握。完整练习则是在学生掌握了各步骤后，将这些步骤连贯起来，形成完整的技能动作。技能传授法的关键在于确保技能的准确性和学生的掌握程度，通过反复练习和纠正，使学生能够熟练掌握并运用所学技能。

2. 体能锻炼法

体能是体育教学中的重要组成部分，而体能锻炼法则是提高学生体能水平的有效途径。重复练习是指学生在一定的时间内，反复进行某一动作的练习，从而增强肌肉力量和耐力。间歇性训练则是在重复练习的基础上，加入适当的休息时间，使学生在短时间内进行高强度的训练，达到提高体能的目的。这种方法需要学生具备较高的自律性和毅力，通过持续的锻炼，逐步提高自己的体能水平和身体素质。

3. 游戏教学法

游戏是孩子的天性，利用游戏进行体育教学不仅可以激发学生的学习兴趣，还能使他们在轻松愉快的氛围中学习体育技能。在游戏中，学生可以在不知不觉中掌握技能，同时培养团队的合作和竞争意识。教师可以根据学生的年龄和技能水平设计合适的游戏，让学生在游戏中学习，享受运动的乐趣。

4. 比赛教学法

比赛是检验学生学习成果的有效方式。通过组织比赛活动，可以让学生在实战中运用所学技能，提高竞技能力和团队协作能力。比赛教学法不仅能够激发学生的学习兴趣和动力，还能帮助他们建立自信心，培养应对压力的能力。在比赛中，学生需要相互协作、密切配合，共同面对挑战和困难，这种经历对于他们的成长和发展具有重要的促进作用。同时，比赛结果也能为学生提供一个明确的目标和动力来

源，激励他们更加努力地学习和训练。

（二）依据体育教学指导思想的分类

1. 以学生为中心的教学法

以学生为中心的教学法注重学生的参与和体验，旨在激发他们的学习兴趣和创造力。在实际操作中，教师可以设计一些自主学习任务，让学生独立思考、解决问题，并鼓励他们分享自己的见解和体验。此外，合作学习也是这种方法的重要组成部分，教师可以通过小组讨论、角色扮演等方式，促进学生之间的交流和合作，培养他们的团队协作能力和沟通能力。探究学习则鼓励学生主动参与知识的构建过程，通过提出问题、搜集资料、分析数据等方式，深入探究某一主题或问题，从而培养他们的探究精神和创新能力。

2. 以教师为主导的教学法

以教师为主导的教学法强调教师的引导和示范作用，确保学生能够准确掌握体育知识和技能。在实际教学中，教师可以通过讲授法系统地传授知识，帮助学生建立完整的知识框架。演示法则要求教师展示标准的动作和技巧，让学生明确正确的技术要领。指导法则要求教师在学生练习过程中给予及时指导和反馈，帮助他们纠正错误、提高技能。此外，教师还可以利用课堂讲解、示范动作、练习指导等方式，引导学生理解和掌握体育知识，促进他们的全面发展。

3. 混合式教学法

混合式教学法结合了以学生为中心和以教师为主导的教学方法，旨在发挥双方的优势，提高教学效果。在实际操作中，教师可以根据教学内容和学生特点，灵活运用各种教学方法。例如，对于一些基础知识和技能的学习，可以采用讲授法和演示法进行教学；而对于一些需要学生参与和体验的内容，则可以采用自主学习和合作学习的方式。教师还可以利用信息技术手段，如多媒体教学、网络教学等，丰富教学手段和教学资源，提高教学效果。通过这种方法，教师可以根据学生的实际情况和需求，灵活调整教学策略和方法，实现最佳的教学效果。

（三）依据体育与健康课程标准目标的分类

1. 技能与知识掌握类教学法

为了确保学生在体育与健康课程中能够熟练掌握基本运动技能和健康知识，可以采取多种教学方法。对于运动技能的传授，可以采用示范—模仿—实践的模式，先由教师展示标准动作，学生模仿后再进行实践练习，确保每个动作都得到正确的执行。对于健康知识的传授，要注重理论与实际相结合，通过讲解、讨论、案例分析等方式，使学生深入理解健康知识，并能够运用到实际生活中。

2. 身心健康促进类教学法

体育教学不仅关注学生的运动技能，还重视学生的身心健康。可以采用心理健康教育的方法，通过课堂讲解、小组讨论等形式，帮助学生认识自我、调节情绪、增强抗压能力。同时，教师还可引入体育康复的理念，针对学生的身体状况进行个性化的运动康复计划，帮助他们恢复身体健康，增强体质。

3. 社会适应能力提升类教学法

在体育教学中，要注重培养学生的社会适应能力。通过团队项目教学，我们组织学生进行篮球、足球等团队运动，让他们在合作中学会团队协作、沟通交流等技能。我们还可以采用角色扮演的方法，模拟社会场景，让学生在角色扮演中培养处理人际关系、解决问题等能力。这些教学方法不仅提高了学生的体育技能，也提升了他们的社会适应能力。

三、体育教学方法的特点

体育教学方法作为一种特殊的教学领域，具有独特的特点。这些特点使体育教学方法能够更好地适应体育学科的教学需求，促进学生的身心发展。

（一）实践操作性

体育教学方法强调实践操作，即通过身体练习和运动实践掌握体育技能与提高体能。这种实践操作性是体育教学方法的核心特点，要求学生亲身参与体育活动，通过反复练习和体验，形成正确的动作技能和肌肉记忆。

在体育教学中，实践操作不仅仅是一种教学方式，更是一种教学理念。这种教学方法要求学生积极参与体育活动，通过亲身实践感受和体验体育运动的乐趣与魅力。通过反复练习和体验，学生可以逐渐掌握正确的动作技能，形成良好的肌肉记忆，从而提高自己的体能水平和运动能力。同时，实践操作性的体育教学方法还可以帮助学生形成正确的价值观和态度，让他们更加珍惜自己的身体健康，更加积极地参与体育运动。

（二）多感官参与性

在体育教学过程中，多感官参与性是一种非常重要的教学理念。它强调学生不仅要通过视觉观察和理解体育动作，也需要通过听觉听取教练的讲解和指导，还通过触觉感受运动的力度和节奏，甚至通过味觉和嗅觉体验运动带来的身心愉悦。通过这种全方位、多层次的感官参与方式，体育课堂变得更为生动有趣，能够极大地激发学生的学习兴趣和积极性。同时，多感官参与也有助于提高学生的学习效果和记忆能力。多种感官的协同作用可以帮助学生更好地记忆和理解体育知识与技能，增强他们的学习效果。

（三）时空功效性

体育教学方法作为一种动态的教学体系，其实施与运用是在特定的时空环境下进行的，这决定了其具有很强的时空功效性特征。在进行体育教学活动时，教师需要根据课程安排和学生实际的课程时间，科学合理地规划和调配教学内容与进度，确保每节课都能充分利用有限的教学时间，使学生能够高效地学习和锻炼。

场地作为体育教学活动的重要物质基础，其布局、设施、安全性等因素都直接影响到教学效果和学生参与的积极性。教师需要根据不同项目对场地条件的要求，提前规划好教学场地，保证学生有足够的空间进行热身、练习和比赛；同时，还要充分利用现有资源，如体育馆、操场、健身房等，合理分配使用，避免资源浪费。

（四）动静交替性

体育教学方法是体育教学理论的具体体现和实际操作策略，其核心在于充分利用并优化各种教学资源和手段，以实现体育教学的目标，即增强学生的体质、提高运动技能和参与能力。在体育教学方法中，动静交替是一种被广泛采用且极为重要的教学策略。

动，是指身体练习和运动实践部分。在这一过程中，学生需要在教师的指导下，积极参与各种体育活动和技能训练，通过亲身参与体验和感知体育的魅力。这种实践性的学习方式有助于学生更好地理解和掌握体育知识，同时也能有效锻炼身体各部位的功能，提升体能素质，培养正确的身体姿态和良好的运动习惯。

静，是指理论讲解和示范演示环节。在这部分教学中，教师通过深入浅出的语言讲解，系统地传授体育的基本理论知识，包括但不限于各类体育项目的规则、技巧与方法；同时，借助多媒体教具或实物模型进行示范演示，使学生能直观地理解体育动作的要领和技巧，从而为下一步的身体练习奠定坚实的基础。

动静交替的教学方式充分体现了现代教育理念中的"健康第一"思想，既保证了学生体育技能的学习和体质的增强，又避免了持续高强度身体练习导致的疲劳和兴趣减退，使学生在轻松愉快的氛围中逐步提高体育素质和综合能力。

（五）师生互动性

在体育教学方法中，师生互动是至关重要的一个环节。在体育教学中，教师不仅是知识的传授者，还是学生运动技能的引导者和反馈者。教师需要通过细致的观察和专业的分析，在学生进行体育锻炼的过程中，及时发现并指出学生的错误动作和需要改进的地方，并给予他们反馈，帮助学生纠正错误动作和提高技能水平，从而让他们更有效地掌握各项体育技能。学生不是被动接受知识的容器，而是学习过程中的主体，需要积极参与教学过程，与教师进行交流和合作。这样才能共同完成教学任务和目标。

（六）继承发展性

体育教学方法作为体育教学的基础和核心，其形成和发展是一个长期且持续的过程。它是在世界各国、各地区的体育教育工作者长期的实践探索与理论总结中逐步完善和丰富的，不同的历史阶段、地域和文化背景都深深地烙印在了体育教学方法之上，体现出显著的继承发展性特点。

进入现代社会以后，随着科学技术的飞速发展、社会文明的不断进步，以及人们体育素养的逐渐提升，体育教育的教学需求和面临的任务也在发生深刻变化。新的教学理念、技术手段和器材设施的应用，使体育教学方法必须与时俱进，进行相应的创新和发展，以更好地满足当代体育教育的各项需求和挑战。

这种在继承传统基础上不断创新和发展教学模式的过程，不仅仅有利于保持体育教学的稳定性和有效性，更能推动体育教学的改革与创新，为体育教育事业注入源源不断的活力与动力，从而有效地提升学生的体育素质，促进其全面发展。

四、体育教学方法的层次

体育教学方法的层次是指在教学过程中，从宏观到微观的不同层次和方面的教学方法。这些层次相互关联、相互作用，共同构成了完整的体育教学方法体系。以下是体育教学方法的三个主要层次。

（一）教学策略

教学策略在体育教学中占有至关重要的地位，是对整个教学过程的顶层设计和规划。为了制定有效的教学策略，教师需要全面考虑教学目标、学生特点以及教学资源等维度，以确保教学的有效性和高效性。在这个过程中，选择适合的教学方法至关重要，因为不同的教学方法对于不同的教学内容和学生群体可能产生截然不同的效果。此外，合理安排教学顺序也是教学策略的重要组成部分，有助于学生逐步深入理解和掌握体育知识与技能。

（二）教学方法

体育教学方法是教学体系中的重要组成部分，位于体育教学理论与实践的中间层次，是连接教学理念与教学效果的关键环节。体育教学方法是指在具体的体育教学实践中，教师为了达成预定的教学目标，针对不同的教学内容、学生特点及场地设施等条件，灵活运用和组合的各种教学手段与策略。其选择与运用直接影响到体育教学的质量和学生的全面发展。例如，在篮球教学中，教学方法的选择应当全面考虑教学内容、学生需求和教学条件等因素。

（三）教学手段

教学手段在体育教学中至关重要，是教学过程中的物质基础和必要工具。教学手段的恰当选择，不仅可以直接影响学生的学习兴趣和动力，还能对教学效果产生显著影响。例如，在田径教学中，标志物可以帮助学生明确起跑线、终点线等关键位置，计时器可以精确记录学生的运动时间，测量尺可以用来衡量学生的跳跃或投掷距离。

这些教学手段的合理应用，能够使教学更加生动、具体，有助于学生理解和掌握技术动作，提高运动技能。同时，它们还能够激发学生的学习兴趣，增强他们的学习主动性，从而促进教学目标的顺利实现。因此，体育教师在选择教学手段时，必须充分考虑教学方法和教学内容的需求，以确保教学目标的实现。

第二节 信息化时代高校体育教学方法的设计与选择[①]

一、信息化时代高校体育教学方法的设计

随着信息技术的迅速发展，信息化已成为现代教育发展的重要方向。在这一背景下，高校体育教学方法需要不断创新和优化，以适应信息化时代的教育需求。信息化时代高校体育教学方法的设计应遵循以学生为中心、以能力培养为核心、以信息化手段为支撑的原则，构建多样化的教学方法体系。

---

① 山西省教育科学"十四五"规划 2023 年度专项课题
  课题名称：基于 OBE 理念下高校体育公共课教学改革创新研究
  课题编号：SZH－230043

（一）以语言传递信息为设计理念的体育教学方法

以语言传递信息为设计理念的体育教学方法，主要侧重于通过教师的讲解、问答和讨论等方式，向学生传递体育知识和技能。这种方法在体育教学中具有广泛的应用，能够帮助学生快速掌握基本知识和技能，提高学习效果。

1. 讲解法

在体育课堂教学中，讲解法是至关重要的教学方法之一。它不仅是简单的信息传递，还是帮助学生建立正确运动观念、掌握体育技能的桥梁。教师可以通过抑扬顿挫、富有节奏的语言，以及富有感染力的情感，将复杂的体育知识变得简单易懂。比如，在教授篮球运球技巧时，教师可以运用形象的比喻，如"把篮球当作你的好朋友，让它跟随你的手指舞动"，这样的描述不仅容易理解，还能激发学生的学习兴趣。

2. 问答法

问答法在体育教学中的运用十分广泛，不仅有助于知识的传授，更能促进学生的主动思考和探索精神的培养。在实际的教学过程中，教师可以根据学生的个体差异和学习需求，设计出多样化的问题，从基础知识到高级应用，层层递进，使学生能够逐步深入理解和掌握体育知识。

问答法的核心在于互动，它鼓励学生积极参与，大胆发表自己的观点和疑问。通过提问和回答，教师可以及时捕捉到学生的学习反馈，了解他们的疑惑和难点，从而进行针对性的指导和帮助。这种个性化的教学方式，不仅提高了学生的学习效率，还培养了他们自主学习和解决问题的能力。问答法在体育教学中是一种促进学生全面发展、提升教学质量的有效方法。

3. 讨论法

讨论法在体育教学中是一种极具启发性和互动性的教学方法。在教师的精心指导下，学生围绕特定的体育议题或主题，进行热烈而有序的讨论。这种方法不仅能激发学生对体育学科的兴趣和热情，还能培养他们的团队合作意识和批判性思维能力。

在实际教学过程中，教师可以根据学生的年龄、兴趣和能力水平，组织不同形式的讨论活动，如小组讨论、角色扮演、辩论赛等。讨论的主题可以涵盖技术动作的细节分析、比赛策略的制定与执行、健身方法的科学选择等方面。通过这样的讨论，学生可以从多个角度和层面去理解与掌握体育知识，形成更加全面和深入的体育认知与理解。同时，他们还能在交流中相互学习、相互启发，共同进步。

（二）以直接感知为设计理念的体育教学方法

在信息化时代的高校体育教学中，除了以语言传递信息为设计理念的体育教学方法外，以直接感知为设计理念的体育教学方法同样重要。这些方法通过直观、具体的动作示范、演示以及对错误动作的纠正与帮助，使学生能够更直接地感知和体验体育技能，从而提高学习效果。

1. 动作示范法

动作示范法是一种直观而有效的教学策略。它强调教师扮演引导者和示范者的角色，通过亲自展示规范、准确且具有较高技术水准的动作姿势，为学生提供直观且生动的视觉参考。在体育教学过程中，教师根据教学内容精心设计和实施动作示范，能够帮助学生建立起对所学技能的整体框架和基本概念的认识。

教师通过示范能够展示出动作技术的标准流程，包括动作的起始姿势、过渡动作以及结束动作等，使学生能够直观地观察到每个技术环节的衔接与配合。同时，教师还可以着重强调动作的关键要领和技术细节，如力量爆发的时间点、身体各部位协调用力的方式、空间位移的精准把握等，这些细节的传递对于学生理解和记忆动作技术至关重要。

同时，动作示范法还具有激发学生学习兴趣和积极性的独特作用。教师以饱满的热情和娴熟的技巧进行示范，能够引发学生对体育技能的向往和好奇心，使他们主动模仿和尝试。当学生看到自己通过模仿教师的示范能够完成一定的技术动作时，会产生强烈的成就感，进而激发他们进一步探索和深入学习的热情。

2. 演示法

演示法是一种在体育教学过程中非常有效的教学方法。它通过展示实物、模型、图片等教具或多媒体资源，使学生能够更直观地感知和理解体育知识与技能。在演示的过程中，教师首先会展示需要学习的体育器材或动作，通过现场演示或多媒体展示，让学生能够清晰地看到器材的使用方法、动作的结构分析以及比赛的规则讲解等。

通过这种直观的演示方式，学生可以获得更加直观、生动的视觉体验，加深对知识和技能的理解与掌握。演示法还能够帮助学生建立正确的空间感和动作概念，提高学习效果。在演示的过程中，学生不仅能够了解体育知识和技能，还能够在观察和模仿中逐渐形成自己的动作概念与空间感知能力。

3. 纠正错误动作与帮助法

纠正错误动作与帮助法在体育教学和训练中是一种极为重要的教学方法。它强调教师在学生练习或学习的过程中，对学生的动作表现进行密切观察和分析，一旦发现有任何不正确、不规范甚至存在安全隐患的错误动作，教师应立即指出，并提供针对性的指导和示范，帮助学生纠正这些错误动作。

在体育教学中，学生初学一项技能时，由于对动作掌握不够准确、身体协调性不足、心理紧张等，很容易出现各种错误的练习方式。这些错误动作不仅不能有效促进技能的学习和掌握，反而可能使学生形成不良的习惯定式，导致在后续的学习中难以纠正，甚至可能因为在错误动作下进行锻炼而引发运动损伤，影响学生的身体健康。

因此，体育教师在教学过程中，要始终保持高度关注，具备敏锐的观察力，能够及时发现学生的每个细微错误。对于发现的错误动作，教师应以专业知识和丰富经验为基础，进行科学合理的分析和讲解，通过正面示范、分解指导、语言提示等方式，引导学生逐步改正错误，建立正确的动作模式。

纠正错误动作与帮助法不仅有助于学生快速准确地掌握各项体育技能，还能有效预防运动伤害的发生，确保学生在安全、科学的环境下进行体育锻炼。此外，通过不断互动指导和反馈评价，教师能够激发学生对于体育学习的热情和自信心，增强他们自我修正和主动参与的意识，从而促进学生从被动接受向主动探索、自我管理和发展转变。

（三）以身体练习为主要设计理念的体育教学方法

以身体练习为主要设计理念的体育教学方法强调学生的身体参与和实践操作。这些方法侧重于通过反复的身体训练和实践，巩固与提高学生的体育技能。

1. 分解练习法

分解练习法是一种常用的体育训练和技能学习方法，核心原理在于将一个复杂、难度较高的完整动作或技能，科学地、系统地分解为若干个相对独立且易于掌握的部分或阶段。在分解练习的过程中，学生可以在教练或教师的指导下，按照从易到难、从简单到复杂的顺序，逐一对每个分解动作进行深入细致的学习与反复练习。

通过这种分阶段、有目标的学习方式，学生能够更加清晰地了解每个动作环节的技术要领和细节要求，可以集中精力专注于对基本技术动作的掌握，从而提高动作的准确性和规范性，逐步建立起完整的动作概念和技能框架。这种逐步递进的学习过程不仅有助于降低学生学习的心理压力和难度感知，还能够帮助他们在每个阶段都能扎实地巩固所学内容，避免因急于求成而导致的动作变形或错误习惯的养成。

2. 完整练习法

完整练习法是一种体育教学方法，强调从学习的初期阶段就让学生对整个动作或技能进行连续、无间断的全面练习。这种方法主张一开始就让学生接触并实践整个动作序列，而不是将其分解为若干部分逐一练习。

通过完整练习法，学生能够在相对较短的时间内对动作或技能的整体结构有直观而深入的理解，明确各动作环节之间的衔接与配合，从而在脑海中形成清晰的动作流程图。这种全局性的认知方式有助于他们掌握动作的连贯性、协调性和整体性，对于提高他们的运动协调能力和节奏感知至关重要。

在实际操作中，完整练习法要求教师提供完整的动作示范，并确保学生能够清晰地观察到每个动作细节以及它们如何集成在一起形成完整的技能链条。随后，教师会指导学生逐步尝试模仿、熟练和巩固整个动作流程，强调每个环节之间的过渡都要流畅自然，力图达到无缝衔接的状态。

3. 领会练习法

领会练习法是一种强调在身体练习过程中，学生需要对动作或技能内在的规律和原理进行深入理解和领悟的教学方法。这种方法要求学生不仅仅停留在对动作或技能的操作层面的学习，更要探究其背后的科学原理和运动规律。

通过领会练习，学生首先要做的是观察和模仿示范动作，初步形成正确的动作表象，并尝试独立进行模仿练习。在此过程中，教师需要提供准确的示范，并引导学生逐步理解动作的结构、要领以及完成动作时需要克服的难点。

领会练习法不仅可以帮助学生在体育领域取得更好的成绩，还能够在更广泛的层面上提升学生的综合素质。它鼓励学生主动探索、积极思考，培养他们的自主学习能力和创新精神，使他们在面对复杂多变的运动情景时，能够灵活运用所学知识，创造性地解决问题。

在体育教学中，教师应根据学生的实际情况和教学需要，灵活运用这些教学方法。同时，教师还应注重教学方法的创新和优化，以适应信息化时代的需求，提高教学效果和学生运动水平。

二、信息化时代高校体育教学方法的选择

（一）信息化时代选择体育教学方法的依据

在信息化时代，高校体育教学方法的选择应依据多个维度，以确保教学效果的最优化。

1. 根据体育课程的目的和任务选择教学方法

在体育课程中，明确课程的目标和任务是至关重要的。这些目标和任务不仅为教学内容的选择提供依据，还为教学方法的选用指明了方向。以提高学生的体能和身体素质为例，为了达到这一目标，教学方法应侧重于身体练习，如有氧运动、力

量训练等。这些身体练习不仅能有效提升学生的体能，还能促进他们身体素质的全面发展。① 若目标转向让学生掌握某项运动技能，那么示范法和练习法就显得尤为重要。教师可以通过示范展示正确的技术动作，然后通过反复的练习，让学生逐渐掌握这些技能。在此过程中，教师还可以根据学生的掌握情况，及时调整教学方法，确保教学目标的顺利实现。

2. 根据体育教学内容的特点选择教学方法

体育教学内容多种多样，既有理论知识，也有实践操作。针对不同的教学内容，教学方法的选择也应有所不同。对于理论性较强的内容，如体育规则、运动原理等，讲授法和讨论法可能更为合适。教师可以系统地讲解相关知识，然后通过讨论，让学生深入理解和消化这些知识。对于实践性强的内容，如球类运动、田径项目等，示范法和练习法则更为有效。教师可以通过示范展示正确的技术动作，然后让学生通过大量的练习巩固和提高自己的技能。在选择教学方法时，教师还应考虑学生的实际情况和个体差异，灵活调整教学方法，确保每位学生都能从课堂中获得最大的收益。

3. 根据学生的实际情况选择教学方法

学生的年龄、性别、身体状况和学习风格等特征，对教学方法的选择具有决定性影响。对于年龄较小的学生或初学者来说，分解练习法是一个理想的选择，因为它能帮助学生逐步掌握基础技能，建立扎实的基础。分解练习法通过将复杂技能分解为简单的步骤，使学生更容易理解和实践。

对于已经具备一定基础的学生来说，完整练习法或领会练习法则更为适用。完整练习法鼓励学生将整个技能或知识体系作为一个整体进行学习与实践，以培养他们的综合应用能力。领会练习法则注重学生对知识的深入理解和自我领悟，有助于培养他们的创新思维和解决问题的能力。

4. 根据教师自身的情况选择教学方法

教师的专长、经验和风格等个人因素，同样会对教学方法的选择产生重要影响。擅长示范的教师，通常能够准确地展示技能或动作的要领，因此他们更倾向于使用动作示范法，以帮助学生直观地理解和模仿。这种方法在体育、舞蹈和手工艺等需要技能示范的学科中尤为常见。

擅长理论讲解的教师，则可能更倾向于使用讲授法。他们能够通过生动的语言和逻辑清晰的讲解，将复杂的理论知识深入浅出地传授给学生。这种方法在科学、

---

① 冯元喜. 现代教育技术下高校体育教学的改革与发展研究［M］. 长春：吉林出版集团股份有限公司，2023：90-91.

文学和历史等需要深入理解和记忆的学科中更为适用。

5. 根据教学方法的适用范围选择教学方法

教学方法的选择对于教学效果至关重要。不同的教学方法适用于不同的教学内容和目标。例如，多媒体教学法通过结合文字、图像、音频和视频等媒体形式，能够生动形象地展示理论知识，有助于学生深入理解抽象概念。这种方法尤其适用于需要记忆和理解的学科知识，如历史、地理、科学等。

小组合作法则更注重学生之间的互动和协作，适用于需要学生相互合作、共同解决问题的练习内容。通过小组讨论、角色扮演、团队项目等形式，小组合作法能够培养学生的沟通能力、团队协作能力和解决问题能力。这种方法在社会科学、语言学习等领域尤为适用。

6. 根据教学时间和效率选择教学方法

在实际教学中，教学时间和效率是两个不可忽视的因素。在有限的教学时间内，教师需要选择更为高效的教学方法，以确保学生能够在短时间内掌握关键技能。

对于时间紧迫的课程，教师可以采用紧凑、高效的教学方法，如直接讲授法、案例分析法等。这些方法能够迅速传达核心知识，帮助学生快速掌握要点。同时，教师还可以利用现代科技手段，如在线教学平台、电子教材等，提高教学效率，减少不必要的时间浪费。

（二）信息化时代体育教学方法选择的原则

在信息化时代，选择体育教学方法时应遵循以下原则，以确保教学效果和质量。

1. 目标性

目标性教学方法的选择在体育课程中至关重要，直接关系到学生能否顺利达到预设的运动技能和知识水平。教学方法作为达成教学目标的手段，必须紧密结合体育课程的目标和任务。教师在选择教学方法时，必须清晰地认识到每种方法对于实现教学目标的独特作用。例如，若教学目标是提高学生的团队协作能力，那么选择小组合作的教学方法将更为贴切。同时，要确保所选教学方法始终与教学目标保持一致，才能确保教学的效果与预期相符。

2. 有效性

在选择教学方法时，有效性是一个不可忽视的考量因素。有效的教学方法不仅能带来积极的教学成果，在实践中也被证明可以切实提高学生的体育技能和综合素质。教师在选择教学方法时，应当优先考虑那些经过验证且在多个实践场合中均取得显著成效的方法。同时，教师还应关注学生的学习兴趣和动力，选择那些能够最大限度激发学生学习兴趣、促进学生积极参与和自主学习的教学方法。这样不仅能使学生在体育课程中取得更好的学习效果，还能培养学生的自主学习能力和终身学习习惯。

3. 适宜性教学方法的选择

在选择教学方法时，我们必须深入考虑学生的实际情况。年龄是一个关键因素，因为不同年龄段的学生有不同的认知能力和兴趣点。例如，对于小学生来说，游戏化和互动性强的教学方法可能更为合适；对于高中生来说，则可能需要更加注重理论分析和实践应用。性别也是一个不可忽视的因素，因为某些体育项目可能更适合某一性别的学生。此外，学生的身体状况和学习风格也应纳入考虑范围。身体状况决定了学生的体能和耐力，而学习风格则影响着他们对知识和技能的吸收方式。通过综合考虑这些因素，并选择最适合学生的教学方法，我们不仅能够提高教学效果，还能优化学生的学习体验，使他们在轻松愉快的氛围中掌握体育知识和技能。

4. 多样化教学方法的选择

为了激发学生的学习兴趣和动力，教学方法的选择必须多样化，避免陷入单一化的困境。多样化的教学方法可以为学生提供丰富的学习体验，激发他们的好奇心和探索欲望。[①] 例如，除了传统的讲授法外，我们还可以引入案例分析、小组讨论、角色扮演等教学方法，让学生从不同的角度理解和掌握知识。多样化的教学方法还能满足不同学生的学习需求和特点，帮助他们找到最适合自己的学习方式。在选择教学方法时，我们应该注重创新和灵活性，不拘泥于传统的教学模式，而是结合多种教学方法的优势，创造出更具吸引力的教学环境。这样，学生不仅能在轻松愉快的氛围中学习体育知识和技能，还能培养自己的创新思维和解决问题的能力。

第三节　信息化时代高校体育教学方法的优化与创新

一、信息化时代高校体育教学方法的优化

在信息化时代，高校体育教学方法的优化尤为重要。以下是一些关于优化体育教学方法的原则。

---

① 杨菁菁，徐桐．基于创新教育理念下体育教学方法的理论及实践研究［J］．冰雪体育创新研究，2024，5（3）：118－120.

（一）简便性原则

简便性原则在教育领域中占有举足轻重的地位。这一原则主张教学方法应当简洁明了、易于理解，使师生不需要花费大量时间与精力去摸索和适应。在信息化时代，随着教育技术的飞速发展，我们拥有了更多的教学资源和工具，这无疑为教学方法的创新提供了广阔的空间。然而，过于复杂或烦琐的教学方法也可能成为师生的负担，不仅无法达到预期的教学效果，还可能引发学生的学习抵触情绪和教师的教学挫败感。

（二）系统性原则

系统性原则强调体育教学方法应该是一个完整、有序、协调的系统，主要包括以下两个方面。

1. 体育教学方法的系统性

体育教学方法的存在形式具有系统性，这意味着教学方法不是孤立存在的，而是需要形成一个完整的教学体系。在这个体系中，明确的教学目标是基础，它为整个教学过程提供了方向和指导。合适的教学内容则是实现教学目标的关键，需要根据学生的实际情况和教学目标进行选择与安排。科学的教学过程是教学方法的核心，需要遵循教育教学规律，采用有效的教学手段和策略，促进学生的学习和发展。有效的教学评价则是教学方法的保障，需要及时反馈教学效果，帮助教师调整教学策略，提高教学效果。

2. 体育教学方法与环境的互动开放性

体育教学方法与环境之间的互动是开放的，这意味着教学方法的优化需要考虑到教学内部环境的系统性，同时也要关注教学方法与外部环境的互动和适应。随着信息化时代的到来，网络技术和数字资源已经成了教学方法的重要组成部分。因此，体育教学方法需要充分利用这些技术和资源，与外部环境进行有机连接和互动。

例如，体育教师可以通过网络平台发布教学视频、教学资源等，让学生随时随地进行自主学习和练习，还可以通过网络平台与学生进行互动交流，及时了解学生的学习情况和反馈，从而更好地调整教学策略和方法。此外，体育教师还可以利用数字资源开展多样化的教学活动，如虚拟现实教学、在线竞技等，为学生提供更加丰富的学习体验和实践机会。

（三）动态性原则

在当今快速变化的时代，体育教学方法不能停滞不前，固守成规。动态性原则要求我们时刻关注社会的变迁和学生的学习状态，灵活调整教学策略。随着科技的进步，新的教学工具和平台层出不穷，为体育教学提供了更多可能性。例如，利用虚拟现实技术，可以让学生身临其境地体验各种运动场景，提高学习兴趣。同时，学生的需求和兴趣也在不断变化，他们可能更喜欢参与性更强、互动性更高的教学方式。

（四）综合复用原则

体育教学方法的运用，不是简单的"一招一式"，而是需要综合运用各种教学方法，形成一套完整的教学体系。综合复用原则强调教学方法的多样性和灵活性，鼓励教师在实际教学中根据不同的教学内容和目标，灵活运用不同的教学方法。例如，在教授篮球技巧时，可以结合讲解、示范、练习、竞赛等方式，让学生全方位地掌握篮球技能。这些教学方法也不是孤立存在的，应该在不同的教学情景中不断被复用和优化。通过不断实践和总结，教师可以逐渐摸索出最适合自己学生的教学方法，提高教学效果，实现教学目标。

二、信息化时代高校体育教学方法的创新

（一）信息化时代高校体育教学方法创新的必要性

在信息化时代背景下，高校体育教学方法的创新变得尤为必要。以下是教学方法创新的必要性及其原因。

1. 体育教学方法单一

传统的体育教学方法，如讲解示范和学生模仿练习，虽然在某种程度上能保证教学内容的传递，但其在激发学生学习兴趣和动力方面存在明显不足。这种以教师为中心的教学模式往往忽视了学生的主体性和个体差异，不利于培养他们的主动性和创造性。因此，教学方法的创新变得尤为关键。例如，引入信息技术，如虚拟现实和增强现实，可以为学生创造沉浸式的学习体验，使他们更直观地了解运动技巧。

2. 教学方法创新动力欠缺

之所以说教学方法的创新动力欠缺，是因为教师习惯了传统的教学方式，难以打破思维定式，而且缺乏足够的资源和激励机制。然而，随着教育信息化的快速发展，教学方法的创新已经成为提高教学效果和满足学生学习需求的重要手段。因此，激发教师的教学方法创新动力至关重要，可以通过提供专业培训、设立教学创新奖励、创建教学创新交流平台等方式实现。

（二）信息化时代高校体育教学方法实施过程中存在的困惑

在信息化时代背景下，高校体育教学方法的实施过程中面临着以下主要困惑和挑战。

1. 非智力因素的转变需要较长时间

在信息化时代，体育教学方法不再仅仅是传统的言传身教，而是更加注重学生的主体性和参与性。然而，要实现这一转变，首先需要改变学生的非智力因素，如学习态度、学习动力和学习习惯等。这些非智力因素的转变并不是一蹴而就的，需要教师在教学过程中耐心引导和持续激励。为了实现这一转变，教师可以采用多样化的教学手段，如游戏化教学、情景教学等，以激发学生的学习兴趣和动力。

2. 移植教学方法应用不到位

在信息化时代，各种新的教学方法如雨后春笋般涌现，为体育教学带来了无限可能。尽管这些新的教学方法看似诱人，但在实际应用过程中往往存在不到位的问题。这主要是由于教师对新的教学方法理解不够深入，只是表面上的模仿和套用，没有真正领会其精髓和实质。此外，学校的教学环境和条件也可能成为限制新教学方法应用的瓶颈。例如，一些先进的教学方法需要借助特定的教学设备或软件才能实施，而学校可能无法提供这些资源。因此，高校体育教师在面对新的教学方法时，不仅要积极学习和尝试，还要结合学校的实际情况进行合理的选择和调整。

3. 体育教学方法影响因素的复杂性与不易改变性

体育教学方法的实施并非一帆风顺，受到诸多因素的影响，这些影响因素之间还相互交织，构成了一个复杂的系统。例如，教学环境不仅包括物理环境，如场地、器材，还包括心理环境，如班级氛围、师生关系等。在教学资源方面，不同的地区和学校可能存在巨大的差异，从而影响到教学方法的选择和实施。[①] 学生特点，如年龄、性别、兴趣爱好等，也会对教学方法产生直接影响。这些因素不仅复杂，而且很多具有不易改变性，如地理位置、经济条件等。这要求体育教师在面对不同教学环境和学生特点时，必须进行深入的研究，不断尝试和摸索，找到最适合的教学方法和策略。这不仅需要教师具备专业知识和技能，还需要具备创新思维和适应能力。

4. 先进教学理念与实践的脱节

随着信息化时代的到来，许多先进的教学理念如雨后春笋般涌现，为体育教学

---

① 张路遥. 我国高校体育教育教学方法创新研究：评《高校体育教学理论探索与实务研究》［J］. 教育发展研究，2023，43（24）：2.

方法的创新提供了丰富的资源。令人遗憾的是，这些先进的教学理念并没有完全融入实际的教学过程。其背后的原因多种多样，可能是因为教师对这些先进理念的理解不够深入，也可能是因为这些理念与实际教学方法之间存在一定的鸿沟。这种脱节不仅限制了先进教学理念的应用，也阻碍了体育教学方法的创新。为了弥补这一鸿沟，我们需要将先进的教学理念与实际教学方法相结合，让理论真正指导实践。这既需要教师不断提升自身的专业素养，也需要教育部门和学校为教师提供更多的培训与支持，以确保教学理念能够真正落地生根，推动体育教学方法的不断创新和发展。

（三）信息化时代高校体育教学方法发展创新的未来展望

随着信息技术的不断发展和普及，信息化时代高校体育教学方法的创新和发展将呈现出更加多元化、个性化及现代化的趋势。以下是对未来发展的几点展望。

1. 现代化趋势下的体育教学方法发展

随着科技的飞速发展，未来的体育教学方法将呈现出鲜明的现代化趋势。我们可以预见，虚拟现实和增强现实技术将在体育教学中发挥越来越重要的作用。借助这些先进技术，体育教师能够为学生打造一个充满沉浸感的体育学习环境，身临其境般参与各类体育活动。比如，在学习游泳时，学生可以在虚拟现实模拟的水域中畅游；在练习篮球时，可以在虚拟球场上与 AI 对手一较高下。这样的教学方式不仅能极大提高学生的学习兴趣和参与度，还能在安全的环境下进行高风险的体育训练。

2. 心理学化趋势下的体育教学方法发展

除了现代化趋势外，未来的体育教学方法还将更加注重心理学化。这意味着体育教师将更加注重学生的心理特点和需求，以更加科学、合理的方式进行教学。[①]例如，根据学生的认知风格、学习动机等心理因素，教师可以设计不同的教学策略和手段。对于喜欢挑战和竞争的学生来说，可以设计更具挑战性的教学任务和比赛；对于喜欢合作和分享的学生来说，可以组织更多的团队活动和协作任务。这样的教学方式能更好地激发学生的学习兴趣和动力，使他们在体育学习中获得更多成就感和满足感。

此外，心理健康和情绪管理也将成为体育教学的重要组成部分。体育教师在教学过程中将更加注重学生的情感体验和情绪变化，及时给予关心和支持。教师还会

---

① 祁璐. 互联网混合式教学在高校体育课程中的应用研究 [J]. 体育视野，2023（21）：116-118.

教授学生一些简单的心理调节和情绪管理技巧，帮助他们在面对压力和挫折时能够保持积极的心态与情绪状态。这样的教学方法不仅有助于提高学生的心理健康水平，还能为他们的全面发展奠定坚实的基础。

3. 体育教学方法发展的个性化趋势

未来的体育教学方法，将不再是单一刻板的模式，而是根据学生的个性化需求和发展进行定制。这意味着，教师会深入了解每个学生的体能水平、兴趣爱好以及身体特点，从而为他们制订最合适的教学计划和训练方案。这样不仅能让每个学生在体育课上找到属于自己的位置，还能最大限度地激发他们的学习热情和潜力。

第四节　信息化时代高校体育教学方法的实践应用①

一、信息化时代高校体育教学主要新方法应用

（一）体验式教学法

体验式教学法是一种以学生为中心，通过亲身参与和体验来学习与掌握知识的教学方法。在体育教学中，体验式教学法具有显著的应用价值。

1. 体验式教学法的应用价值

（1）激发学生的学习热情

在体育教学中，激发学生的学习热情至关重要。通过创设真实或模拟的体育情景，体验式教学法成了一种有效的激励手段。例如，在教授足球技巧时，教师可以设计一场模拟比赛，让学生在实战中体验足球的乐趣。这样的情景不仅能吸引学生的注意力，还能激发他们的好奇心和求胜欲，使他们更加主动地参与体育活动。通过亲身参与和体验，学生能够感受到体育的魅力和乐趣，从而培养对体育的热爱和兴趣。

（2）培养学生的体育意识

体验式教学法在体育教学中能够培养学生的体育意识。在体育活动中，学生不仅需要掌握技能，还需要理解体育的价值和意义。通过亲身体验，学生能够更加深入地感受到体育的魅力和作用，从而培养正确的体育观念和价值观。例如，在篮球

① 山西省教育科学"十四五"规划 2023 年度专项课题
课题名称：基于 OBE 理念下高校体育公共课教学改革创新研究
课题编号：SZH－230043

训练中，教师可以组织学生进行团队合作和竞技对抗，让学生体验到团队合作的力量和竞技精神的内涵。这样的体验有助于培养学生的体育意识，使他们更加深入地理解体育的意义和价值。

（3）改善体育教学效果

体验式教学法在体育教学中还能显著改善教学效果。传统的体育教学方法往往注重技能的传授和练习，而忽视了学生的主体地位和主动性。体验式教学法则强调学生的亲身参与和体验，使学生能够更加深入地理解和掌握体育技能。通过亲身实践，学生能够更加直观地感受到技能的运用和要领，从而更好地掌握和运用所学技能。同时，体验式教学法还能够激发学生的学习兴趣和动力，使他们更加积极地投入体育学习。这样的教学方式不仅能够提高学生的学习效果，还能够培养他们的自主学习能力和终身运动习惯。

2. 体验式教学法的具体实施方法

（1）合理创设教学情景

创设教学情景是教师在教学过程中非常重要的一环。情景的设计应紧密结合教学内容，充分考虑到学生的年龄、兴趣和认知特点。情景既可以是现实的、生动的，也可以是抽象的、富有想象力的。例如，在科学课上，教师可以设计一个模拟的实验室环境，让学生在实践中学习和探索；在历史课上，教师可以借助多媒体手段，再现历史事件，让学生仿佛置身于那个时代。这样的情景不仅能吸引学生的注意力，还能激发他们的好奇心和探索欲望，使他们更加主动地参与学习。

（2）不断完善教学方法

教学方法的选择和运用直接关系到教学效果。在教学过程中，教师应时刻保持敏锐的洞察力，关注学生的学习状态和反馈。如果发现学生在某个知识点上存在困难，或者对某种教学方法不感兴趣，教师就应该及时调整教学策略。此外，教师还可以定期进行教学反思，总结教学经验，与其他教师交流分享，从而不断完善和优化自己的教学方法。这样不仅能确保教学活动的顺利进行，还能不断提高教学质量，促进学生的全面发展。

（3）培养学生的自我意识

教师应该通过引导学生参与各种实际活动，鼓励他们反思自己的学习过程和行为，从而帮助他们更好地理解自己。例如，在课程中，教师可以组织学生开展小组讨论、案例分析等活动，然后引导学生思考自己的表现，从中发现自身的不足，寻找改进的方法。通过这种教学方式，学生可以逐渐培养自我意识，提高自主学习能力，为未来的学习和生活打下坚实的基础。

（4）关注学生的情感体验

在体育活动中，学生的情感体验对于学习效果和心理健康都具有重要影响。教师应该密切关注学生的情感体验，及时发现他们的情绪变化，给予积极的反馈和支持。例如，在体育课上，教师应该根据学生的实际情况，合理安排教学内容和难度，让学生在学习过程中保持愉悦的心情。教师还可以通过表扬、鼓励等方式，激发学生的自信心和学习热情。在关注学生情感体验的基础上，教师还可以开展心理健康教育，帮助学生建立积极的情感态度，促进身心健康发展。这样不仅可以提高学生的学习效果，还能培养他们的身心健康素质。

（二）合作式教学法

合作式教学法是一种以小组合作为基础，通过学生间的相互协作与交流，共同完成任务的教学方法。在信息化时代的高校体育教学中，合作式教学法具有重要的应用价值。

1. 合作式教学法的运用价值

（1）激发学生学习的动力，提高学生学习的兴趣

合作式教学法是一种能够激发学生学习动力和提高学习兴趣的有效方法。在体育教学中，通过小组合作的形式，可以让学生共同参与活动，互相学习、互相帮助。当学生在小组合作中取得成功时，他们会体验到成功的喜悦，从而激发他们更加努力学习的动力。同时，小组成员间的交流与合作也能让学生更加热爱体育活动，积极参与其中，形成良好的学习氛围。

（2）提高学生对体育运动的认知

在小组合作的过程中，学生需要共同探讨和解决问题，这种互动学习方式有助于他们深入理解体育运动的本质和规律。当学生在小组合作中交流思想、分享经验时，他们可以从中学习到更多的知识和技能，提高对体育运动的认知。这种学习方式不仅能够促进学生的体育学习，还能够培养他们的思维能力和创造力。

（3）提高学生的体育素养

通过小组合作，学生可以在实践中学习如何与他人协作、沟通，从而培养良好的团队精神和集体荣誉感。在小组合作中，学生需要相互配合、协调行动，这种体验能够让他们更好地理解和体验团队协作的重要性。同时，在小组合作中，学生还能够学习到如何与他人进行有效的沟通，这对于提高他们的体育素养和人际交往能力都非常有益。通过合作式教学法，不仅可以提高学生的体育技能，还可以促进他们的全面发展。

2. 运用合作式教学法的注意事项

（1）合理分组

在小组合作中，合理分组是至关重要的。教师在分组时，必须深入了解每个学生的能力水平、兴趣爱好和性格特点。通过综合考虑这些因素，可以将学生分配到不同的小组中，确保每个小组的成员在能力、兴趣和性格上具有一定的互补性。这

样的分组有利于发挥每个学生的优势，促进小组间的交流与合作，从而更好地实现小组合作的目标。

（2）合理分工

在小组合作过程中，分工的明确性直接关系到活动的效率和成果。教师应引导学生根据自己的特长和兴趣，明确每个成员在小组中的职责和任务。这样不仅能确保每个学生参与活动，还能避免"搭便车"现象的发生。同时，教师应定期检查和调整分工，确保每个成员都有机会扮演不同的角色，从而全面发展自己的能力。

（3）设计合作内容

合作内容的设计是小组合作成功的关键。教师在设计合作内容时，应充分考虑学生的实际水平和教学目标。内容应具有挑战性，以激发学生的学习兴趣和求知欲；同时，内容还应具有实际意义，使学生能够在实际操作中学习和成长。教师还应根据学生的反馈和表现，不断调整和优化合作内容，确保小组合作的效果达到最佳。

（4）注意合作中的自主探索和合作交流

在小组合作中，自主探索和合作交流是相辅相成的两个重要环节。自主探索能够培养学生的独立思考能力和创新精神，让他们在面对问题时能够主动寻求解决方案。合作交流则有助于学生在互动中互相学习、互相启发，共同提升。教师在小组合作中应该给予学生充分的自主探索空间，同时也要引导他们进行有效的合作交流，让他们在互相尊重、互相倾听的氛围中共同进步。这样，学生不仅能够更好地完成任务，还能够在此过程中培养团队协作精神和沟通能力。

（5）交流与评价

小组合作结束后，交流与评价是非常重要的一环。教师可以通过组织学生进行交流与评价，让他们分享在合作过程中的体验和收获，同时也能够了解他们在合作中遇到的问题和困难。在评价过程中，教师应该给予学生积极的反馈和建议，肯定他们的努力和成果，同时也要指出他们需要改进的地方。这样的评价方式不仅能够激励学生在今后的学习中更加努力，还能够帮助他们更好地认识自己，提升自己的能力和素质。

（三）分层教学法

分层教学法是一种根据学生的学习水平、能力差异或兴趣爱好进行分组教学的方法。在高校体育教学中，通过分层教学，教师可以针对不同层次的学生制订相应的教学计划和内容，从而更好地满足学生的个性化需求。

1. 分层教学法的实施步骤

（1）评估学生水平

要全面评估学生的体育基础、技能熟练度以及个人兴趣爱好。通过体能测试、技能考核和问卷调查等方式，搜集学生的具体信息，以便更准确地了解他们的体育水平和需求。这样的评估有助于为每个学生提供更有针对性的教学。

（2）分组教学

根据学生的评估结果，将他们分为不同的学习小组。确保每个小组内的学生水平相近，这样教师可以针对每个小组的特点制订相应的教学计划和内容，以满足不同学生的需求。分组教学有助于提高教学效果和学生的学习积极性。

（3）制订教学计划

针对不同层次的小组，制订具有针对性的教学计划和内容。计划应涵盖教学目标、教学内容、教学方法和评价方式等方面。确保教学内容与学生的实际水平相匹配，教学目标具有可达成性。这样的教学计划有助于提升学生的学习效果和满意度。

（4）灵活调整

在教学过程中，教师要密切关注学生的实际表现和反馈。根据学生的学习进度和反馈意见，灵活调整教学计划和内容。例如，可以适当调整教学难度、增加实践环节或改变教学方法等。这样的灵活调整有助于确保教学效果，并提高学生的学习兴趣。

2．分层教学法的优势

（1）满足个性化需求

在教育实践中，每个学生都有独特的学习方式和速度，以及不同的兴趣和需求。分层教学法正是基于这一认识，允许教师根据学生的实际水平和需求进行教学设计。这样，教师可以为不同层次的学生提供不同的教学内容和方法，从而确保每个学生都能在最适合自己的学习环境中获得最佳的发展。这样的教学方式不仅能够更好地满足学生的个性化需求，还能够激发学生的学习兴趣，增强他们的学习动力。

（2）提高教学效果

分层教学法的核心思想是针对不同层次的学生进行针对性的教学。这意味着教师可以根据学生的实际水平和学习需求，制订符合他们认知规律的教学计划，提供适合他们的学习资源和练习。这样，学生可以在自己的基础上逐步前进，避免因为教学内容过难或过易而产生挫败感或无聊感。同时，教师也可以根据学生的反馈和表现，及时调整教学策略，确保教学效果的最大化。因此，分层教学法能够更有效地提高学生的学习效果，帮助他们更好地掌握知识和技能。

（3）促进学生之间的交流与合作

在分层教学法中，同一层次的学生通常会被安排在一起学习。这样的安排为学生之间的交流与合作提供了便利。在同一层次的学生之间，他们可以分享彼此的学习经验和方法，互相帮助解决问题，共同提高。这种交流与合作不仅能够增强学生的团队意识和协作能力，还能够促进他们之间的友谊和信任。通过交流与合作，学生还可以发现自己的不足和需要改进的地方，从而更有针对性地进行学习和提高。因此，分层教学法不仅有利于提高学生的个人学习效果，还有助于培养学生的团队合作能力和沟通能力。

（四）即兴展现教学法

即兴展现教学法是一种注重学生个性发挥和创造力培养的教学方法。在体育教学中，通过即兴展现，学生可以根据自己的理解和想象，自由发挥，创造出独特的动作和表现方式。

1. 即兴展现教学法的实施方法

（1）提供主题或情景

教师为学生设定一个"篮球比赛中的关键时刻"的主题，描述了一场紧张刺激的篮球赛：比赛即将结束，双方比分紧咬，现在是决定胜负的关键一投。

（2）引导学生自由发挥

教师鼓励学生在这个设定下，根据自己的理解和创意，想象自己就是那个即将投篮的篮球运动员。学生可以自由地设计他们的投篮动作，可以是常规的跳投，也可以是独特的后仰跳投，甚至可以是创新的转身跳投，关键是要展现出他们对这个关键时刻的理解和情感投入。

（3）提供反馈和指导

在学生进行即兴表现的过程中，教师会仔细观察他们的动作和表现，并及时给予反馈和指导。例如，对于投篮动作不够流畅的学生，教师可以建议他们改进手部和身体的协调；对于表情过于紧张的学生，教师可以鼓励他们放松心态，更好地投入比赛情景。

2. 即兴展现教学法的价值

（1）培养创造力

在现代教育中，培养学生的创造力尤为重要。即兴展现教学法通过为学生提供一个自由、开放的学习环境，鼓励他们自由发挥和创造，充分激发他们的想象力和创新精神。在这种教学方法下，教师不再是传统的知识传授者，而是学生创造力的引导者和支持者。学生在即兴展现的过程中，不仅可以学习到新的知识和技能，还可以在不断尝试和探索中，培养出独特的创造力和想象力，为未来的学习和生活打下坚实的基础。

（2）提高自信心

自信心是一个人成功的关键。通过即兴展现教学法，学生有机会在众人面前展示自己的才华和创意，从而感受到自己的价值和能力。这种被认可和肯定的感觉，会极大地提升学生的自信心和自尊心。即兴展现的过程本身也是一种挑战和突破自我的过程，学生在不断尝试和实践中，会逐步克服自卑和紧张的情绪，培养出更加积极、自信的心态。这种自信心的提升，不仅有助于学生在学业上进步，还会对他们未来的职业生涯产生深远的影响。

（3）增强体育意识

体育运动不仅是锻炼身体的重要方式，还是培养学生综合素质的有效途径。通过即兴展现教学法，学生可以在参与体育运动的过程中，更加深入地理解和体验其魅力。这种方法不仅让学生感受到体育运动的乐趣和挑战，更能够让他们认识到体育运动对于身心健康、团队合作和个人成长的重要性。在即兴展现的过程中，学生需要充分发挥自己的体能和智力，与团队成员紧密配合，共同完成任务。这种经历会让学生更加珍惜体育运动的机会，从而加深对体育的认识和兴趣。这种教学方法也有助于培养学生的竞争意识和团队精神，为他们未来的社会生活和职业发展打下坚实的基础。

（五）掌握学习教学法

掌握学习教学法是一种强调学生对知识和技能的掌握程度，以及自我学习和自我评价能力的教学方法。在高校体育教学中，掌握学习教学法可以帮助学生更好地掌握体育技能和知识，提高自我学习和评价能力。

1. 掌握学习教学法的实施步骤

（1）明确学习目标

为了确保学生在体育课程中进行有效学习，教师首先要为他们明确具体的学习目标。这些目标不仅包括技术动作的掌握，还包括运动原理、健康知识的理解和应用。教师会详细解释每项目标的意义和重要性，确保学生清楚自己需要达到的标准。

（2）提供学习资源

为了满足学生多样化的学习需求，教师会准备丰富的学习资源。这些资源包括体育教材、在线视频教程、运动案例分析等，旨在帮助学生从不同角度和层面了解体育知识与技能。同时，教师还会引导学生有效利用这些资源，提升自主学习的效果。

（3）鼓励自我学习

在体育教学中，教师非常重视学生的自主学习和探究能力。为此，教师会鼓励学生根据自己的兴趣和能力，自主选择学习内容和方式。在这个过程中，教师会提供必要的指导和支持，如解答疑问、提供建议等，以确保学生能够顺利掌握体育技能和知识。

（4）自我评价与反馈

在完成体育学习任务后，学生需要根据预先设定的学习目标进行自我评价。其中包括反思自己在技术动作、理论知识等方面的表现，找出自己的不足和需要改进的地方。教师也会根据学生的表现和反馈，提供针对性的建议和指导，帮助学生不断完善和提高自己的体育技能与知识水平。这种双向的评价与反馈机制有助于形成积极的学习氛围，促进学生的全面发展。

2. 掌握学习教学法的优势

（1）提高学习自主性

掌握学习教学法强调学生的中心地位，鼓励他们主动参与学习过程，积极探索和发现问题。教师可以通过设计富有挑战性的学习任务，激发学生的学习兴趣和好奇心，使他们从被动的学习者转变为积极的知识构建者。同时，教师还可以提供适当的指导和支持，帮助学生制订学习计划，培养自主学习和自我管理的能力。这样的教学方式有助于提高学生的学习自主性和积极性，使他们更加愿意投入时间和精力进行学习。

（2）增强自我评价能力

在掌握学习教学法中，自我评价是一个重要的环节。学生可以通过自我评价检查自己的学习进度和效果，及时发现自己的不足和错误，从而调整学习策略和方法。同时，教师还可以引导学生进行互评和反馈，帮助他们更加客观地评估自己的能力和水平。通过这样的评价方式，学生可以更加清晰地认识自己的优点和不足，进而制订针对性的学习计划，提高自己的学习效果和能力水平。

（3）促进知识技能的掌握

掌握学习教学法注重学生对知识和技能的实际掌握程度。教师可以通过多种教学方式，如讲解、示范、练习、游戏等，帮助学生深入理解和掌握所学内容。同时，教师还可以根据学生的实际情况和学习进度，提供个性化的辅导和支持，帮助他们克服学习中的难点和困惑。在这样的教学环境中，学生可以更加深入地理解和掌握体育技能与知识，从而更加自信地应用到实际生活中去。

二、信息化时代高校体育教学中其他教学新方法

（一）探究式教学法

探究式教学法是一种以学生为中心，引导学生主动参与、自主探究、发现问题

并解决问题的教学方法。在体育教学中，探究式教学法可以帮助学生更深入地理解体育知识，提高解决问题的能力，并培养创新思维。

1. 探究式教学法的实施步骤

（1）提出问题

在教学过程中，教师深入了解学生的学习背景和兴趣点，结合教学内容，设计出一个能够引发学生思考和探究的问题。这个问题不仅要与学生的日常生活相关，还要有一定的科学性和探究性，以激发学生的好奇心和求知欲，使他们愿意主动投入解决问题的过程中。

（2）学生自主探究

面对教师提出的问题，学生不再是被动的接受者，而是主动的探索者。学生利用图书馆、网络等资源，查阅相关资料，获取解决问题的线索。同时，他们会通过观察和实验，搜集实际数据，验证理论知识的正确性。在这个过程中，学生需要独立思考，分析讨论，寻找解决问题的最佳途径和方法。这不仅锻炼了学生的思维能力，也提高了他们的动手能力和解决问题的能力。

（3）交流讨论

在自主探究的基础上，学生将自己的探究结果与其他同学进行分享和交流。他们可以通过报告、展示、讨论等形式，展示自己的探究过程和成果。在这个过程中，学生可以相互学习，取长补短，共同提高。通过讨论和辩论，学生可以更加深入地理解问题，发现问题的多个方面和角度，拓宽自己的思维视野。

（4）教师总结指导

在学生完成自主探究和交流讨论后，教师需要对整个过程进行总结和评价。教师需要肯定学生的努力和成果，指出他们在探究过程中的亮点和不足。同时，教师还需要提供必要的指导和建议，帮助学生进一步完善和提高。这不仅可以帮助学生更好地理解问题，也可以为他们今后的学习和生活积累宝贵的经验。

2. 探究式教学法在高校体育教学中的优势

（1）培养创新思维

探究式教学法在体育课堂中的应用，是一种教育理念的深刻变革，彻底改变了传统意义上教师主导、学生被动接受知识的教学模式。探究式教学法鼓励学生从多个维度审视和思考问题，而不是局限于单一的视角。他们需要深入理解体育运动的规则、技术要领以及策略运用，通过自主观察、思考和实践，积极寻找解决问题的最佳途径。

教师的角色不再仅仅是知识的传递者，更是学生探索和学习的引导者与协助者。

他们需要创设开放、探索性的学习环境，提供丰富的学习资源和情景，激发学生的好奇心和求知欲，引导他们逐步形成发现问题、分析问题、解决问题的思维方式。

在探究式体育教学中，学生是主角，他们需要独立完成研究设计、实施以及结果反思的过程。这整个过程中，不可避免地会遇到各种困难和挑战，甚至可能经历失败。但正是这些挫折，成了他们宝贵的经验来源。每次的尝试、每次的失败，都会使他们调整策略，改进方法，从而培养了他们坚韧不拔的毅力和自主创新的能力。

（2）提高学习主动性

在传统的教学模式中，学生的角色往往被定位为知识的被动接受者，教师主要负责传授预设的知识内容，学生在课堂上的活动也多是围绕听讲、记忆、复述教师讲授的知识点进行。这种教学方式下，学生的主动性受到一定程度的限制，往往缺乏独立思考和探索新知的机会。

与之相反，探究式教学法的核心在于强调学生的主体性和主动性。在探究式教学中，学生不再是旁观者或接受者，而是被鼓励主动参与到知识发现与建构的过程中。具体来说，学生需要学会如何针对特定主题或问题提出自己的见解和疑问；设计并优化解决方案，包括实验操作步骤、数据搜集方法等；亲自实施设计方案，观察现象，搜集证据；通过对所得信息的深度分析，得出结论并验证自己的假设。

这样的教学方式旨在培养学生的自主学习能力、批判性思维能力和解决问题的能力，从而激发他们对学习的内在动力。通过亲身参与探究过程，学生不仅能更深刻地理解和掌握知识，还能体验到发现的乐趣和成就感，进而更加积极地投入未来的学习和挑战中，最终获得更高效、更全面、更个性化的学习效果。

（3）促进知识理解

通过探究式学习，学生在体育领域的学习方式经历了深刻的变革，不再是接受现成的体育规则和技巧，而是通过主动参与、积极探究，在实践活动中深入理解和掌握体育知识与技能。在探究的过程中，学生需要与同伴进行深入的交流和讨论，通过思想的碰撞和摩擦，不断深化对体育知识的理解。这样的学习方式不仅让学生更加扎实地掌握体育知识，还提高了他们的学习质量。

（二）移植教学法

移植教学法是一种将其他学科领域的知识、技能或方法引入体育教学，以实现教学目的和效果优化的教学方法。在体育教学中，移植教学法可以帮助学生更好地理解和应用体育知识，提高学习效果。

1. 移植教学法的实施方法

（1）确定移植内容

教师应深入研究教学内容，并全面了解学生的知识储备和学习兴趣。选择与其他学科相关且能够增强教学效果的知识、技能或方法，确保移植的内容既有趣又有教育价值。例如，在教授历史课程时，可以引入地理学的知识解释历史事件的地理背景，增强学生对历史事件的理解。

（2）设计教学方案

教师应根据学生的年龄、认知能力和学习特点，制订针对性的教学方案。方案应明确教学目标，合理安排教学内容，选择恰当的教学方法，如案例分析、小组讨论、角色扮演等。同时，教学方案还应注重激发学生的学习兴趣和积极性，确保他们能够主动参与学习。

（3）实施教学

教师应遵循教学方案，注重引导学生深入思考和探索。通过讲解、示范、讨论等方式，帮助学生理解并应用移植的知识、技能或方法。同时，教师还应关注学生的反应和需求，及时调整教学策略，确保教学效果的最大化。

（4）评价反馈

教师可以通过作业、测试、课堂表现等方式搜集学生的反馈信息，对教学效果进行客观评估。根据评估结果，教师应及时调整教学方案和方法，以满足学生的学习需求。此外，教师还应与学生保持沟通，听取他们的意见和建议，共同促进教学质量的提升。

2. 移植教学法在高校体育教学中的价值

（1）拓宽学生视野

移植教学法在体育领域中的应用，不是局限于传统的体育技能传授，而是将体育教育与多元学科知识体系进行有效融合，从而极大地拓宽了学生的学术视野和知识面。这种教学方法鼓励学生跨不同学科领域，通过跨学科视角审视和解析体育，使体育课堂内容变得更加丰富多元，富有深度和广度。

在体育教学中，教师可以巧妙地引入数学、物理、心理学等其他学科的知识，将体育技巧的学习与这些学科的理论知识相结合，实现知识与技能的双重提升。例如，在教授篮球运动中的投篮技巧时，教师可以借助物理学中的力学原理，详细解释投篮时角度、速度和力量三者之间的密切关系。通过计算和模拟，让学生直观理解投篮弧度、球速与进球率之间的数学规律，这不仅能帮助学生更准确地掌握篮球技巧，还能让他们意识到体育技能背后蕴含的科学逻辑，从而提升他们对体育科学性的认知。

同时，这样的教学方式也鼓励学生在其他学科中寻找与体育的交集，激发他们

139

的学习兴趣和好奇心。当学生意识到体育并非孤立于知识体系之外，而是与数学、物理、心理学等学科有着千丝万缕的联系时，他们便会更加积极主动地参与体育学习，以探索未知的热情发掘体育的无穷魅力。这种跨学科的教学方法不仅提升了学生的体育技能，也促进了他们在其他学科领域的学习兴趣和综合素质的发展。

（2）提高学习效果

移植教学法在体育教学中堪称一种创新的教育手段。它巧妙地融合了不同学科领域的知识、技能和方法，为体育教育带来了崭新的气息和活力。这一教学方法的核心在于打破学科界限，将一个学科的知识体系、技能训练或思维模式引入另一个学科领域，从而实现跨学科的交互式学习。在体育教学中引入音乐学科知识就是一个例子。在教授舞蹈课程时，教师不再仅仅局限于舞蹈动作的教学，而是借助音乐学科的知识体系，引导学生理解舞蹈与节奏、拍子之间的紧密联系。通过让学生分析音乐的旋律、节奏和拍子，帮助他们感知舞蹈的韵律美感，不仅能够让学生从全新的角度理解和感受舞蹈艺术，更能提升他们舞蹈动作的协调性、节奏感和肢体表现力。这样的教学方式不仅提升了学生对体育技能的学习效果，还间接地培养了他们的审美能力和艺术鉴赏力。

（3）促进学科交叉融合

移植教学法作为一种富有前瞻性和突破性的教育理念，强调不同学科领域之间的深度交叉融合与互动交流。这一方法论为体育教学注入了全新的活力，并为其未来的创新与发展打开了广阔的大门。在移植教学法的驱动下，体育教师不再孤立于其他学科之外，而是开始积极寻求与各科教师的深度合作，共同研究和探索如何将各自领域的知识体系、技能训练及思维模式巧妙地融入体育课程之中。

例如，体育教师可以充分利用计算机科学教师擅长的虚拟现实技术和动画仿真手段，构建出以往难以实现的立体化、高仿真度的运动场景。在这样的环境中，学生能够身临其境地参与各类体育项目，不仅提升了技能学习的效率，也增强了团队协作能力和空间感知力。通过与心理学教师的紧密合作，体育教师可以借助心理测试工具，精准把握学生的运动心理状态，运用心理学原理设计出针对性的心理调适方案和干预策略。这有助于学生在面对挑战时保持积极乐观的心态，提高运动中的自信心和竞技水平。

这种跨学科的合作模式不仅推动了体育教学方式的根本变革，也为其他学科领域带来了全新的发展视角和思路启示。促使各科教师不得不思考：如何将本学科的知识与体育相结合，如何借助体育这个载体促进学生的综合素质发展？这样的反思与探索无疑为教育领域注入了源源不断的创新活力，推动了教育事业向着更加综合化、人性化和科学化的方向发展。

（三）难度增减教学法

难度增减教学法是一种根据学生的学习进度和能力水平，适时调整教学难度的教学方法。在体育教学中，难度增减教学法可以帮助学生在挑战中不断成长，提高技能水平。

1. 难度增减教学法的实施步骤

（1）评估学生能力

在教学活动开始前，对学生的体育能力进行全面的评估是至关重要的。这可以通过体能测试、技能测试、问卷调查等方式进行。了解学生的体育基础、体能状况、运动技能等实际情况，以及他们在体育方面的潜力和兴趣，有助于为后续的教学内容和难度设定提供准确的依据。

（2）设定初始难度

根据学生的能力评估结果，教师应该为学生设定一个合适的初始教学难度。这个难度应该既能让学生感到压力，又不会过于困难以至于让他们失去信心。例如，在教授篮球运球技巧时，对于初学者可以设定基础的运球动作和速度要求，而对于有一定基础的学生则可以设定更复杂的运球组合和更高的速度要求。这样的设定能够确保每个学生都能在合适的难度下开始学习，从而获得良好的教学效果。

（3）逐渐增加难度

随着学生技能的提高和学习的深入，教师应该逐步增加教学难度，以不断挑战学生的能力极限并促进技能的提升。例如，在篮球运球训练中，当学生掌握了基本的运球技巧后，教师可以逐步引入更复杂的运球组合和更快的运球速度，让学生逐渐适应更高的难度。这样的教学方式能够激发学生的学习兴趣和动力，使他们不断超越自我，实现技能的提升。

（4）适时调整难度

在教学过程中，教师应该密切关注学生的实际表现和学习反馈，根据实际情况适时调整教学难度。如果学生表现出对某个难度级别的内容感到过于困难或过于简单，那么教师应该及时调整难度级别，以确保学生的学习体验和学习效果。例如，在篮球投篮训练中，如果学生发现某个投篮距离的命中率较低，那么教师可以适当缩短投篮距离或调整投篮角度，以帮助学生逐步适应并提高命中率。这样的调整能够保持学生的学习动力和兴趣，使他们更好地掌握体育技能。

2. 难度增减教学法在高校体育教学中的优势

（1）实现个性化教学

首先需要对每个学生的能力水平和学习进度进行评估；其次根据评估结果，制

— 141 —

订针对性的教学计划和教学内容。在教学过程中，教师需要根据学生的实际情况，随时调整教学难度和教学方法，确保每个学生都能在适合自己的难度下进行学习。这样可以满足不同学生的需求，让每个学生都能在学习中取得进步。

（2）在挑战中成长

教师需要根据学生的实际情况，逐步增加教学难度，让学生在挑战中不断提高技能水平。同时，教师还需要及时给予学生反馈和指导，帮助他们克服困难和挑战。通过这种方式，学生可以逐渐增强自信心和成就感，从而更加积极地投入学习。

（3）提高教学效果

教师需要密切关注学生的实际表现和学习反馈，及时调整教学难度和教学方法。同时，教师还需要根据学生的需求和学习特点，设计更加生动、有趣的教学内容，激发学生的学习兴趣和积极性。这样可以提高教学效果和学生的学习满意度，让学生在轻松愉快的氛围中取得更好的学习成绩。

（四）逆向思维教学法

逆向思维教学法是一种引导学生从相反或对立的角度去思考和解决问题的教学方法。在体育教学中，逆向思维教学法可以帮助学生突破传统思维模式，发现新的解决方案。

1. 逆向思维教学法的实施方法

（1）提出问题

教师针对某个常见的生活或学习问题，如"如何提高学习效率"，提出情景并要求学生从传统思路出发，给出他们认为行之有效的解决方案。比如，学生可能会提出制订学习计划、减少干扰等方法。

（2）引导逆向思考

教师随后引导学生换一种思维方式，即逆向思考。让他们考虑与传统方案相反或对立的方法，比如，是否可以不制订计划，而是随时调整自己的学习方向？是否可以接受一定程度的干扰，以换取更宽广的视野和灵感？

（3）讨论与交流

每个学生都有机会分享他们的逆向思考结果，班上其他同学则进行积极的讨论和交流，互相分享自己的见解，倾听他人的意见，并对各种解决方案进行比较和评估，通过集体的智慧，挖掘出更多可能性和新的思路。

（4）总结与评价

教师对学生的逆向思考成果进行梳理和评价，强调逆向思维对于突破传统思维定式，寻找创新解决方案的重要性。鼓励学生将这种思维方式运用到更多的学习和生活场景中，以培养自己的创新思维能力和解决问题的能力。

2. 逆向思维教学法在高校体育教学中的价值

（1）培养创新思维

逆向思维教学法作为一种富有创新性和前瞻性的教育策略，其价值与意义在于积极地鼓励学生打破常规，挑战既有思维模式和认知框架。这种教学方法强调对传统观念的批判性接受，甚至敢于质疑和突破传统的认知边界，从而引导学生进入一个更为广阔、自由的思维空间，让他们能够以新颖、独特甚至颠覆性的方式审视和解决问题。

逆向思维教学法通过引导学生在面对问题时从对立面或相反角度进行深入思考，使他们发掘隐藏的问题本质，找到被忽视的解决方案。这种过程不仅锻炼了他们的逻辑思维能力和辩证分析能力，还激活了他们的创新思维和创造力。逆向思维教学法旨在培养具有独立思考能力和创新精神的人才，为他们未来在学术研究、职业发展乃至人生道路上应对各种挑战奠定了坚实的基础。通过这种方式，逆向思维教学法不仅仅提升了学生的知识技能，更重要的是塑造了他们的创新人格，为他们铺设了一条通往成功和创新之路。

（2）拓宽解决方案

这种教学方法，通过鼓励学生从多个角度和层次深入思考与解决问题，打破了传统线性、单一思维模式的束缚，让学生在思考过程中学会灵活变通，不断尝试新的视角和方法。在这样一个开放性、探索性的学习环境中，学生不仅能够发掘出问题背后的深层本质，还能通过跨界融合和创新集成，找到更具创新性和实效性的解决策略。这对他们而言无疑是一种全新的挑战和机遇，能够成功地将理论知识与实践情景紧密结合，有效提升其理论联系实际的能力。

采用这种教学模式，不仅可以使学生在学业上取得更好的成绩，还能在未来的人生道路上具备更强的适应性和竞争力。因为在现实生活中的问题往往错综复杂，涉及多方面因素，而这种教学方法正是通过模拟真实情景，让学生在校园环境中提前锻炼和提高了在复杂环境中独立思考、综合分析、精准判断以及灵活应对的能力。这意味着他们在未来的职业生涯中，无论面临何种挑战和困境，都能够凭借这种批判性思维和创新能力，迅速适应环境，找到解决问题的突破点，从而实现个人价值和社会价值的最大化。

（3）增强学生动力

这种体育教学方法的设计，旨在让学生在参与体育活动的过程中体验到更为丰富多样的趣味性和挑战性，从而有效激发他们积极探索未知领域、不断挑战自我极限的强烈欲望。相较于传统单向传授的教学方式，这种新方法鼓励学生从被动接受知识转变为积极主动的学习参与者。

在这种教学模式下，学生不再是观望者，而是体育知识和运动技能的发现者。他们会在探索与挑战并存的学习路径中，逐步磨砺技艺，体验从初次尝试到熟练掌握的每个阶段，感受成长与进步的喜悦。每次对新技术的学习掌握，每次对个人最佳成绩的突破，甚至每次跌倒后的站起，都将成为他们内心深处深刻的成功体验和满足感源泉，进而更加坚定他们对体育学习的热爱之情，以及对全面成长过程的珍视。

（五）情景教学法

情景教学法是一种通过模拟真实生活场景或工作环境，让学生在具体情景中学习和应用知识的教学方法。在体育教学中，情景教学法能够帮助学生更好地理解运动技能的实际应用，提高他们的学习兴趣和积极性。下面是实施情景教学法的关键步骤。

1. 情景设计

为了使学生更好地理解和应用体育知识，我们可以结合日常生活设计教学情景。例如，为学生设计一个校园运动会的场景，包括田径、球类等运动项目。这样的场景贴近学生实际，能够激发他们的学习兴趣，使他们在参与过程中自然而然地掌握相关技能和知识。

2. 情景模拟扩写

在体育课堂教学中，我们可以引导学生进入模拟的运动会场景。每个学生都可以扮演不同的角色，如运动员、裁判、观众等。通过模拟比赛、观看比赛、参与比赛等活动，学生可以更加深入地体验运动会的氛围，理解各角色的职责和任务，从而增强他们的参与感和实践能力。

3. 问题解决

在模拟的运动会场景中，我们可以设置一些问题和挑战，让学生在实践中解决问题。例如，在田径比赛中，可以故意设置跑道上的障碍物，让学生思考如何调整步伐和策略加以应对；在球类比赛中，可以设置一方队员突然受伤离场的情况，让学生思考如何调整战术和人员配置来保持比赛优势。通过这些问题和挑战，学生可以学会运用所学知识解决问题，提高他们的应变能力和实践能力。

4. 反思与评价

在情景模拟结束后，我们可以引导学生进行反思和评价。首先，可以让他们回顾自己在情景中的表现，总结自己在技能运用、团队合作、问题解决等方面的经验和教训。其次，可以组织学生进行互相评价，让他们从他人的角度看到自己的优点和不足。最后，教师可以对学生的表现进行总结和点评，给予肯定和鼓励，同时也指出需要改进的地方和建议。通过这样的反思和评价，学生可以更加深入地认识自己的优势和不足，为今后的学习和实践提供有益的参考。

情景教学法能够帮助学生将理论知识与实践相结合，提高他们的综合应用能力和创新能力。

（六）案例教学法

案例教学法是一种以实际案例为基础，通过分析和讨论案例培养学生解决问题能力的教学方法。在体育教学中，案例教学法能够帮助学生深入理解运动技能的实践应用，提高他们的分析能力和团队协作能力。下面是实施案例教学法的具体环节。

1. 案例选择与设计

精心挑选能够反映体育实践中常见问题与挑战的真实案例。在保留案例原貌的基础上，进行适当的改编，使其既符合教学需要，又能体现学科前沿。通过案例选择与设计，引导学生从多个角度进行深入思考。

2. 案例分析与讨论

在分析案例时，注重引导学生运用所学理论知识和方法，挖掘案例背后的原理和方法。鼓励学生提出不同观点，进行充分讨论，形成多元化的思维碰撞。

3. 案例呈现与讲解

利用多媒体课件、视频资料等手段，生动形象地呈现案例内容。在讲解过程中，注重启发学生的思考，引导学生关注案例中的关键信息，帮助学生全面理解案例。

4. 学生参与与互动

鼓励学生积极参与案例讨论，表达自己的观点和建议。通过互动环节，增强学生的参与感和归属感，培养学生的团队合作精神和沟通能力。

5. 教师引导与评价

在讨论过程中，教师要及时给予引导和点拨，帮助学生厘清思路，解决困惑。同时，教师要对学生的发言给予积极评价，激发学生的积极性和自信心。

6. 理论与实践结合

在案例分析的基础上，引导学生将理论知识运用到实际运动技能练习中。通过实践操作，加深学生对理论知识的理解，提高学生的运动技能水平。

7. 案例分析总结

在案例讨论结束后，教师要进行总结和评价。总结案例中的重点知识和经验教训，评价学生在讨论中的表现。通过总结评价，帮助学生巩固所学知识和技能，为未来的学习和实践打下坚实的基础。

案例教学法在体育教学中具有重要作用。它不仅能够激发学生的学习兴趣和积极性，还能够提高学生的分析能力、解决问题能力和团队协作能力。同时，案例教学法还能够帮助学生将理论知识与实践相结合，提高他们的综合应用能力和创新能力。因此，在体育教学中，应该充分发挥案例教学法的优势，为学生提供更加生动、实用的学习体验。

（七）多元反馈教学法

多元反馈教学法是一种重视学生学习过程中多种反馈信息，以便及时调整教学策略和提高教学效果的教学方法。在体育教学中，这种方法通过搜集学生的不同反馈，帮助教师更好地了解学生的学习状态，从而提供针对性的指导。下面是实施多元反馈教学法的关键环节。

1. 设置多元化反馈渠道

为了全面搜集学生的意见和建议，学校应建立多元化的反馈渠道。可以设计详尽的调查问卷，涵盖课程内容、教学方法、教师表现等方面。同时，组织小组讨论，鼓励学生在小组内自由发言，分享学习体验。此外，开放个别交流渠道，如教师答疑时间或在线交流平台，确保每位学生都有机会表达自己的观点。

2. 搜集并分析反馈

为了深入了解学生的学习情况，教师需要定期搜集学生的反馈意见。可以通过课堂互动、作业批改、小组讨论等方式进行。搜集到反馈后，教师应进行深入分析，找出学生的学习难点和兴趣点，以及教学效果的不足之处。这样有助于教师更准确地了解学生的学习状态，为后续的教学调整提供有力依据。

3. 调整教学策略

根据反馈分析结果，教师应及时调整自己的教学策略。如果发现学生对某个知识点掌握不足，可以增加相关内容的讲解和练习；如果学生对某种教学方法不感兴趣，可以尝试换用其他教学方法。此外，教师还可以根据学生的实际情况，调整教学进度和难度，确保每位学生都能在课堂中进行有效的学习。

4. 提供个性化指导

每个学生都有自己的学习特点和需求，教师应根据学生的个体差异，提供个性化的指导和建议。对于学习成绩优异的学生，教师可以给予更高层次的知识拓展和挑战；对于学习困难的学生，教师可以提供额外的辅导和支持，帮助他们克服学习障碍。这样可以让每个学生都能感受到自己的进步和成长。

5. 持续沟通与反馈

为了保持教学过程的持续优化，教师需要与学生保持持续的沟通。可以通过定期的课堂讨论、作业反馈、个别交流等方式实现。在沟通过程中，教师应及时告知学生教学调整的原因和效果，鼓励他们积极参与教学过程并提出宝贵意见。同时，学生也应主动与教师沟通，表达自己的学习需求和困惑，共同推动教学质量的提升。

多元反馈教学法有助于提高体育教学的针对性和实效性，促进师生的互动和沟通，帮助学生更全面地发展。

（八）程序教学法

程序教学法是一种按照预先设定的程序和步骤进行教学的方法，强调教学的系统性和连贯性。在体育教学中，程序教学法能够确保学生按照一定的顺序和步骤逐步掌握运动技能，从而达到教学目标。下面是实施程序教学法的核心环节。

1. 制订教学计划

在开始教学之前，教师首先要根据教学目标和学生的实际能力，制订一份详尽的教学计划。这份计划应清晰地列出每一步的教学内容和目标，以及达到这些目标所需的时间和资源。它不仅是教师教学的指南，也是学生学习进度的参考。通过精心设计教学计划，可以确保教学过程有序、高效。

2. 分解技能动作

对于复杂的运动技能，教师需要将其分解为若干个基本且易于掌握的动作。这样做的好处在于，学生可以从基础开始，逐步积累经验和技能，最终掌握整个技能。例如，在学习篮球运球时，可以先从基础的手部姿势和运球节奏开始，再逐渐过渡到更复杂的运球技巧和战术运用。

3. 循序渐进教学

在教学过程中，教师应遵循循序渐进的原则。这意味着，教师应按照教学计划的步骤和顺序，逐步引导学生从基础开始学习和练习。每个阶段都要确保学生充分掌握和理解，再进入下一个阶段。通过这样的方式，学生可以逐步建立技能的基础，为后续的学习打下坚实的基础。

4. 及时评估与调整

在教学过程中，教师应对学生的学习成果进行定期评估。可以通过观察学生的练习情况、听取学生的反馈，以及设置具体的测试等方式实现。根据评估结果，教师应及时调整教学计划和教学方法，以适应学生的需求和进度。例如，如果发现某个动作对大多数学生来说较难掌握，教师可以考虑调整教学方法或增加训练时间。

5. 强化技能巩固

当学生基本掌握某个技能后，教师需要通过重复练习和巩固训练提高学生的技能水平与运用能力，如可以通过增加训练强度、提高训练难度、设置实际运用场景等方式实现。通过不断重复和巩固，学生可以更加熟练地掌握技能，并在实际中更加自如地运用所学技能。

程序教学法有助于培养学生的系统思维能力和自主学习能力，提高体育教学的效果和质量。在体育教学中，结合学生的实际情况和教学目标，灵活运用程序教学法，能够更好地促进学生的技能学习和全面发展。

第五章 信息化时代高校
体育教学模式的创新与发展研究

第一节 体育教学模式相关理论阐析

一、体育教学模式的概念

（一）不同学者对体育教学模式的定义

关于体育教学模式的概念，我国诸多专家与学者都提出了各自的观点。较具代表性的有以下几种。

方建新、俞小珍认为："体育教学模式是在一定的体育教学思想指导下，具有一定典型意义而相对稳定的课堂教学结构。它是一种可遵循的标准样式和标准结构。"

杨楠在体育教学模式方面的观点为："体现某种教学思想或规律的体育活动的策略和方式，它包括相对稳定的教学群体和教材、相对独特的教学过程和相应的教学方法体系。"

毛振明对体育教学模式的理解为："按照一定的体育教学理论或教学思想设计，具有相应结构和功能的体育教学理论或教学活动模型。"

（二）体育教学模式概念的界定

体育教学模式还没有统一的概念，对上述观点进行分析、归纳和总结，最终将体育教学模式的概念界定为："具有特定的体育教学思想，用以完成体育教学单元目标而设计的相对稳定的教学程序。"[①]

完整体育教学模式的结构如图 5-1 所示。

---

① 贾建康，宋效琦，蔡浩刚. 新时代高校体育教学模式改革与教师人才培养路径探索 [M]. 北京：中国书籍出版社，2023：33 – 35.

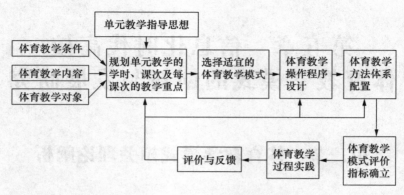

图 5-1　完整体育教学模式的结构

二、体育教学模式的构成要素

体育教学模式的构成要素有很多，这些要素之间相互联系、相互影响，其中某个构成要素会对其他构成要素以及体育教学模式的整体都产生相应的影响。体育教学模式的构成要素中，较为主要的有以下几个。

（一）体育教学思想

在体育教学模式的众多构成要素中，体育教学思想处于重要的思想基础地位。因为体育教学模式的成功构建是在一定的理论知识科学指导下进行的。同时，在不同理论的指导下构建的体育教学模式也存在较大的差异。

（二）体育教学目标

体育教学目标在体育教学模式中也是非常重要的，其意义主要体现在体育教学质量的提高方面。通常情况下，一个合理、准确的教学目标能引领体育教学向正确方向发展。科学构建体育教学模式，在体育课堂上合理选用教学模式以及对教学模式的改革创新，目的都是顺利推进教学计划，实现预期的教学目标，达到良好的教学效果。若教学目标不明确或者教学目标不现实，那么体育教学模式的构建与实施将毫无意义，也没有必要进行教学模式的革新。如果缺少体育教学目标，那么体育教学模式也就没有存在的价值和必要了。体育教学模式的效果如何，主要看学生通过体育学习有什么变化。体育教师会预先设想这种变化，即心中会有一个基本的目标，然后在课堂教学中通过实施体育教学模式达到这个目标，使学生通过每节体育课的学习都能有所收获，掌握知识，提高技能，增强体质。体育课堂教学的组织实施不是盲目的，每节课都有一个基本的主题，教师要围绕这个主题组织课堂教学，该主题的具体表现形式是课堂教学目标。在体育教学模式中居于核心地位的教学目标因素必然会对其他非核心因素产生巨大的影响。

（三）操作程序

无论什么学科的教学活动，都需要按照各自的操作程序进行，即按照科学合理的步骤进行，使教学活动的顺利开展和教学效果得到有效保证。在体育教学过程中，教师会合理安排与衔接好每个教学环节，各环节的教学工作不仅在时间上是连贯的，内在逻辑也是清晰的，这就体现了体育教学模式操作程序的合理性。在体育教学中采用不同的教学模式，需按不同的步骤和程序开展具体的教学工作，要注意不同教学模式的区别。这里要强调一点，虽然每个教学模式的实施程序基本稳定，但也不能完全不顾教学实际而生搬硬套，要结合实际灵活调整个别环节，否则将无法发挥教学模式应有的作用。

（四）实现条件

采用任何一种体育教学模式，都必须通过具体的教学方法予以落实，在教学模式的操作过程中，各环节都会用到一种或多种教学方法，这样才能保证教学模式的真正落实。这些具体的教学策略、方法就是体育教学模式的实现条件，也是推进操作程序的具体路径。体育教学模式的操作程序为体育教师选用教学方法提供了方向，避免了体育教师面对丰富多样的体育教学方法不知如何筛选或盲目筛选的现象。

体育教学模式的实现条件包含以下内容：

第一，物力条件，具体指体育教学的基础设施。

第二，人力条件，具体指体育教学的两大主体：教师和学生。

第三，动力条件，具体指体育教学内容、体育教学空间、体育教学时间。

（五）评价方式

体育教学模式的构建、实施、革新都是为实现预期的体育教学目标服务的，体育教学目标分多个层次，选择何种教学模式进行体育课堂教学，要视体育教学目标的层次、类型及具体目标而定。选择不同的教学模式，就要按不同的教学程序开展各环节的教学工作，且要创造不同的教学条件。为判断体育教学模式的有效性，需加强对各模式的科学评价，以了解各教学模式能达到的教学效果与预期教学目标之间有哪些差距。在体育教学模式评价工作中，确认评价标准和选择评价方法是非常重要的两个方面，评价标准与方法的设定和选择要视具体的体育教学模式而定，不能将一套评价标准或一种评价方法用于各种体育教学模式的评价中，否则体育教学模式的评价结果将会失去可信性，无法说服他人。

三、体育教学模式的基本特征

体育教学模式作为一种特定的教学活动结构和程序，具有一系列的基本特征，这些特征反映了其独特的教学理念和实施方式。以下是体育教学模式的几个基本特征。

（一）整体性特征

体育教学模式的整体性特征，主要体现在其是一种科学、系统且全面的教学设计与实施策略。体育教学模式的整体性特征体现在其作为一个完整的、系统的教学方案，涵盖了教学理念、教学目标、操作流程、实施条件以及效果评价等核心组成部分。这些部分相互关联、相互影响，并协同作用，共同构建了一个富有生机与活力的教学系统。

在教学思想层面，体育教学模式以全面育人为核心，注重培养学生身心健康，促进他们的体质健康发展，并增强社会适应能力。在操作程序方面，体育教学模式遵循一定的教学逻辑和规律，从课前准备、课堂教学到课后巩固，环环相扣，形成连贯的教学链条。在实现条件方面，体育教学模式需要良好的师资力量、充足的场地设施、合理的课程安排等外部条件的支持。

（二）针对性特征

体育教学模式的针对性特征是其核心教育理念和实践策略的重要体现。它强调依据特定的教学目标和学生实际需求进行课程的研发与执行。在实际设计和实施过程中，针对性的体育教学模式会充分考虑学生的年龄特点、身心发展规律以及技能水平的差异。例如，对于幼儿阶段的学生，可能侧重于培养其基本动作技能和体能锻炼；而对于青少年时期的学生，则可能更加强调技能的提高、战术的培养和团队协作精神的形成。

针对学生不同的兴趣爱好和特长，体育教学模式也会进行相应的调整。比如，对于喜欢篮球的学生，可以提供篮球技能培训；对于热爱游泳的学生，则可设置游泳课程。这种灵活多样的教学模式，旨在激发学生的学习热情和动力，使他们在自己感兴趣的领域得到充分的发展和提升。

此外，体育教学模式的针对性还体现在教学内容、教学方法和评价方式的全面革新上。教学内容紧贴学生的生活实际和社会需求，教学方法注重互动合作与自主探索，评价方式则多元化且具有激励性。这些都是为了确保每个学生都能在体育课程中找到属于自己的位置，充分发挥他们的潜能。

（三）优效性特征

体育教学模式的优效性特征主要体现在其能够通过科学的教学策略和有效的实施手段，实现高效、优质的教学目标。具体来说，体育教学模式的设计与实施能够充分考虑学生的身心发展规律和运动技能习得的特点，从而科学地安排教学内容和进度，确保学生能够在有限的时间内掌握最多的知识和技能。通过情景创设、游戏化教学、竞赛激励等方式，体育教学模式能够激发学生的学习兴趣和动力，让他们在轻松愉快的氛围中主动参与体育锻炼，培养积极的体育态度和习惯。

（四）可操作性特征

体育教学模式的可操作性特征是核心特性之一，具体体现在其具有明确、具体且可量化的操作步骤和实施方法上。在设计体育教学模式时，设计者通常会从教学目标出发，围绕课前准备、基本部分教学、课程评价等环节精心构建一套详尽而实用的教学计划。

教学目标清晰明确，教学计划与实际教学需求紧密相连，并围绕这些目标细化到每节课、每个教学环节，甚至每个动作技能的教学步骤和方法。例如，在进行篮球运动中的运球技术教学时，体育教学模式应具体阐明从基础姿势开始，逐步过渡到控制球、变换方向控制球、组合运球等不同层次的教学步骤。同时，针对不同的技术动作，设计者会提供多种有效的方法，如直接教学法、情景教学法、游戏教学法等，以激发学生的学习热情和参与度。

这种可操作性使体育教学模式更加易于实施和推广，体育教师可以根据既定的教学计划和步骤灵活地组织开展教学活动，确保教学质量和效果。同时，它也提高了教学的可重复性和可评价性，无论是教师还是学生都能按照同一标准对教学效果进行评估和反馈，从而更好地调整和优化教学过程。

（五）简洁概括性特征

体育教学模式的简洁概括性特征是核心特质之一，体现在该模式能够用简明扼要的语言和符号对体育教学过程进行高度提炼与总结。这种概括和描述方式不仅方便了不同教学者之间的信息快速传递与经验有效共享，也使学生能够迅速把握教学的主线和重点，从而轻松地理解和掌握体育知识技能。同时，简洁概括的体育教学模式还有助于提高教学实践的效率和效果。通过对教学流程的优化整合，教师可以减少不必要的繁文缛节，使教学步骤更加清晰明确，教学目标更为集中突出，进而提升教学质量，确保学生能够在有限的时间内获得更多的收益，使体育教学更加高效、简洁且易于实施。

四、体育教学模式的分类

（一）按体育教学本质特征进行分类

体育教学活动的本质特征是"运动技术的学练"，依据这一特征，并结合"二分法"原理，可以将体育教学模式划分为如图 5-2 所示的两大类型。

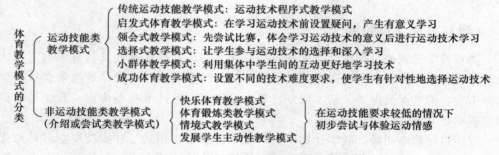

图 5-2　按体育教学本质特征进行分类

（二）按体育教学要素进行分类

按体育教学的不同要素，可以将体育教学模式分为多种不同的类型，具体内容如表 5-1 所示。

表 5-1　按体育教学要素进行分类

学　者	分类依据	类　型
胡庆山	蕴含的教育理论	发现学习教学模式
		掌握学习教学模式
		俱乐部型教学模式

续表

学 者	分类依据	类 型
胡庆山	教学目标	以掌握"三基"为主的教学模式
		以激发学生运动兴趣为主的教学模式
		以培养学生运动能力为主的教学模式
		以丰富学生情感体验为主的教学模式
	教学方法	运用现代教学技术的学习模式
		"传授—接受"教学模式
		自主学习模式
		策略学习模式
		情景教学模式
		交互式教学模式
	教学组织形式	集体学习模式
		合作学习模式
		个别化学习模式
		课内外一体化教学模式
		俱乐部型教学模式
邹师	教育理论	现代教育理论模式
		心理学理论模式
		系统科学理论模式
		社会学理论模式
		素质教育理论模式
	教学目标	掌握技能教学模式
		提高素质教学模式
		激发学生学习兴趣的教学模式
		培养学生学习能力的教学模式
		自我健身体验乐趣的教学模式
	教学方法	运用现代教学技术的学习模式
		自主学习模式
		策略学习模式
		交互式学习模式
		讨论式教学模式
		情景式教学模式

续表

学　者	分类依据	类　型
邹师	教学组织形式	技术辅导教学模式
		集体学习模式
		个别化学习模式
		合作式学习模式
		课内外一体化教学模式
		俱乐部式教学模式
	课的类型	理论课学习模式
		素质课学习模式
		新授课学习模式
		复习课学习模式
		考试课学习模式

（三）按体育教学多元目标进行分类

以体育教学多元目标为参照，可以将体育教学模式划分为三种类型，具体如图 5-3 所示。

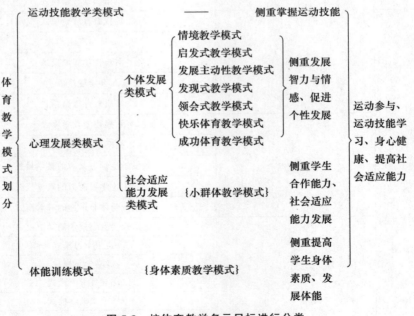

图 5-3　按体育教学多元目标进行分类

五、体育教学模式的功能

体育教学模式作为体育教学理论和实践之间的桥梁，能够指导教学实践、提高教学效果，并促进体育教学的不断完善和发展，以下是体育教学模式的主要功能。

（一）简化功能

体育教学模式的简化功能是体育教学理论与实践中的一个重要概念。它主要体现在对原本复杂多变的体育教学过程进行高度的概括和精练，将原本抽象、深奥的体育教学理论转化为形象、具体且易于操作的教学程序和方法。这种简化的过程不仅便于体育教师理解和掌握，也使体育教学变得更加有序、高效。具体来说，体育教学模式的简化功能体现在以下几个方面。

1. 教学过程的概括化

通过对体育教学过程的全面梳理和系统总结，体育教学模式概括出了一系列具有普遍适用性和内在规律性的教学环节与步骤。这种概括化不仅有助于体育教师快速掌握教学的主线，还能使他们明确在不同教学阶段应承担的任务和达到的目标，从而提高教学的整体效率和质量。

2. 理论向实践的转化

体育教学模式实现了从抽象理论到具体实践的顺畅转化。它将复杂的体育教学理论转化为易于理解和操作的教学程序与方法，使体育教师在实际教学中能够依据模式进行灵活应用。这种转化避免了理论的僵化和实践的盲目性，使教学更具针对性和实效性，有助于提升学生的体育技能和综合素质。

3. 教学要点明晰化

通过简化体育教学过程和提炼核心要点，体育教学模式使教学的主要环节和难点变得清晰可见。这有助于体育教师更加精准地把握教学的关键，从而在教学过程中有的放矢，有效解决学生在体育学习中遇到的问题，提升教学效果和学生满意度。

4. 降低教学复杂性和不确定性

体育教学模式的简化功能有助于减少教学过程中的复杂性和不确定性因素。它提供了一种标准化的教学框架和操作流程，使体育教师能够更好地应对各种教学场景和挑战。这不仅提高了教学的可控性和稳定性，还有助于培养学生的自律性和团队协作能力。

5. 提高教学效率和可操作性

简化的体育教学模式使体育教学更加易于组织和实施。它减少了教学过程中的冗余环节和不必要的烦琐操作，提高了教学的效率和可操作性。同时，这种教学模式也有助于激发学生的学习兴趣和积极性，使他们在体育学习中更加投入和主动，从而提升整体教学效果和学生学习效果。

（二）预测功能

体育教学模式的预测功能是其在体育教学实践中展现的一种重要特性。它主要体现在对体育教学结果的一种前瞻性和预见性上。通过对体育教学模式的深入研究和实践经验的丰富积累，教师可以依据不同的教学模式，推测并预判其在各种情景下的潜在教学效果。

这种预测功能体现在对教学模式适应不同学生群体、教学内容、教学环境等因素时的反应和效果的预估上。例如，对于某一种特定的体育项目，如篮球，教师可以通过分析以往的教学案例，结合学生的年龄、性别、身体条件、技能水平等因素，预测采用某种教学方法或策略可能会达到的教学效果，包括学生掌握技能的速度、动作的准确性、体能的提高程度以及团队协作能力的培养效果等。

这种预测功能对于体育教师具有极大的指导意义。它可以帮助教师在教学前对教学效果有一个清晰的心理预期，从而在教学过程中更加从容不迫，有针对性地调整和优化教学策略。当实际教学效果与预期存在偏差时，教师能够迅速做出反应，找出问题所在，并及时采取有效措施加以改进，以确保体育教学能够高效地朝着既定的教学目标前进。

（三）解释功能

体育教学模式的解释功能是其最基础且至关重要的体现。它能够以系统和科学的方式剖析与解读体育教学过程中的众多复杂现象及实际问题。在实际教学中，体育教师通过深入分析和研究体育教学模式的构成要素及其结构关系，能透彻地揭示出隐藏在现象背后的教学规律和特点，如技能传授的顺序、学生体能发展的阶段性、团队协作在体育学习中的重要作用等。

此外，这种解释功能还体现在它能详细阐明学生在体育学习过程中的认知和行为变化。比如，从最初对体育技能和知识的认知阶段，到通过反复练习形成的巩固阶段，再到最终自主体育能力的迁移和内化，体育教学模式能够诠释这些心理和行为的转变过程及影响因素。同时，不同教学模式对学生学习效果的影响也是解释功能的重要一环。它能帮助体育教师理解何种模式更有利于学生的运动技能掌握、身体素质增强，以及人格品质和社会情感的发展，为选择和设计合适的教学模式提供了有力的理论支持与实践指导。

这种解释功能不仅有助于体育教师更好地理解和掌握教学过程，还能够帮助他们更深层次地挖掘学生的需求，做到真正以学生为中心进行教学改进。通过不断优化教学模式，调整教学策略，体育教师能够更准确地把握学生的兴趣点，提高教学质量和效果，从而推动我国高校体育事业的持续健康发展。

（四）调节与反馈功能

体育教学模式的调节与反馈功能是其区别于传统体育教学方式的显著特点之一，主要体现在对体育教学过程的实时调控和动态优化两个方面。

在实时调控方面，体育教学模式强调的是对教学进度、学生反应以及运动技能习得过程的密切关注。教师能够根据学生的实际掌握情况、技能学习速度以及体能发展水平等关键指标，即时做出精准判断，并据此灵活调整教学内容、方法及节奏。例如，当发现部分学生在某个技术动作掌握上存在困难时，教师可以立即实施针对性的讲解示范，或者调整练习步骤，甚至降低难度，确保每位学生都能在适宜自身发展的环境中有效学习。

与此同时，体育教学模式的灵活性还体现在对教学环境的应变上。面对不同的教学条件（如场地设施变化、气候条件影响等）或学生临时状况（如身体不适、情绪波动等），体育教学模式要求教师具备敏锐的洞察力和果断的决策能力，及时做出适应性的教学调整，以保障教学质量和学生的健康安全。

在动态优化方面，体育教学模式则注重利用学生的反馈信息和教学评价进行教学效度的深度反思与持续改进。教师通过搜集学生对课程内容、教学方式以及个人指导等方面的意见和建议，结合课堂观察、测试成绩及课后总结等数据，对教学效果进行全面而深入的评估。基于此，体育教学模式鼓励教师根据评估结果不断优化教学方案，调整教学策略，精准定位每个学生的需求，致力于提升个性化教学的效果，从而促进体育教学质量的稳步提升。

第二节 信息化时代常见的几种高校体育教学模式

一、主动性体育教学模式

（一）主动性体育教学模式基本理论

主动性体育教学模式是一种注重学生主体性的教学方法。在这种模式下，学生的主动性、积极性和创造性被置于极其重要的位置。这种模式强调，学生不仅仅是学习的接受者，更是学习的主体和创造者。在体育教学中，这种教学模式鼓励学生主动参与各种体育活动，不是被动地模仿或接受教师的指导，而是要发挥自己的主观能动性，去体验、去实践、去创新。

主动性体育教学模式认为，通过学生的主动参与和亲身体验，能够更深入地理解和掌握体育知识与技能。这种教学模式还注重培养学生的自主学习能力，鼓励他们在体育学习中主动思考、积极探索，并尝试解决遇到的问题。通过这种方式，学生不仅能够获得体育知识和技能，还能够培养自己的创造力、团队协作能力和抗挫折能力，为他们未来的全面发展打下坚实的基础。

（二）主动性体育教学模式的运用

在实际教学中，运用主动性体育教学模式需要教师采取一系列具体的教学策略和方法。首先，教师应设定明确的学习目标，让学生清楚自己需要达到的标准和要求。这有助于激发学生的学习动力，使他们更有目标感地学习。其次，教师应提供多样化的学习资源，如体育器材、教学视频、互动游戏等，以满足不同学生的学习需求和兴趣。

此外，创设积极的学习氛围也是非常重要的。教师应创造一个宽松、愉悦、积极向上的学习环境，鼓励学生大胆尝试、勇于创新。同时，教师还应注重培养学生的自主学习能力，通过引导和指导，帮助他们掌握有效的学习策略和方法。

在具体的体育教学中，教师可以根据学生的年龄、性别、身体素质等特点，设计丰富多样的体育活动。这些活动应既有趣味性又有挑战性，能够激发学生的参与热情。教师还应关注学生在活动中的表现，及时给予反馈和评价，帮助他们发现自己的优点和不足，并鼓励他们不断改进和提高。

二、小群体体育教学模式

（一）小群体体育教学模式基本理论

小群体体育教学模式是一种积极有效的教学方法，特别强调学生的团队协作能力和集体荣誉感的培养。在这一模式下，学生被分成若干小组，每个小组就像是一个小家庭，成员之间需要相互依赖、相互支持。通过这样的分组，学生能够更好地体验到合作的重要性，从而培养他们的团队协作能力。在小组内，学生通过合作学习和竞赛活动，可以更加深入地理解体育知识，提升运动技能。同时，他们在互动中也能增强沟通能力，形成积极向上的集体荣誉感。

（二）小群体体育教学模式的运用

在实施小群体体育教学模式时，教师需要精心策划和组织。首先，教师应根据学生的能力、兴趣和水平，合理划分学习小组，确保每个小组内成员搭配均衡。这样，不同能力的学生可以相互学习、相互帮助，共同进步。其次，教师应设计富有挑战性和趣味性的小组学习任务与活动，以激发学生的参与热情。在活动中，教师应鼓励学生积极发表意见、互相支持，共同完成任务。同时，教师也要密切关注学生的动态，给予适时的指导和帮助，确保教学活动能够顺利进行。通过这样的教学方式，不仅能提高学生的团队协作能力，还能培养他们的沟通能力和集体荣誉感。

三、选择式体育教学模式

（一）选择式体育教学模式基本理论

选择式体育教学模式是一种以学生为中心、尊重个体差异和兴趣爱好的教学理念。在这种模式下，学生的学习不再是被动接受，而是主动参与和自主选择。通过提供多样化的体育课程和选项，学校为学生创造了个性化的学习环境，使他们能够根据自己的兴趣和需求选择适合自己的体育课程与学习内容。这种模式的实施，不仅有助于激发学生的学习兴趣和动力，提高他们的学习积极性和参与度，还能够培养学生的自主学习能力和终身学习习惯。

（二）选择式体育教学模式的运用

在教学实践中，学校应该积极提供丰富多样的体育课程，以满足不同学生的兴趣和需求，如开设篮球、足球、游泳、瑜伽等课程，让学生根据自己的喜好进行选择。同时，教师也应该根据学生的兴趣和需求，提供个性化的指导和建议。这样不仅可以帮助学生选择合适的课程和学习内容，还能够增强学生的学习效果和学习体验。学校还可以通过组织各种体育竞赛和活动，激发学生的运动热情，提高他们的运动技能，进一步促进选择式体育教学模式的实施。

四、发现式体育教学模式

（一）发现式体育教学模式基本理论

发现式体育教学模式的核心在于激发学生的探索精神和创新能力。其认为，体育教学不应仅仅停留在技能的传授上，更应重视学生通过自我探索和发现培养解决问题的能力。在这种模式下，学生不再是被动的接受者，而是主动的探索者和创新者。通过创设具有挑战性和探索性的问题情景，教师引导学生深入思考和尝试，鼓励他们发挥想象力和创造力，从而提升学生的体育技能，培养他们的综合素养。这种模式强调实践和创新的重要性，使学生在探索中感受体育的乐趣，培养他们的自主性和创新性。

（二）发现式体育教学模式的运用

在教学实践中，教师应充分利用发现式体育教学模式的优势，为学生创造具有挑战性和探索性的学习情景。这可以通过设计各种体育任务和活动来实现，让学生在完成任务的过程中发现问题、提出假设并进行验证。同时，教师应提供必要的支持和指导，帮助学生克服困难和解决问题。这种教学模式的运用不仅可以提高学生的学习兴趣和动力，还能培养他们的团队合作精神和解决问题的能力。通过不断实践和创新，学生将逐渐掌握体育技能，并在探索中体验到成功的喜悦。

五、领会式体育教学模式

（一）领会式体育教学模式基本理论

领会式体育教学模式强调学生对体育知识和技能的深入理解与领会，这不是让学生简单地掌握某些动作或技巧，而是让他们真正理解体育的本质和规律。在教学过程中，教师应该采用多种教学方法，如讲解、示范、实践等，系统地传授体育知识，并指导学生进行实践。通过这种方式，学生可以更好地理解体育知识和技能的内在逻辑与联系，从而提高他们的运动水平和综合素质。此外，教师还应鼓励学生多进行实践和反思，让他们在实践中不断加深对体育知识和技能的理解与领会。这种教学模式不仅有助于提高学生的体育水平，还有助于培养他们的自主学习能力和创新精神，为他们未来的发展奠定坚实的基础。

（二）领会式体育教学模式的运用

在体育教学中，教师应根据学生的实际情况和教学目标，灵活运用领会式体育教学模式。首先，教师应注重理论知识的传授，通过讲解、演示等方式，让学生全面了解体育的基本知识和原理。其次，教师还应结合实践，指导学生进行技能训练，帮助他们掌握正确的动作要领和技巧。在实践过程中，教师应鼓励学生多进行反思和总结，发现自己在技能掌握上的不足之处，并寻求改进的方法。最后，教师还应注重培养学生的自主学习能力，引导他们积极探究体育知识和技能的本质与规律，从而激发他们的学习兴趣和动力。通过灵活运用领会式体育教学模式，教师可以更好地促进学生的全面发展，提高学生的综合素质和运动水平。

六、成功式体育教学模式

（一）成功式体育教学模式基本理论

成功式体育教学模式的核心理论在于促进学生的成功体验和自信心的培养。在体育课堂教学中，这一模式的实践尤为关键。它鼓励学生通过不断努力和尝试，达到个人设定的学习目标。这种成功不仅仅是技术上的成功，更多的是学生在面对挑战时展现出的勇气、毅力和自信。

（二）成功式体育教学模式的运用

在实际教学中，教师运用成功式体育教学模式时，需要做到因材施教。这意味着教师应该根据学生的不同特点和能力水平，为他们量身定制学习目标和任务。对于基础较差的学生，可以从简单的动作开始学习，逐渐提高他们的技能水平；而对于基础较好的学生，则可以设置更高难度的挑战，以满足他们的学习需求。

此外，教师还需要为学生提供必要的指导和支持，如技术上的指导、心理上的支持和情感上的鼓励。当学生在练习过程中遇到问题时，教师应及时给予指导和建议，帮助他们找到解决问题的方法。同时，教师还应关注学生的情感变化，当他们感到沮丧或失去信心时，应给予积极的鼓励和支持，让他们重新找回自信和动力。

在整个教学过程中，教师应始终以学生为中心，关注学生的学习体验和感受。通过不断实践和调整，不断完善教学方法和策略，以确保每个学生都能在体育课堂上获得成功的体验和自信心的培养。

七、范例教学模式

（一）范例教学模式基本理论

范例教学模式是一种深受欢迎且效果显著的教学方法。它的核心理念是以优秀运动员或典型案例为蓝本，通过他们的表现和经验，为学生树立一个学习和模仿的标杆。这种模式不仅关注知识的传递，还重视技能的习得和情感的激发。

在实际操作中，教师可以通过多媒体、现场示范等方式，向学生展示优秀运动员的训练日常、比赛策略以及背后的心路历程。这些内容能够帮助学生深入了解高水平运动的内在逻辑和外在表现，激发他们的学习热情。通过观察和学习，学生可以从中吸取经验和教训，提升自己的技能水平。

（二）范例教学模式的运用

在实际教学中，如何运用范例教学模式是一门艺术。首先，教师需要精心选择范例。这些范例应该是具有代表性的优秀运动员或典型案例，他们的经验和故事能够激发学生的兴趣与共鸣。

其次，教师要引导学生深入观察和分析范例。通过观察优秀运动员的训练方法和比赛技巧，学生可以学习到许多实用的技能和策略。同时，教师还需要帮助学生理解这些技能和策略背后的原理，使他们能够更好地掌握和应用。

再次，教师应鼓励学生积极参与实践活动，如模拟训练、角色扮演等。通过这些实践活动，学生可以将所学知识和技能转化为实际能力，提升自己的综合素质。

最后，教师需要给予学生充分的反馈和指导。通过评价学生的表现，教师可以帮助他们发现自己的不足和潜力，为他们提供进一步发展的方向和建议。同时，教师还需要与学生保持密切的沟通和交流，了解他们的学习需求和困惑，为他们提供个性化的支持和帮助。

第三节　信息化时代高校体育教学模式的创新与发展

一、信息化时代高校体育教学模式的创新策略

在信息化时代，高校体育教学模式需要不断创新以适应时代的发展和学生的需求。以下是一些创新策略。

（一）利用信息技术提升教学质量

在当今数字化的时代，信息技术的飞速发展对教育领域产生了深远影响。将信息技术巧妙地融入日常教学，不仅能显著提升教学质量，还能有效地激发学生的学习兴趣和热情。多媒体教学就是其中一种重要的信息化教学手段。它通过融合图像、音频、视频等内容，让原本枯燥的知识变得生动有趣，从而吸引学生的注意力，提高他们的学习效率。

此外，网络教学也为教育带来了无限的可能性。它突破了时间和空间的限制，让学生能够随时随地进行学习，有效促进了学习方式的灵活性和多样性。网络教学

资源的丰富性，也使学生能够接触到更广阔的知识领域，进一步拓宽他们的视野。

更重要的是，信息技术还能为教学提供实时的监控和反馈机制。通过在线测试、学习数据分析等手段，教师可以清晰地了解每个学生的学习情况和进步程度，及时发现学生在学习中的问题并给予有针对性的指导。这种针对性的教学策略调整，能够使教学更加贴近学生的实际需求，从而进一步提高教学效果。

（二）构建在线体育教学平台

构建一个在线体育教学平台对于现代教育来说具有极其重要的意义。这个平台不仅能提供一个自主学习和互动交流的空间，还可以帮助学生随时随地深入学习体育知识，掌握各项运动技能。在线体育教学平台能够彻底打破传统课堂的时间和空间限制，使学生能够在家中、学校或其他任何有网络连接的地方，进行学习和练习。

在这个平台上，学生可以根据自己的兴趣和需求选择相应的课程，如篮球、足球、游泳、瑜伽等。平台还会根据学生的学习进度和能力，智能推荐合适的学习资源和工具，如教学视频、模拟练习、互动游戏等，帮助学生更加系统、高效地掌握体育知识和技能。

此外，这个平台还鼓励学生之间的互动交流。学生可以在平台上发表自己的学习心得、提问和解答问题，与其他同学一起分享学习经验，一起进步。这种互动式的学习方式不仅能增强学生的学习动力，还能培养他们的团队合作精神和沟通能力。

（三）引入智能化教学辅助系统

在当今这个信息化、智能化的时代，教育的改革与发展也呈现出前所未有的新趋势。其中，智能化教学辅助系统的出现与普及，无疑给教育领域注入了新的活力，特别是在体育教学领域，带来的变革与创新尤为明显。

智能化教学辅助系统以独特的优势，为学生提供了个性化、精准化的教学服务。以智能教学机器人为例。它们能够结合学生的身体条件、体能状况和学习需求，为其量身定制教学方案，从教学内容、训练强度到训练方式，都能够做到因人而异、因材施教。这样的教学方式，不仅能够最大限度地激发学生的学习兴趣和动力，还能够确保学生在安全、科学的环境中进行体育锻炼，从而达到提升体育能力的目的。

除了智能教学机器人外，智能评估系统也是智能化教学辅助系统的重要组成部分。该系统能够通过一系列的数据采集、分析和处理，对学生的体育学习情况进行全面、客观的评估。学生可以通过智能评估系统，及时了解自己在体育学习中的优点和不足，从而有针对性地调整学习方法和训练策略。同时，教师也可以根据智能评估系统提供的数据，对学生的学习情况进行精准把握，及时调整教学方案，确保教学质量和效果。

（四） 加强实践教学环节

随着信息化时代的来临，线上教学以便捷、高效的特点在教育领域占据了重要地位。然而，尽管线上教学具有诸多优势，如资源丰富、学习形式灵活等，但仍然无法完全替代实践教学的重要性。实践教学是一种重要的教育形式，能够帮助学生将理论知识与实际操作相结合，提高他们的实践能力和解决问题的能力。

高校作为培养人才的重要基地，应当充分认识到实践教学的重要性，并加强实践教学环节。首先，高校应该增加实践教学的课时，确保学生有足够的时间进行实践操作。同时，高校还应该为学生提供多样化的实践机会，如实验室实践、社会实践、企业实习等，以便学生能够全方位地锻炼自己的实践能力。

此外，高校还需要加强实践场地的建设。实践场地是学生进行实践操作的重要场所，其设施完备与否直接关系到实践教学的效果。高校应该投入更多的资金和资源，建设功能齐全、设备先进的实践场地，以满足不同专业学生的实践需求。

通过加强实践教学环节，高校可以帮助学生更好地将理论知识转化为实践能力，提高他们的综合素质和竞争力。同时，实践教学还能够培养学生的创新精神和实践能力，为他们未来的职业发展和社会贡献打下坚实的基础。因此，高校应当充分认识到实践教学的重要性，并采取有效措施加强实践教学环节。

（五） 建立多元化评价体系

随着信息化时代的到来，高校体育教学评价体系已经无法满足现代教育的需求。为了更好地适应时代的发展，高校体育教学评价体系需要进行相应的改革和创新。其中，建立多元化评价体系就是一种可行的方案。

多元化评价体系不仅可以全面评价学生的体育能力，还可以考查学生的综合素质。这种评价体系将学生的自我评价、互评、教师评价等评价方式相结合，使评价结果更加客观、全面和准确。学生在自我评价中可以深入了解自己的体育水平和需要提高的方面，同时也能够激发自我学习和进步的动力。在互评中，学生可以相互学习、交流和成长，增强团队合作能力和沟通能力。教师评价则可以提供更为专业和全面的评价，帮助学生更好地掌握体育知识和技能。

除了结合多种评价方式外，多元化评价体系还可以通过数据分析等技术手段，对学生的学习情况进行深入分析和挖掘。通过搜集和分析大量的数据，可以发现学生在学习过程中存在的问题和优势，为教学改进提供依据。例如，教师可以通过分析学生的学习数据，了解学生在某个体育项目的表现情况，找出学生的薄弱点，并针对性地开展教学。教师还可以根据学生的兴趣爱好和特长，开展个性化的教学，提高学生的学习兴趣和参与度。

二、信息化时代高校体育教学模式的发展趋势

（一）数字化教学资源的普及

随着信息技术的迅猛发展和普及，数字化教学资源正以独特的优势逐渐改变着我们的生活方式和学习方式。特别是在高等教育领域，体育教学也紧跟时代步伐，开始走向数字化。数字化教学资源的引入不仅丰富了教学内容，也提高了教学效率，为广大学生带来了更为便捷和高效的学习体验。

在高校体育教学中，数字化教学资源的应用日益广泛。电子教材、网络课程、在线视频教程等形式的数字化教学资源已经成为体育教学不可或缺的重要组成部分。这些资源利用多媒体技术，将文字、图片、音频和视频等信息形式融合起来，为学生提供了更加生动、直观的学习材料。

与传统的实体教材相比，电子教材具有更新快、易于传播、便于携带等特点。学生可以通过电子设备随时随地访问教材，进行自主学习和巩固。网络课程和在线视频教程则为学生提供了更为灵活的学习方式，学生可以根据自己的时间和需求，选择合适的学习时间和进度。

数字化教学资源的普及，不仅使体育教学更加生动有趣，也极大地提高了学生的学习效果。通过数字化教学资源，学生可以更加深入地理解体育知识和技能，更加全面地掌握运动技能。同时，数字化教学资源还为学生提供了更加广阔的学习空间，使他们可以随时随地学习，不受时间和地点的限制。

（二）智能化教学平台的发展

随着科技的快速发展，教育领域也在不断创新与进步。智能化教学平台，如大型开放式在线课程和智慧课堂，已经逐渐成为高校体育教学的重要组成部分。这些现代化的教学工具不仅能够为学生提供更加丰富和多元的学习资源，还可以根据学生的实际学习进度和能力水平，为他们量身定制个性化的学习路径和反馈。

大型开放式在线课程作为一种智能化教学平台，打破了传统的时间和空间限制，使学生可以在任何时间、任何地点进行学习。对于高校体育教学而言，大型开放式在线课程中的丰富体育课程资源，可以让学生根据自己的兴趣和需求，选择适合自己的课程进行学习。同时，平台上的智能评估系统还可以根据学生的学习表现，提供及时的反馈和建议，帮助学生更好地掌握体育知识和技能。

　　智慧课堂则是一种互动性更强和更加高效的教学方式。通过利用先进的信息技术，智慧课堂可以实时监测学生的学习状态，为教师提供更加准确和全面的学生学习数据。基于这些数据，教师可以及时调整教学策略和方法，使教学更加符合学生的实际需求。此外，智慧课堂还可以为学生提供更加丰富的学习体验，如虚拟现实、增强现实等技术，让学生在模拟的真实环境中进行体育学习和实践，提高学习效果。

（三）虚拟现实技术在体育教学中的应用

　　虚拟现实技术为高校体育教学带来了革命性的改变，为传统的体育教学模式注入了新的活力。虚拟现实技术的引入，使体育教学不再局限于现实的体育场地和器材，而是通过模拟真实的运动场景，让学生沉浸其中，仿佛置身于真实的运动环境中。这种沉浸式的体验不仅极大地提高了学生的学习兴趣和动力，还使学习过程更加生动、有趣。

　　在虚拟现实技术的帮助下，学生可以进行各种运动项目的模拟训练，如足球、篮球、田径等。通过模拟真实的比赛场景和对手，学生可以更加深入地了解运动规则和战术，提高运动技能。同时，虚拟现实技术还可以提供实时反馈和评价，帮助学生及时发现并纠正自己的错误动作，从而提高运动表现。

　　除了提高运动技能外，虚拟现实技术还可以在一定程度上降低运动损伤的风险。在传统的体育教学中，由于场地、器材等限制，学生可能会由动作不规范或疏忽而引发运动损伤。在虚拟现实技术的模拟环境中，学生可以在安全的条件下进行高强度的训练，避免了现实中可能出现的伤害风险。

　　此外，虚拟现实技术还可以为高校体育教学提供更多的可能性和创新空间。例如，通过虚拟现实技术，教师可以设计更加丰富多样的教学内容和方法，满足不同学生的学习需求。同时，虚拟现实技术还可以与其他教育技术相结合，如人工智能、大数据等，为体育教学提供更加智能化的支持和服务。

（四）大数据分析在教学评估中的应用

　　在信息化时代的浪潮下，教学评估的方式也迎来了革命性的变革。传统的教学评估主要依赖于教师的观察和学生的自我反馈，这种方式虽然具有一定的参考价值，但缺乏全面性和实时性，难以真实反映学生的学习状况。现今，随着信息技术的迅猛发展，教学评估可以走出这一局限，迈向了一个更为广阔和精准的领域。

　　信息化时代为教学评估提供了海量的学生数据资源。在学习过程中，学生通过各种信息化平台和工具，如在线学习系统、智能教学软件等，产生了大量与学习相关的数据。这些数据不仅包括学生的登录次数、学习时间、完成作业的情况等传统的学习行为数据，还包括学生在学习过程中的思维轨迹、情感变化等更为深入的信息。

通过搜集和分析这些数据，教师可以更加全面地了解学生的学习情况和进步程度。例如，通过对学生登录次数和学习时间的分析，教师可以了解学生的学习投入程度；通过对学生完成作业情况的分析，教师可以了解学生对知识点的掌握情况；而通过对学生思维轨迹和情感变化的分析，教师则可以深入了解学生的学习态度和情绪状态。

基于这些全面而深入的数据分析，教师可以进行更加科学和有效的教学评估。教师不仅可以根据学生的学习成绩评估教学效果，还可以结合学生的学习行为、思维轨迹和情感变化等方面的信息，综合评估学生的学习状况，从而更准确地判断教学方法是否得当、教学效果是否显著。

第四节　信息化时代高校体育教学模式的设计与应用

一、信息化时代高校体育教学模式的设计

（一）信息化时代高校体育教学模式的设计步骤

在信息化时代，高校体育教学模式的设计需要紧跟时代步伐，充分利用信息技术手段，提高教学效果和学生的学习体验。以下是设计高校体育教学模式的主要步骤。

1. 确定体育教学思想

在确定体育教学思想时，我们首先需要清晰地界定体育教学的基本理念和目标。这意味着我们需要明确希望学生在体育课程中学到什么技能，培养什么素质，如基本的运动技巧、团队协作能力、竞争意识还是健康的生活习惯等。这些理念和目标应当与学校的教育目标紧密相连，同时还需要考虑信息化时代对体育教育的新要求，如利用科技手段提升教学效果，培养学生的信息素养等。

2. 确认体育教学规律

为了有效进行体育教学，我们需要深入探索并把握体育教学的内在规律。这包括理解体育技能形成的过程，如从基础动作到熟练运用的逐步进步；同时，我们还需要了解学生身心发展的规律，以便在不同年龄阶段提供适宜的教学内容和方法。这些规律的认知将有助于我们设计更符合学生实际需要的教学计划，提高教学效果。

例如，我们可以根据学生的年龄和身心发展特点，合理安排教学内容和强度，让学生在愉快的氛围中学习和成长。

3. 确立体育教学过程结构

在构建体育教学过程结构时，首要任务是明确体育教学思想，遵循教学规律，确保教学活动有序进行。课程内容应根据学生的年龄、体能、技能水平进行合理安排，注重理论与实践的结合。教学方法的选择应多样化，以适应不同学生的学习风格。教学时间的分配要合理，确保每个教学环节都能得到充分开展，达到最佳的教学效果。

4. 确定教学方法体系

在信息化时代背景下，体育教学方法需与时俱进。利用信息技术手段，如多媒体教学、在线互动平台等辅助教学，能增强学生的学习兴趣和参与度。同时，结合线上线下教学活动，如课堂讲解与线上自学、实地训练与在线竞赛等，构建多元化的教学方法体系。这样不仅能满足不同学生的学习需求，还能有效提升学生的体育素养和综合能力。

5. 明确模式的主要功能

在设计体育教学模式时，首要任务是明确应具备的核心功能。这些功能应涵盖提高学生的体育技能，包括基础动作、竞技技巧等，以满足体育课程的基本要求。同时，提高学生的身体素质也是不可或缺的功能，通过教学模式的锻炼，使学生能够拥有更好的耐力、力量和速度。此外，培养学生的团队协作能力也至关重要，让学生在体育活动中学会沟通、合作，增强集体意识。这些功能应与体育教学目标紧密相连，确保教学过程的针对性，同时，与学生的实际需求相契合，让学生在学习过程中获得真正的成长与进步。

6. 确定适应范围

为了确保体育教学模式的有效性和适用性，必须对其适应范围进行深入分析。包括适用的学生群体和教学环境两个方面。首先，要针对不同年龄段、性别、体能水平的学生群体，设计符合他们特点的教学模式，确保教学效果的最大化。其次，要考虑教学环境的影响因素，如场地设施、器材配备、气候条件等，确保教学模式能在各种环境下顺利实施。通过明确教学模式的适用范围和限制条件，可以确保针对性和有效性，为体育教学提供有力支持。

7. 通过体育教学实践验证

在体育教学过程中，为了验证所设计体育教学模式的实用性和有效性，需要将其真正运用到课堂教学中。通过细心搜集学生的即时反馈，仔细观察实际的教学效果，我们可以了解该模式是否真正满足了学生的需求。根据这些实际的教学反馈，我们可以对教学模式进行针对性的调整和优化，以确保其更加贴合实际的教学环境和学生的实际需求，从而达到最佳的教学效果。这一环节至关重要，是教学模式不断发展和完善的关键所在。

（二）常见体育教学模式的设计

1. 体育技能学习教学模式的设计

（1）目标

体育技能学习教学模式的核心目标在于通过系统的训练和指导，使学生能够熟练掌握并应用特定的运动技能。这不仅仅是为了让学生在体育课程中取得好成绩，更重要的是培养他们的运动兴趣，锻炼他们的身体素质，以及培养他们终身参与体育活动的习惯。通过提高特定运动技能的水平，学生能够在参与各类体育活动时更加自信、自如，享受运动带来的乐趣。

（2）方法

在体育技能学习教学模式中，我们采取分阶段教授技能的方法，逐步引导学生从基础动作开始学习，逐步掌握更复杂的技能。在每个阶段，我们都强调示范与模仿的重要性，通过教师的示范和学生的模仿，使学生更加直观地理解技能要点。此外，我们鼓励学生进行大量的重复练习，通过不断实践巩固技能。同时，我们也注重给予学生及时的反馈，帮助他们发现并纠正自己的错误，从而更有效地提高技能水平。

（3）技术

在科技日新月异的今天，我们可以利用视频、模拟软件等技术工具辅助技能学习。通过视频教学，学生可以在课后随时回看教师的示范动作，加深对技能要点的理解。模拟软件则可以帮助学生进行虚拟实践，模拟真实的运动环境，让学生在没有实际器材或场地的情况下也能进行练习。这些技术工具的运用，不仅可以提高学生的学习效率，还能提高他们的学习兴趣，使体育技能学习变得更加轻松有趣。

2. 快乐体育教学模式的设计

（1）目标

通过让学生在愉快的氛围中参与体育活动，激发他们的运动兴趣，培养他们的锻炼习惯，让他们在享受运动乐趣的同时，提升身体素质和心理素质，促进全面发展。

（2）方法

通过引入游戏元素，让学生在运动中体验乐趣；组织趣味竞赛，增加运动的竞争性和趣味性，激发学生的参与热情；注重课堂氛围的营造，让学生在轻松愉悦的氛围中享受运动。

（3）技术

使用互动教学系统，让学生在运动中与同学互动，培养团队合作精神；鼓励学生通过社交媒体分享运动体验，让更多的人了解运动的乐趣，促进运动文化的传播和推广。同时，互动教学系统和社交媒体也可以提供便捷的教学与学习工具，帮助学生更好地掌握运动技能和知识。

3. 小群体学习体育教学模式的设计

（1）目标

小群体学习体育教学模式旨在培养学生的团队协作能力，让他们在互动中学会倾听、表达和尊重他人。通过参与团队活动，学生能够培养自己的领导才能和责任感，从而促进自身社交技能的整体发展。这样的教学模式不仅关注体育技能的学习，还注重个人在社会交往中的成长。

（2）方法

在实施小群体学习体育教学模式时，可以采用分组活动的方式，将学生分成若干小组。每个小组需要完成特定的团队任务，如接力赛、足球比赛等。通过这些活动，鼓励学生之间的竞争与合作，让他们学会如何在压力下保持冷静，如何与队友有效沟通，以及如何调整自己的策略以适应团队的需要。

（3）技术

在利用小群体学习体育教学模式时，可以引入在线协作工具增强团队之间的沟通与协作。这些工具可以帮助团队成员更好地组织信息、共享资源和协作完成任务。通过在线协作，学生可以在不受时间地点限制的情况下进行讨论和交流，从而更好地提升他们的团队协作能力。

4. 发展体能教学模式的设计

（1）目标

在发展体能教学模式的过程中，提高学生的身体素质和体能水平是至关重要的。我们设定的目标是让每位学生都能具备强健的体魄和出色的体能，为他们的日常生活和学习提供坚实的身体基础。这不仅意味着增强学生的肌肉力量和耐力，还包括提高他们的柔韧性、协调性和平衡感。无论是学业上的压力还是生活中的各种场景，通过体能教学，我们希望学生都能够更好地应对未来的挑战。

（2）方法

为了实现提高学生身体素质和体能水平的目标，我们需要设计针对性的体能训练计划。这意味着我们需要根据学生的年龄、性别、身体状况和运动习惯等因素，为他们量身定制合适的训练内容。体能训练计划应该包括有氧运动、力量训练、柔韧性练习等，旨在全面提高学生的身体素质。同时，我们还需要确保计划的连贯性和持续性，使学生能够在规律的训练中获得稳定的进步。

（3）技术

在发展体能教学模式的过程中，使用智能健身器材是一种高效且实用的技术。这些器材能够实时监控学生的体能数据，包括心率、消耗的卡路里、运动轨迹等，为我们提供宝贵的反馈信息。基于这些数据，我们可以及时调整训练计划，确保训练的科学性和有效性。此外，智能健身器材还能为学生提供个性化的训练建议和指导，使他们在训练过程中更加明确自己的目标和方向。通过使用智能健身器材，我们能够更好地满足学生的个性化需求，促进他们体能水平的提升。

5. 情景教学模式的设计

（1）目标

情景教学模式的核心目标是帮助学生在接近真实的情景中提升他们的运动表现。这种教学模式强调通过模拟实际场景，使学生能够更好地适应各种复杂的运动环境，提高他们的应变能力和实战技能。情景教学不仅注重技术的传授，更强调战术意识、团队协作和心理素质的培养，以期学生在真实比赛中能够表现出色。

（2）方法

为实现上述目标，情景教学模式采用了一系列独特的教学方法。其中，设计模拟比赛是常用手段之一。通过模拟真实比赛的规则和流程，让学生在比赛中体验紧张氛围，锻炼他们的应变和决策能力。此外，应急处理情景的训练也不可或缺。通过模拟比赛中可能出现的突发状况，如球员受伤、裁判误判等，教导学生如何冷静应对，保持比赛节奏。这些方法使学生能够在实践中学习，更快地掌握和运用运动技能。

（3）技术

近年来，随着科技的进步，情景教学模式引入了虚拟现实（VR）技术，为模拟教学提供了全新的可能。通过虚拟现实技术，教师可以构建出逼真的模拟环境，让学生在其中进行模拟训练。这种技术不仅提供了高度真实的运动体验，还能根据学生的学习进度和需求进行定制化设置。虚拟现实技术的引入极大地增强了学习效果，使学生在模拟环境中能够更加深入地理解比赛规则、战术布置和团队协作的重要性，为他们的运动生涯奠定坚实的基础。

6. 创新体育教学模式的设计

（1）目标

创新体育教学模式的目标是激发学生的创新思维，培养在体育运动中的创造力。通过引导学生自由发挥，鼓励他们尝试不同的运动方式和组合，我们可以为他们提供一个充满挑战与机遇的创新平台。在这个平台上，学生不仅可以提升身体素质，还能在运动中发挥创意，探索出更多新颖的运动方式。

（2）方法

创新体育教学模式的方法多种多样，其中一种有效的方式是鼓励学生自由发挥。在体育课堂教学中，教师应该为学生创造一个开放、宽松的学习环境，让他们敢于尝试、敢于失败、敢于创新。此外，教师还可以设计一些富有创意的运动项目，让学生通过亲身实践感受创新的乐趣。

（3）技术

要实现创新体育教学模式，现代科技手段的运用不可忽视。例如，我们可以利用3D打印技术为学生制作定制化的运动器材，让他们在运动中更加舒适自如。同时，智能器材的引入也能为体育教学带来了革命性的变革。这些器材可以实时监测学生的运动数据，为他们提供更加科学、个性化的训练建议。通过这些科技手段的支持，学生的创新实践将得到更加有力的保障。

7. 自主性体育教学模式的设计

（1）目标

自主性体育教学模式的核心目标不仅仅是让学生掌握运动技能，更重要的是培养他们自主学习的能力。当学生掌握了自主学习的方法，他们就能够在体育锻炼中持续探索、不断进步，最终将锻炼融入日常生活，形成终身锻炼的健康习惯。这样的习惯不仅对学生的身体健康有着深远的影响，还能够提升他们的生活质量。

（2）方法

为实现这一目标，教师首先需要提供丰富多样的自主学习资源，这些资源可以包括教学视频、在线课程、专业书籍等。其次，教师要引导学生根据自己的兴趣、体能水平和锻炼目标，制订个性化的锻炼计划。在这一过程中，学生不仅能够享受到锻炼的乐趣，还能够培养自己的计划管理能力。最后，鼓励学生进行自我监督与评价是关键。通过定期记录锻炼数据、反思锻炼过程，学生能够更加清晰地了解自己的进步与不足，从而调整锻炼策略，获得更好的锻炼效果。

（3）技术

随着科技的进步，开发在线学习平台成为实现自主性体育教学模式的重要手段。

这样的平台不仅可以为学生提供丰富的教学资源，还可以配备互动工具，如智能教练、运动跟踪等，这些工具能够根据学生的锻炼数据提供个性化的建议和指导，帮助学生更加高效地进行锻炼。此外，平台还可以设置社区交流功能，让学生之间可以分享锻炼经验、互相鼓励，从而增强锻炼的趣味性和持续性。这样的技术支持使自主学习变得更加便捷、高效，为培养学生的终身锻炼习惯提供了有力保障。

8. 成功体育教学模式的设计

（1）目标

成功体育教学模式旨在让学生在参与体育活动的过程中体验到成功的喜悦，感受自身能力的提升和成长的快乐。这种教学模式注重培养学生的自信心和自尊心，帮助他们建立积极的心态和价值观，从而在日常生活中也能展现出积极向上的精神风貌。

（2）方法

成功体育教学模式通过设置多元化的成功标准，关注学生在体育活动中的表现和发展，而非仅仅注重比赛成绩或技能水平。在教学过程中，教师注重过程性评价，鼓励学生挑战自我、超越自我，激发他们的潜能和创造力。这种教学方法旨在培养学生的自主学习能力和终身运动的习惯。

（3）技术

成功体育教学模式采用数字化评价系统，通过科技手段实时反馈学生的表现与进步，帮助他们更好地了解自己的运动水平和需要改进的方面。这种数字化评价系统不仅提高了评价的准确性和客观性，还能提高学生的成就感和学习动力，为他们的运动成长提供有力的支持和保障。

9. 选择式体育教学模式的设计

（1）目标

选择式体育教学模式旨在尊重学生的个体差异与兴趣爱好，力求为每位学生提供丰富多彩的运动体验。通过这种模式，我们期望学生能够更加深入地了解自我，发现自己的潜力和特长，并在参与体育活动的过程中享受乐趣，建立积极的生活方式。

（2）方法

为实现选择式体育教学目标，我们采取灵活多样的教学方法。学校开设了篮球、足球、羽毛球、瑜伽、舞蹈等运动课程，允许学生根据自己的兴趣和偏好进行选择。通过这样的设置，学生能够在自己喜爱的领域深入学习，提升运动技能，培养持久的运动兴趣。

（3）技术

为实现课程的便捷选择和高效管理，我们创建了在线选课系统。该系统能够实时更新课程信息，包括课程名称，上课时间、地点以及教师介绍等，让学生可以随时了解课程详情。同时，该系统支持学生在任何时间、任何地点进行课程选择，大大提高了选课的灵活性和便利性。此外，通过在线选课系统，学校还可以对学生选课数据进行统计和分析，为进一步优化课程设置提供参考。

10. 领会教学式的体育教学模式的设计

（1）目标

领会教学式的体育教学模式的目标是培养学生的深度理解和应用能力。通过系统的教学设计，使学生能够全面理解运动的科学原理，掌握运动的基本规律，提高在实际运动中的应变能力和创造力。这不仅有助于提升他们的体育技能，更有助于培养他们的综合素质和终身学习能力。

（2）方法

在实施领会教学式的体育教学模式时，应注重理论知识与实践操作的结合。教师可以采用多种教学方法，如案例分析、小组讨论等，引导学生通过实际操作体验和感悟运动技能的形成过程。同时，教师还应鼓励学生主动思考，培养他们的自主学习能力和创新精神。

（3）技术

在技术手段方面，领会教学式的体育教学模式可以充分利用多媒体技术。例如，通过制作生动的动画、图表等辅助教学材料，帮助学生更加直观地理解运动原理；通过在线教学平台，实现远程教学和互动交流，拓宽学生的学习渠道；通过虚拟现实技术，模拟真实的运动场景，让学生在虚拟环境中进行实践操作，提高他们的运动技能水平。这些技术手段的运用，可以大大增强学生的学习效果，提升他们的学习兴趣和积极性。

二、信息化时代高校体育教学新模式的应用

（一）个性化教学模式

1. 个性化教学模式的基本理论

（1）个性化教学模式的概念

个性化教学模式是指在信息化时代背景下，根据学生的学习风格、兴趣、能力等特点，量身定制符合其个人发展需求的教学方法和策略。在体育教学中，个性化教学模式强调根据学生的身体条件、运动偏好和学习目标，提供差异化的教学内容和训练方式，以最大限度地发挥每个学生的潜能和优势。

（2）个性化教学模式的主要特点

①学生中心

在个性化教学模式中，学生的需求和兴趣被置于核心位置。教师致力于理解每个学生的独特性，包括他们的学习习惯、兴趣点、学习速度等，并根据这些因素定制教学内容和方法。这不仅确保了学生在学习中的主体地位，还激发了他们的学习热情和参与意愿，使教学更具针对性和实效性。

②差异化教学

针对学生的不同背景和能力，差异化教学强调为每个学生定制独特的教学路径。其中包括设计不同的学习任务、采用多种教学方法和评估标准，以及提供个性化的学习支持。通过这种方式，差异化教学不仅满足了学生的个性化需求，还帮助他们更好地理解和掌握知识，从而促进了学生的全面发展。

③多元化资源

在现代教育技术的支持下，多元化资源成为个性化教学的重要组成部分。利用信息化手段，教师可以整合各种教学资源，如视频教程、在线课程、模拟软件等，为学生创造一个丰富多样的学习环境。这些资源不仅提供了多样化的学习方式，还增强了学生的学习体验和效果，使学习变得更加有趣和高效。

④持续评估

在个性化教学模式中，评估不再是一次性的活动，而是贯穿整个学习过程的持续性行为。教师不仅仅关注学生的最终成绩，更重视他们的学习过程、学习方法和进步情况。通过持续的评估，教师可以及时发现问题并提供指导，帮助学生更好地调整学习策略和提高学习效果。这种评估方式不仅促进了学生的自我反思和自主学习能力的发展，还增强了教师与学生的互动和沟通。

2. 个性化教学模式在体育教学中的应用

个性化教学模式在体育教学中的应用，旨在充分照顾每个学生的个体差异，注重针对每位学生的学习风格、需求和兴趣进行个性化教学。这种教学模式的应用有助于帮助学生发挥潜能，提高学习效果，并培养他们的自主学习能力和探究精神。

首先，个性化教学模式强调针对个体差异进行体育教学。每个学生都有不同的身体条件、运动能力和兴趣爱好，因此教师应该根据学生的个人情况，为他们提供量身定制的学习计划和教学材料。例如，对于体能较差的学生，教师可以设计一些基础性的锻炼项目，帮助他们逐步提高体能；对于运动能力较强的学生，教师可以安排更具挑战性的训练内容，激发他们的潜力。

其次，个性化教学模式注重培养每个学生的个人发展。在体育教学中，学校和教师应根据学生的兴趣、能力与职业目标，提供多元化的学科选择和参与社会实践的机会。例如，学校可以开设多种体育选修课程，让学生根据自己的兴趣选择；同时，还可以组织各类体育比赛和活动，让学生有机会展示自己的才能和技能。

再次，个性化教学模式鼓励学生主动参与学习过程。教师不再是传统的知识传授者，而是学生学习过程中的指导者和伙伴。在体育教学中，教师可以让学生主动选择运动项目、制定学习目标，并根据自己的兴趣和能力自主学习。同时，教师还可以根据学生的表现提供针对性的指导，帮助学生克服困难和提高技能。这种教学方式能够激发学生的自信心和学习动力，培养他们的自主学习能力和探究精神。

最后，个性化教学模式在体育教学中的应用需要注重评价和反馈。教师应该及时给予学生积极的反馈和鼓励，以激发他们的学习兴趣和动力。同时，教师还需要建立多元化的评价体系，对学生的运动技能、学习态度、合作精神等方面进行评价，以全面反映学生的学习成果。

（二）线上线下混合教学模式

随着信息技术的快速发展，线上线下混合教学模式逐渐成为体育教学的新趋势。这种教学模式结合了线上教学的灵活性和线下教学的实践性，旨在提供更加高效、个性化的学习体验。

1. 线上线下混合教学模式的体育教学特征

线上线下混合教学模式的体育教学，以其独特的教学特征，正逐步改变传统体育教学方式，引领体育教育走向一个更为广阔、灵活的领域。[①] 这一模式最显著的特性，在于打破了时间和空间的束缚。传统的体育教学通常局限于学校的体育馆或操场，而且受到课程时间表的限制，但线上线下混合教学模式则使学生可以在任意时间、任意地点进行学习，这无疑为学生提供了更为宽松、自由的学习环境。

除了突破时空限制外，线上线下混合教学还能让学生接触到更多样化的教学资源。在传统的体育教学中，学生往往只能接受到教师单一的教学方式和内容，但在线上教学中，学生可以通过视频教程、互动课程等形式，接触到更为丰富、多样的教学内容。这些资源不仅有助于提高学生的体育技能，还能增强学生的学习兴趣和动力。

此外，线上线下混合教学模式还十分注重学生的个体差异。在传统的教学模式中，教师往往难以顾及每个学生的学习需求和特点，但在线上线下混合教学模式中，教师可以通过线上平台，实时了解学生的学习进度和反馈，从而进行针对性的指导。

---

① 喻家宾，张洪军，韩尚书. 线上线下混合式高校体育教学模式研究［J］. 体育世界，2024（3）：74-76.

这种个性化的教学方式，不仅有助于提高学生的学习效果，还能提高学生的自主学习能力和创新精神。

2. 线上线下混合教学模式在体育教学运用中的作用

线上线下混合教学模式在体育教学中展现出了无可替代的优势。首先，这种教学模式极大地激发了学生的学习兴趣和积极性。在传统的体育课堂教学中，学生往往只是被动地接受教师的指导，而线上线下的混合教学模式则为学生提供了更多的选择性和互动性。学生可以通过线上平台自主学习，了解相关的体育知识和技能，然后在线下的体育课堂上与教师进行互动和实践，这样的学习方式无疑更加有趣和富有挑战性。

其次，线上线下混合教学模式能够更有效地满足学生的学习需求，提高教学效果。每个学生的体育水平和兴趣爱好都不尽相同，线上教学可以为学生提供个性化的学习资源，帮助他们根据自己的实际情况进行针对性的学习。线下的体育课堂教学则可以为学生提供更多的实践机会，帮助他们将线上所学应用到实际中，从而更好地掌握体育技能。

最后，通过线上线下的有机结合，学生的自主学习能力和团队协作能力得到了显著的提高。线上的自主学习需要学生具备一定的自我管理和自我驱动能力，这对培养他们的自主学习能力是非常有益的。线下的体育课堂教学则常常需要学生进行团队协作，共同完成一些任务和挑战，这对培养他们的团队协作能力也是非常重要的。

3. 体育线上线下混合课程构建的基本实施路径

（1）坚持教师主导与学生主体的混合式教学

混合式教学模式在体育课程中具有显著优势。教师作为引导者，需要发挥主导作用，激发学生的学习兴趣，引导他们主动参与学习过程。通过线上资源的自主学习和线下课堂的互动讨论，学生可以更深入地理解体育知识和技能。同时，强调学生的主体地位，意味着教师要尊重学生的个体差异，鼓励他们主动探索和创新。线上线下的有机结合，可以让学生在实践中学习、在学习中实践，从而实现教师主导与学生主体的协同作用，达到更好的教学效果。[①]

（2）强化混合式课程设计的科学合理性

在设计体育线上线下混合课程时，科学合理性至关重要。课程内容的选择和安排应符合学生的认知规律与学习特点，确保学生能够顺利掌握知识和技能。同时，

---

① 许金钱. 线上线下混合教学模式在高校体育教学中的应用研究 [J]. 体育世界，2024（2）：99-101.

也要充分体现体育教学的特点和要求，如注重实践性和互动性。通过科学合理的课程设计，可以确保线上线下教学的有效衔接和互补，提高教学效果。此外，课程设计还应注重评价体系的建立，以便及时了解学生的学习情况，为他们提供有针对性的指导和帮助。这样，混合式教学才能真正发挥其优势，为学生的全面发展提供有力支持。

（3）实现线上线下教学内容的科学混合

要实现线上线下教学内容的科学混合，我们可以采取以下措施。在线上教学环节，可以运用多媒体教学资源，如视频教程、互动课件等，让学生自主学习理论知识，并通过模拟训练等方式初步掌握运动技能。在线下教学环节，可以利用体育场馆和器材，组织学生进行实践训练，通过教师的指导和纠正，提升学生的运动技能和身体素质。线上线下的有机结合，不仅可以提高教学效果，还可以促进学生的自主学习和合作学习，实现理论与实践的相互促进。

（4）课后借助线上教学帮助学生对知识进行复习巩固

在体育线上线下混合课程中，课后复习巩固同样重要。教师可以通过线上教学平台，提供丰富的学习资源和练习题目，帮助学生巩固所学知识和技能。同时，线上教学平台还可以提供实时反馈和互动交流功能，方便学生随时与教师或其他同学进行交流讨论，加深对知识点的理解和掌握。此外，教师还可以利用线上教学平台，为学生制订个性化的复习计划和学习路径，以满足不同学生的学习需求并提高学习效果。通过这样的课后复习巩固，不仅可以巩固学生的知识基础，还可以提高学生的自主学习能力和综合素质。

第六章 信息化时代高校
体育教学设计的创新与发展研究[①]

第一节 体育教学设计相关理论阐述

一、体育教学设计的概念

（一）教学设计的概念

教学设计起源于 20 世纪 50 年代，是在现代教学技术与教育心理学基础上发展起来的现代教学理论。

教学是一项比较复杂的工作，涉及多种要素。教学设计是一项以解决教学问题为目的的特殊的教学活动，遵循教学的基本规律。关于教学设计的概念，当前的学界没有做出明确界定。我国学者普遍认为，教学设计是运用系统的方法分析教学问题、确定教学目标、建立解决教学问题的策略方案、评价实施结果、修改教学方案的过程。

（二）体育教学设计的概念

20 世纪 80 年代，我国开始了对体育教学设计的研究。随着体育教学的发展与进步，体育教学设计的原理、方法等也更加丰富。当前我国学界对体育教学设计概念的认识比较统一，即体育教学设计是一项以学习理论、教学理论、体育教学原理与传播学为基础，以优化体育教学的效果为目的，通过系统的程序与手段协调组合各项要素、优化体育教学过程的设计活动。

二、体育教学设计的意义与特点

（一）体育教学设计的意义

体育教学设计是指对体育教学过程进行系统化规划和准备的过程，旨在提高教

---

① 山西省教育科学"十四五"规划 2023 年度专项课题
　课题名称：基于 OBE 理念下高校体育公共课教学改革创新研究
　课题编号：SZH－230043

学效果和学生的学习成效。以下是体育教学设计的意义。

1. 有益于青年教师的培养

对于青年教师而言，体育教学设计无疑是一条专业化的成长路径。它不仅是简单的教学步骤的制订，更是一种对体育教学理念的深入理解和实践方法的系统掌握。① 通过详细规划和实践教学过程，青年教师可以从零开始，逐步搭建起自己的教学体系，从而培养出独特而有效的教学方法。这一过程不仅让青年教师掌握了实际的教学技能，更培养了他们的专业素养，使他们能够更好地适应教育的变化和发展。

更重要的是，教学设计的过程也是青年教师自我反思和总结的宝贵机会。每一次教学实践都是一次经验的积累，而通过对这些经验的总结和反思，青年教师可以发现自己教学方法中的优点和不足，进而进行针对性的改进。这样的循环往复，不仅让青年教师的教学水平不断提高，也使他们在专业成长的道路上更加坚定和自信。因此，对于青年教师来说，深入理解和掌握体育教学设计不仅是他们教学能力提升的关键，也是他们专业素养提升和职业发展的重要途径。

2. 有益于科学思维与能力的培养

在规划体育教学设计时，教师应深入理解和遵循教育教学的基本规律，包括学生身心发展的阶段性特征、认知发展的规律以及学习过程的心理学原理等。学生的身心发展需求是多方面的，既有身体上的成长，也有心理上的成熟。因此，体育教学不仅要关注学生的体能锻炼，更要注重培养学生的心理素质和社交能力。

在教学过程中，教师需要运用科学的思维和方法，如系统思维、逻辑思维和创新思维等，对教学内容、方法和手段进行科学的规划和优化。这不仅要求教师具备扎实的体育专业知识和技能，还需要教师掌握教育学、心理学等相关学科的知识，以便更好地指导学生的学习和发展。

通过这样的教学设计，可以有效培养学生的科学思维能力，使他们在解决问题的过程中能够运用科学的方法和逻辑进行思考。这也有助于提高学生的综合素质和能力，使他们更好地适应未来社会的发展需求。因此，教师在体育教学设计中应始终坚持以学生为中心，关注学生的全面发展，为他们提供优质的教育服务。

3. 有益于体育教学工作的科学化

体育教学设计是一项至关重要的工作，赋予了体育教学更加科学、规范和有效的特性。通过精心设计的体育教学方案，教师们不仅能够准确掌握教学进度，还可

---

① 陈丽. 高校体育专业课程线上教学设计研究 [J]. 体育风尚，2023 (12)：158 - 160.

以清晰地了解每位学生的学习情况。这样的设计使教师能够及时发现教学中存在的问题，从而采取相应的教学策略进行解决，确保教学质量得到不断提升。

不仅如此，体育教学设计还促进了体育教学资源的优化配置。在明确的教学目标指导下，教师可以更加有针对性地选择和利用教学资源，无论是体育器材、场地还是教学内容的安排，都能达到最佳的利用效果。这种资源的高效利用不仅提升了体育教学的整体效果，更为学校的教育事业注入了更多的活力和动力。

4. 有益于体育教学理论与体育教学实践的结合

体育教学设计在体育教育领域至关重要，巧妙地将体育教学理论与教学实践紧密地结合在一起。教学设计不只是一个简单的规划过程，要求教师对教学理论有深入的理解和掌握，同时需要对实际教学环境、学生特点以及教学资源等因素进行全面考虑。通过精心的教学设计，教师可以将先进的教学理论灵活地应用到实际教学中，使学生在实践中真正体验到理论的魅力。

教学实践也是检验和完善教学理论的最好方式。当教师将理论应用于实践时，会发现理论中的不足和需要改进的地方，这些宝贵的反馈又可以用来进一步完善和发展教学理论。这种双向的互动和反馈机制不仅促进了体育教学理论和实践的有机结合，也推动了体育教学工作的不断创新和发展。

（二）体育教学设计的特点

体育教学设计的特点体现了教学设计在体育教学领域中的独特性和重要性。以下是体育教学设计的六个主要特点。

1. 超前性

在制订教学方案时，我们不能仅仅局限于眼前的教学任务和目标，而是要放眼未来，预见体育教学的发展趋势和学生的长远需求。这意味着我们需要密切关注教育领域的新理念、新技术和新方法，及时将这些前沿元素融入我们的教学设计中。同时，我们需要深入了解学生的身心发展规律和学习特点，预测他们未来的学习需求和兴趣点，从而制订出更具有前瞻性和预见性的教学方案。这样的教学设计不仅能够满足当前的教学需求，更能为学生的长远发展打下坚实的基础。

2. 科学性

在进行教学设计时，我们必须遵循教育科学的规律，确保所制订的教学方案符合教育学、心理学、体育学等相关学科的理论知识。这意味着我们需要深入研究这些学科的前沿理论，理解并应用其中的核心观点和方法。同时，我们需要充分借鉴教学实践的经验和成果，将这些宝贵资源融入教学设计中。科学性的教学设计不仅能有效提升教学效果和学生的学习效率，还能保证教学过程的顺利进行，为学生的全面发展提供有力保障。

3. 艺术性

体育教学设计的艺术性体现在独特的教学方法和手段上。就像画家用色彩和线条创造画作，体育教师则需要用动作、游戏和互动来绘制一幅充满活力的体育课堂画卷。这不仅要求教师具备扎实的体育技能，还需要他们拥有教育艺术和教学技巧，让每个动作、每个环节都能成为激发学生的"引子"。这样的课堂不仅能增强学生的体质，还能培养他们的团队精神、创新思维和解决问题的能力。例如，在教授篮球运球技巧时，教师可以设计一系列趣味游戏，让学生在游戏中自然地掌握技巧，同时体验到团队合作的快乐。这种艺术性的体育教学设计既能让学生乐于参与，又能达到良好的教学效果。

4. 灵活性

体育教学设计的灵活性是其适应多变教学环境的关键。每个学生都是独一无二的，他们的体能、技能和兴趣各不相同。同时，教学环境也会因为天气、场地、器材等因素而发生变化。这就要求体育教师在设计教学时，要具备灵活应变的能力。他们需要根据学生的实际情况和现场条件，随时调整教学计划，确保每个学生都能得到适合自己的教学。另外，这种灵活性还体现在对突发事件的应对上，如突然下雨或器材损坏等。教师需要迅速做出反应，转变教学方式，保证教学的连续性和有效性。这种灵活性的体育教学设计不仅考验教师的专业素养，也是他们展现教学艺术的重要舞台。

5. 系统性

在体育教学设计中，系统性意味着教学设计不应只是零散的教学方法和内容的堆砌，而是一个有序、协调的整体。系统性体现在对教学目标的明确设定上，不仅是让学生掌握某项技能，还包括培养他们的团队协作、竞争意识、体能素质等方面的能力。教学内容的选择和安排也需要系统性地进行考虑，确保知识的连贯性和层次性。教学方法的选择和应用同样需要系统性，以适应不同学生的学习需求和风格。另外，教学评价也是系统性教学设计的重要一环，可以帮助教师了解教学效果，及时调整教学策略。这种系统性的教学设计确保了教学的整体性和一致性，使体育教学更加科学、有效。

6. 创造性

体育教学设计呼唤着教师的创造力和智慧。在传统的教学模式和方法下，体育教学可能显得单调、枯燥、缺乏吸引力。因此，教师需要发挥创造力，设计出新颖、独特、个性化的教学方案。这种创造性可以体现在教学内容的选择上，如引入新兴的体育项目或者融合不同体育项目的特点，让学生在体验多样化的体育活动中找到乐趣。在教学方法的运用上，创造性同样重要。教师可以通过游戏化教学、情景教学等方式，让学生在轻松愉快的氛围中学习体育技能。这种创造性的教学设计不仅能够突破传统的教学模式和方法，提高教学效果，还能够激发学生的学习兴趣和创造力，让体育教学焕发出新的活力。

三、体育教学设计的主要原则与基本要求

（一）体育教学设计的主要原则

体育教学设计的主要原则是指在设计体育教学过程时应遵循的基本准则和指导思想。以下是体育教学设计的五个主要原则。

1. 目标导向原则

在体育教学设计过程中，目标导向原则起着至关重要的作用。这意味着教师在设计教学内容、方法和手段时，必须清晰地知道教学目标是什么。这些目标不仅应该是明确的、具体的，还应该是可衡量的，这样才能确保教学的有效性和针对性。明确的教学目标不仅能指导教师进行教学设计，还能帮助学生更好地理解学习内容，自我评估学习效果。因此，在设计之初，教师应与学生沟通，了解学生的需求和期望，并结合课程大纲和教学大纲，制定出符合学生实际的教学目标。在整个设计过程中，教师应始终以此目标为导向，确保教学内容、方法和手段都是为了实现这个目标而设计的。这样体育教学才能真正做到有的放矢，实现最佳的教学效果。

2. 可操作性原则

一个优秀的教学设计方案不仅需要具有明确的教学目标，还需要具有可操作性。这意味着所设计的教学内容、方法和手段必须能够在实际教学中得到有效实施。为此，教师在设计过程中需要充分考虑自身的教学能力、教学资源和学生的实际情况。首先，教师应确保自己具备实施所设计方案的能力，包括教学技能、知识储备等方面。其次，教师需要评估可用的教学资源，如场地、器材、教材等，确保这些资源能够满足教学需求。最后，教师需要深入了解学生的实际情况，包括学生的体能水平、学习习惯、兴趣爱好等，以确保所设计的教学内容和方法能够吸引学生的兴趣并符合他们的学习需求。通过充分考虑这些因素，教师可以确保所设计的教学方案具有可操作性，从而在实际教学中取得良好的教学效果。

3. 灵活性原则

在体育教学设计中，灵活性原则尤为关键。由于学生的个体差异、教学环境的多样性以及教学需求的不断变化，一个固定不变的教学设计很难满足所有需求。因此，设计过程中必须具备灵活应变的思维。这意味着教师在进行教学设计时，不仅要考虑到常规的教学方法和内容，还需预备多种备选方案，以便在实际教学中灵活调整。例如，当发现某些学生对某项运动技能掌握得较慢时，教师可以调整教学策略，采用更直观或更具有针对性的方法进行教学；若教学环境突然发生变化，如天气突变或器材短缺，教师应迅速做出调整，确保教学能够顺利进行。总之，灵活性原则要求体育教学设计不仅考虑到常规的教学需求，还应具备应对各种突发情况的能力，以确保教学效果的最大化。

4. 程序性原则

体育教学设计的程序性原则是确保教学质量和效果的重要保障。一个系统的、规范的教学设计应当遵循一定的程序和步骤，从确定教学目标开始，逐步分析教学内容、选择教学方法和手段，最后进行教学评价。在这个过程中，每一步都不可或缺。其中，确定教学目标是教学设计的基础，为整个教学过程提供了明确的方向；分析教学内容则是确保教学目标实现的关键，它帮助教师确定需要教授的知识和技能；选择教学方法和手段则直接关系学生的学习效果，教师应根据学生的特点和教学内容的性质选择合适的方法；最后的教学评价则是检验教学效果的重要手段，它帮助教师了解学生的实际掌握情况，为后续的教学调整提供依据。遵循程序性原则，体育教学设计能够形成一个有条不紊、环环相扣的教学体系，确保每一个教学环节都能够发挥应有的作用，从而实现教学目标的最优化。

5. 创造性原则

创造性原则在体育教学设计中占据重要地位。这意味着教师不能仅仅依赖传统、陈旧的教学方法，而是应当勇于突破，追求创新和创造。这种创新不仅体现在教学内容的选择上，更应贯穿整个教学过程。例如，教师可以运用现代科技工具，如虚拟现实、增强现实等技术，为学生创造全新的学习体验。此外，教师还可以鼓励学生参与到课程设计中来，倾听他们的需求和想法，使教学更加贴近学生的实际。通过创造性的教学设计，不仅可以提升学生的学习效果，更能激发他们的学习热情和创造力，为培养未来的创新人才打下坚实的基础。

以上五个原则在体育教学设计中相互关联、相互作用，共同构成了体育教学设计的指导框架，遵循这些原则有助于设计出更加科学、有效和富有创造性的体育教学方案。

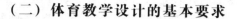

（二）体育教学设计的基本要求

体育教学设计的基本要求是在进行体育教学设计时需要满足的基本条件和标准，它们确保了教学设计的质量和效果。以下是体育教学设计的四个基本要求。

1. 体现素质教育理念

在体育教学设计中，全面贯彻素质教育理念至关重要。这意味着我们不仅要关注学生在体育技能方面的提升，还要重视他们体育兴趣、身心健康和社会适应能力的培养。为了达到这一目标，教学设计需要以学生为中心，充分了解学生的需求和特点，确保教学内容和方法能够引发学生的兴趣，激发他们的学习动力。同时，我们还要注重学生的全面发展，不仅仅局限于体育技能的训练，更要通过体育教学培养学生的团队合作精神、竞争意识、抗挫能力等综合素质。这样的教学设计才能真正体现素质教育的精神，为学生的全面发展打下坚实的基础。

2. 重视情景对学习的作用

在体育教学设计中，创设合适的教学情景对于提高学生的学习效果具有重要意义。通过将学习内容嵌入真实或模拟的情景中，我们可以使学生更加直观地理解和掌握知识，激发他们的学习兴趣和动力。同时，情景教学还有助于培养学生的实际运用能力和解决问题的能力。在情景中，学生需要运用所学知识和技能去解决实际问题，这不仅能够巩固他们的学习成果，还能够提高他们的实践能力和创新思维。因此，在体育教学设计中，我们应充分利用情景教学的方法，通过创设丰富多样的教学情景，为学生提供更多的实践机会和挑战，促进他们的全面发展。

3. 适应体育课程教材内容的多样化

在当今的体育课程中，教材内容的多样化尤为重要。为了更好地满足学生的需求，教学设计必须紧密结合这些多样化的内容。教材资源不仅仅是传统的教材书籍，还包括多媒体教学资源、网络资源和实际场地设备等。设计者在制订教学计划时，需要深入了解每种教材的特点，选择与之匹配的教学方法。例如，对于理论知识，可以采用多媒体教学，而对于运动技能的学习，则需要在运动场上进行实际操作。这样的设计不仅能确保教学内容的有效传授，还能帮助学生更好地掌握运动技能。

4. 运用多样化的教学组织形式与方法手段

体育教学不应是单调的，而应该是充满活力和变化的。为了实现这一目标，教学设计需要运用多样化的教学组织形式和方法手段。集体教学可以让学生互相学习，形成团队精神；小组教学可以针对学生的不同特点进行差异化教学；而个别指导则可以针对学生的具体问题进行深度剖析和指导。此外，使用讲解、示范、练习和比赛等多种方法可以激发学生的学习兴趣，使他们在轻松愉快的氛围中掌握运动技能，从而提高教学效果。这样的设计不仅关注了学生的个体差异，也注重了教学的实际效果。

这些基本要求为体育教学设计提供了指导和规范，有助于确保教学设计的质量和实施效果，促进学生的全面发展。同时，它们也体现了现代的教育理念和教学原则，有助于推动体育教学的不断创新和发展。

四、体育教学系统

（一）体育教学系统的构成

体育教学系统是一个复杂的教育系统，涵盖了多个关键要素，共同构成了这个系统的基础和结构。以下是体育教学系统的主要构成部分。

1. 教师

教师在体育教学系统中至关重要。他们不仅是体育知识和技能的传播者，还是引导学生体育学习和身心发展的引路人；他们不仅拥有扎实的体育理论基础和丰富的实践经验，还具备创新教学方法和手段的能力，能够根据学生的需求和特点，设计出有趣、有效的体育教学活动。他们关注每一个学生的学习进程，及时给予指导和反馈，帮助学生在体育学习中不断突破自我，实现自我价值的提升。

2. 学生

学生是体育教学系统中的重要参与者，他们的积极参与和投入是体育教学效果的重要保障。在体育课程和活动中，学生通过亲身实践，学习和掌握各种体育技能，不仅提升了身体素质，更培养了团队协作和竞技精神。在教师的指导下，他们积极参与各种体育竞赛和活动，不断挑战自我、超越自我，展现出蓬勃向上的精神风貌。同时，学生在体育学习中也收获了愉悦和自信，为未来的全面发展奠定了坚实的基础。

3. 教学媒体

在现代体育教学中，教学媒体不仅是教学工具，更是提升教学效果的关键因素。体育器材的种类丰富多样，如球类、健身器械等，能够满足不同体育项目的需求，让学生在实践中掌握运动技巧。场地设施则为学生提供了一个安全、舒适的运动环境，如足球场、篮球场等，使学生在专业的场地中进行训练。此外，随着科技的发展，教学软件也逐渐进入体育课堂，它们可以通过模拟、互动等方式，增强学生的学习体验。这些教学媒体共同构成了体育教学系统的重要组成部分，为教师和学生提供了丰富的教学资源，使体育教学更加生动、有趣。

4. 体育教学内容

体育教学内容是构成体育教学体系的基础。它涵盖了广泛的领域，从基础的体育理论知识到复杂的运动技能，都为学生提供了全面的学习路径。体育理论知识的教学能够帮助学生了解体育运动的原理、规则和技巧，为后续的实践操作打下基础。运动技能的学习和训练则通过反复的实践和指导，使学生逐渐掌握各种体育技能，增强身体素质。此外，体育比赛和活动的组织也是体育教学内容的重要组成部分，能够激发学生的参与热情，培养学生的团队精神和竞技精神。通过科学、系统的体育教学内容，学生不仅能够在课堂上获得知识和技能的提升，还能够在日常生活中养成良好的运动习惯，形成健康的生活方式。

（二）体育教学系统的内容

1. 体育理论知识和运动原理

体育是一门综合性、实践性和科学性的学科，它不仅仅关注身体的锻炼和技能的提升，更涵盖了深层次的理论知识和运动原理。这些知识包括体育的基本概念、运动生理学、运动生物力学、体育保健学、体育社会学、体育史等，它们共同揭示了体育运动的本质和规律。

通过学习这些理论知识，学生能够更加理性地理解运动对身体和健康的好处，明白运动是如何提高身体素质、增强免疫力、预防疾病的。另外，学生也会学习到不同年龄段的运动需求和特点，了解不同运动项目对身体的影响，以及如何根据个人的身体状况和目标制订合适的运动计划；懂得如何在运动中避免受伤，以及受伤后的处理和恢复方法。这对于学生形成正确的体育观念具有重要意义。

2. 运动技能的学习和训练

实践是检验真理的唯一标准。除了理论知识，运动技能的学习和训练也是体育教育中不可或缺的一部分。通过各种体育项目的实践训练，如足球、篮球、游泳、田径等，学生能够掌握基本的运动技能，如传球、投篮、游泳姿势、起跑等。

通过实践训练，学生不仅能够锻炼身体，提高运动能力，更能够培养团队精神、协作能力、抗挫能力等方面素质。这些技能和能力将为学生未来的生活和职业发展打下坚实的基础。因此，我们应该更加重视体育教育，提供更多的实践机会，让学生在实践中体验、学习、成长。

3. 体育比赛和活动的组织

体育教育绝不仅仅是课堂上的理论教学或简单的技能传授，更是一个充满活力和挑战的实践过程。通过精心组织和实施各类体育比赛和活动，如校际篮球赛、大型运动会以及户外拓展训练等，我们能够为学生创造一个真实、生动的竞技场景。在这些活动中，学生不仅能够亲身感受竞技的魅力和乐趣，还能在团队合作中培养出默契和信任，进一步增强集体荣誉感和团队协作精神。

这些实践经历不仅锻炼了学生的身体素质，提高了他们的运动技能，更在无形中磨炼了他们的意志品质。在比赛中面对失败和挫折，学生学会了如何保持冷静、调整心态，从而培养出坚韧不拔的竞争意识和不屈不挠的斗志。这些宝贵品质将伴随他们走向未来，成为他们人生道路上不可或缺的财富。

4. 身心健康教育和心理健康辅导

在体育教育体系中，关注学生的身心健康至关重要。体育教育不仅要培养学生的运动技能和体能，还要塑造他们的健康身心，使之成为全面发展的人才。身心健康教育和心理健康辅导作为体育教育不可或缺的一部分，能够帮助学生了解如何保持健康的生活方式，包括合理的饮食、充足的休息以及规律的运动等。

通过这一系列的教育和辅导措施，学生能够学会如何调整自己的心态，以积极乐观的态度面对生活中的挫折和压力。这些知识和技能的积累将有助于学生建立良好的生活习惯和健康的心态，为他们的成长道路提供有力支持，使他们全面、健康地发展。

（三）体育教学系统的运行

体育教学系统的运行是一个动态的过程，主要包括以下几个方面。

1. 教学计划的制订和实施

制订教学计划是教学工作的第一步，其核心在于确保教学内容的科学性和方法的合理性。教师应全面分析学生的知识背景、学习能力以及兴趣爱好，结合教学目标，精心策划每一节课的内容。教学计划不仅要明确教学的知识点，还要选择适当的教学方法，如讲解、讨论、案例分析等，以及明确教学进度，确保每个环节都有充分的实施时间。在实施教学计划时，教师应灵活调整，根据学生的反馈及时调整教学策略，确保教学效果。

2. 教学活动的组织和开展

教学活动的组织对于激发学生的学习兴趣和积极性至关重要。教师可以根据教学内容的需要，组织讲解、示范、练习和比赛等形式的活动。在讲解中，注重知识的深入浅出，使学生易于理解；在示范中，展示正确的操作方法供学生模仿；在练习中，给予学生充分的实践机会，让他们在实践中掌握技能；在比赛中，激发学生的竞争意识，培养他们的团队协作能力。这些活动不仅能够丰富教学内容，还能够营造积极向上的学习氛围。同时，教师应注重与学生的互动合作，鼓励学生提出问题，引导他们自主思考，共同探索知识的奥秘。

3. 教学评估和反馈

为了确保教学质量和学生的学习效果，教学评估和反馈尤为重要。在教学过程中，定期对学生进行考核和评价是必要的。这不仅能了解学生对知识的掌握程度，还能发现学生在学习上遇到的困难。当发现学生存在学习问题时，教师应及时给予指导和帮助，确保问题得到及时解决。同时，教师和学生之间的反馈和沟通也至关重要。教师应鼓励学生提出疑问和建议，及时听取学生的反馈，以调整教学方法和策略。通过良好的沟通和反馈机制，可以进一步提升教学质量，促进学生的全面发展。

4. 教学资源的配置和利用

在现代体育教学中，教学资源的配置和利用对教学质量有着直接影响。为了保障教学活动的顺利进行，必须合理配置和利用体育器材、场地设施等教学资源。学校应根据课程需求和学生人数，合理购置和更新体育器材，确保每个学生都能有足够的练习机会。同时，对场地设施进行定期维护和升级，确保其安全性和使用效果。此外，随着科技的发展，现代科技手段如教学软件、网络资源等在教学中的应用也日益广泛，教师可以利用这些资源制作生动有趣的课件，提供多样化的学习方式，激发学生的学习兴趣。通过合理利用这些教学资源，可以有效提升教学质量，为学生的体育学习创造更好的条件。

五、学习理论与体育教学设计

（一）学习理论

1. "刺激—反应"学习理论

"刺激—反应"学习理论被认为是行为主义学习理论，这一观点源自20世纪初的美国心理学家约翰·华生。华生坚信，学习是通过刺激与反应之间的关联逐步建立的。在他的理论框架中，人类的行为被视为对外界刺激的直接回应。他尤其强调环境在塑造行为中的巨大影响力，以及奖励和惩罚在调节行为上的有效性。

在体育教学实践中，这种理论的应用主要体现在明确的教学指令和及时的奖惩机制。教师可以通过明确、具体的指令来刺激学生做出相应的动作反应。适度的奖励和惩罚则能有效调节学生的行为，使他们更快地掌握体育技能。这种方法在一定程度上忽略了学生内部的心理过程和主观感受，但其在短期内确实能帮助学生形成稳定的行为模式。

2. 认知学习理论

认知学习理论主张学习是通过个体内部心理过程的发生和发展达成的。这一理论高度重视学生在学习过程中的主动性和选择性，它认为学习不仅仅是对外界信息的简单接收，更是学生主动获取、处理和存储信息的过程。

在体育教学中，认知学习理论的应用更多地体现在引导学生主动思考和解决问题上。教师可以通过设置具有一定挑战性的问题或任务，激发学生的好奇心和探究欲，使他们积极寻找解决问题的方法。这样的教学方式不仅有助于培养学生的自主学习能力，还能增强他们的探究学习能力，为他们未来的学习和生活奠定坚实的基础。与行为主义学习理论相比，认知学习理论更加注重学生的主观体验和内心感受，强调学习过程中学生的主观能动性和自主性。

3. "认知—行为主义"学习理论

"认知—行为主义"学习理论作为认知学习理论与行为主义学习理论的结合体，为我们提供了一种全面的学习视角。它强调，学习不仅仅是外部环境刺激与反应的简单过程，而是个体在特定环境下，通过内部的认知加工过程，主动构建知识和技能的过程。在体育教学中，这一理论的应用尤为重要。教师可以通过行为塑造，如规范的动作示范和逐步的训练，使学生形成良好的运动习惯。同时，结合认知加工，教师可以引导学生思考和理解运动技能的内在逻辑，帮助学生从理论和实践两个层面掌握体育知识。这样，学生在体育学习中不仅能形成正确的运动技能，还能培养主动学习和自我反思的能力。

4. 人本主义学习理论

人本主义学习理论是一种以学生为中心、强调人的尊严和价值的学习观。它认为学习是个体为了自我实现和潜能发展而进行的主动过程，而不仅仅是知识的积累或技能的训练。在体育教学中，这一理论的应用具有深远意义。体育教师应该关注学生的情感和态度，创造一个积极、和谐的学习环境，让学生在运动中感受到快乐和成就。同时，教师应该鼓励学生自主学习和创新，让他们在探索中发现自我，实现潜能。这样，体育教学不仅能够培养学生的运动技能和身体素质，还能促进他们的全面发展，成为一个有情感、有思想、有创造力的人。通过人本主义学习理论的应用，我们可以让学生在体育学习中找到自我，实现自我价值，从而培养出一代又一代全面发展的优秀人才。

（二）学习理论与教学设计的关系

学习理论在教学设计中具有举足轻重的地位，为教学设计提供了坚实的理论基础和指导原则。在实际教学过程中，教学设计者需要深入理解并掌握各种学习理论的核心观点，以便能够灵活应用这些理论来指导教学实践。这意味着教学设计并非一成不变的模板套用，而是需要根据学生的学习需求、个体差异和学习特点，以及具体的教学环境和条件，进行有针对性的选择和调整。因此，教学设计者需要具备批判性思维和创新精神，能够在教学实践中不断尝试新的教学方法和策略，以寻找最适合学生的教学方案。同时，他们还需要具备扎实的专业知识和广泛的教育技术技能，以便能够有效地整合各种教学资源，创造出富有吸引力和实效性的教学环境。通过这样的教学设计过程，不仅可以提高学生的学习效果，还可以促进他们的全面发展和个性成长。

六、教学理论与体育教学设计

（一）教学理论

教学理论是探讨教学过程、教学原则、教学方法和教学评价等问题的理论体系。它主要关注如何有效地传授知识、技能和态度，以及如何优化学生的学习效果。教学理论涉及多个学科领域，包括教育学、心理学、社会学等，旨在为教育实践提供科学的指导和支持。

教学理论的发展经历了多个阶段，包括行为主义、认知主义、建构主义等。这些理论流派都有自己独特的教学观点和方法，为教学设计提供了不同思路。例如，行为主义强调通过外部刺激和奖励来塑造学生的行为，而认知主义则更注重学生的内部认知过程和思维发展。

（二）教学理论与体育教学设计的关系

体育教学设计是运用教学理论和方法，针对体育学科的特点和学生需求，制订具体的教学计划和方案的过程。体育教学设计需要充分考虑体育学科的特点，如实践性、技能性和竞技性等，同时需要关注学生的身心发展规律和个体差异。

教学理论在体育教学设计中起着重要的指导作用。首先，教学理论为体育教学设计提供了科学的理论基础，帮助教师理解体育教学的本质和规律，明确教学目标和策略。其次，教学理论可以指导教师根据学生的特点和需求，选择合适的教学方法和手段，提高教学效果。最后，教学理论可以为体育教学设计提供评价标准和反馈机制，帮助教师了解学生的学习情况，及时调整教学策略。

体育教学设计也是对教学理论的实践应用和发展。在体育教学过程中，教师需要根据实际情况调整和完善教学理论，形成具有针对性和实效性的教学方案。这些实践经验又可以反过来丰富和发展教学理论，推动教学理论的不断创新和完善。

第二节　信息化时代高校体育教学设计的内容

一、信息化时代高校体育教学目标的设计

（一）信息化时代高校体育教学目标设计的要求

在信息化时代背景下，高校体育教学目标的设计显得尤为重要。为了确保教学目标能够有效指导教学实践并促进学生的全面发展，设计时应当满足以下三个要求[①]。

1. 表述确切

（1）清晰明确

在教学目标的设定中，清晰明确至关重要。这意味着教师需要用准确且不含糊的语言来描述教学目标，以便学生能够准确理解并知道自己需要达到什么标准。教师应避免使用模糊或含糊不清的表述，而是应该使用明确、具体的语言来阐述教学目标。此外，教师还需要与学生进行充分沟通，确保每个学生都能准确理解目标的具体要求，从而有针对性地进行学习。

（2）量化具体

为了使教学目标更具有可操作性和可评估性，教师应该尽可能使用量化指标来描述教学目标。量化指标既可以使教师更直观地评估学生的完成情况，也可以帮助学生更清晰地了解自己的进步和不足之处。例如，在设定技能掌握程度时，教师可以明确规定学生需要达到的熟练程度，如每分钟打字速度、正确率等；在设定体能提升标准时，教师可以规定学生在一定时间内需要完成的训练量、达到的体能水平等。这样的量化指标可以帮助学生更加明确地了解自己的学习目标和进步情况，从

---

① 王惠，龚洪波.基于 OBE 理念的普通高校体育课程教学设计——以体育学业质量为导向［C］//中国体育科学学会.第十三届全国体育科学大会论文摘要集——书面交流（学校体育分会）.湖北第二师范学院体育学院，武汉工程大学邮电与信息工程学院，2023：2.

而更好地实现自我提升。

2. 难度适中

（1）符合学生实际

教师在设定教学目标时，必须深入了解学生的实际学习情况和能力水平。这意味着教学目标既不能过于简单，让学生觉得没有挑战性，也不能过于困难，让学生感到无从下手。教师需要综合考虑学生的知识水平、学习习惯、兴趣爱好等因素，设定既能激发学生学习兴趣，又能推动他们不断超越自我的教学目标。这样的教学目标才能真正符合学生的实际需求，帮助他们实现全面发展。

（2）分层设置

每个学生的学习基础和能力有所不同，教师在设定教学目标时应该采取分层设置的方式。这意味着教师可以针对不同层次的学生设定不同的教学目标，以确保每个学生都能在自己的基础上取得进步。例如，对于基础薄弱的学生，教师可以设定更为基础的教学目标，帮助他们逐步建立信心；而对于基础较好的学生，教师则可以设定更具有挑战性的目标，激发他们的学习潜力。通过分层设置教学目标，教师可以更好地满足学生的个性化需求，促进他们的全面发展。

（3）灵活性调整

在教学过程中，学生的学习情况可能发生变化，因此教师需要具备灵活调整教学目标的能力。这意味着教师需要根据学生的实际表现及时调整教学目标，以确保教学目标的难度与学生的实际能力相匹配。例如，当学生在某个知识点上表现出较强的掌握能力时，教师可以适当提高教学目标的难度，以挑战学生的能力极限；当学生在某个知识点上遇到困难时，教师则应该降低教学目标的难度，以帮助学生更好地掌握知识。通过灵活调整教学目标，教师可以更好地适应学生的学习变化，提高教学效果。

3. 细化分解

（1）分解步骤

将总体教学目标细化为具体的子目标或步骤是实现高效教学的关键。在这一过程中，教师需要将整体的学习任务分解成若干个小目标，确保每个目标都具有可操作性和可衡量性。通过这样的细化，学生不仅可以更加清晰地了解自己的学习进度，也能更有针对性地进行学习。同时，逐步完成这些小目标也能增强学生的自信心和学习动力，使他们更好地实现总体目标。

（2）逻辑连贯

为了确保教学目标的顺利实现，各个子目标之间必须具有逻辑连贯性。这意味着教师需要精心设计每个子目标，确保它们之间既有联系，又有区别，形成一个完整的教学体系。通过这样一个体系，学生可以在逐步完成子目标的过程中，不断积累知识和技能，形成自己的知识体系和思维框架。这样的教学方式不仅能提高学生的学习效率，还能培养他们的综合能力和创新思维。

（3）关注细节

在细化分解教学目标时，教师需要格外关注每一个细节，包括对每个子目标的描述、实现方式、评估标准等方面的细致考虑。只有确保每个步骤都能够有效促进学生的学习和发展，才能够真正达到教学目的。同时，关注细节也能够体现教师的专业素养和教学经验，让学生感受到教师的用心和负责，从而更好地投入学习中去。

（二）信息化时代高校体育教学目标设计步骤

在信息化时代背景下，高校体育教学目标的设计需要遵循一系列步骤，以确保其科学性、针对性和可行性。以下是具体的设计步骤。

1. 分析教学对象

（1）了解学生特点

教师需要通过多种途径，如问卷调查、访谈、观察等，全面了解学生的年龄分布、性别比例、身体素质状况以及运动技能水平。此外，教师还应关注学生的兴趣爱好和个性特点，以便更好地激发他们的学习热情和动力。这些信息对于教师制定针对性强、符合学生实际的教学目标至关重要，有助于确保教学目标与学生的学习需求和发展方向相契合。

（2）评估学生需求

教师可以通过与学生进行面对面沟通，了解他们在体育学习方面的期望和困惑；同时，通过观察学生在课堂上的表现，了解他们的学习进度和存在的问题。此外，教师还可以定期搜集学生的反馈意见，以便及时调整教学策略和目标。通过这一系列措施，教师可以更加准确地把握学生的实际需求，确保教学目标能够满足学生的期望，从而提高教学效果和学生满意度。

2. 分析教材内容

（1）确定教学内容

在教学大纲和课程要求的指导下，我们需要明确本次教学要教授的体育项目、技能和知识点。在选择教学内容时，我们必须充分考虑学生的实际需求和学习目标，确保所教授的内容既符合教学要求，又能激发学生的学习兴趣和积极性。只有这样，我们才能确保教学质量，提高学生的学习效果。

（2）分析教材特点

教材既是教师教学的主要依据，也是学生学习的主要资源。因此，对选定的教材进行深入分析至关重要。我们需要仔细研究教材的结构，了解各个部分之间的逻辑关系。同时，我们还需要明确教材的重难点，从而更好地把握教材的核心内容，为制定教学目标提供有力依据。通过对教材特点进行深入分析，我们可以更好地指导学生进行学习，帮助他们更好地理解和掌握所学内容。

3. 编写教学目标

（1）明确教学目标的类型

布鲁姆的教学目标分类理论将教学目标划分为认知、情感和动作技能三大领域。在体育教学目标的制定中，这三个领域的发展需求同样不可忽视。其中，认知领域注重学生的知识获取和思维能力提升，情感领域强调学生的情感体验和态度培养，而动作技能领域则直接关联学生的体育技能学习和体能发展。因此，在制定体育教学目标时，我们需要确保其涵盖这三个领域，以全面促进学生的身心健康发展。

（2）制定具体目标

为了确保体育教学的有效性，我们需要根据教学对象的特点和教材内容的分析，制定具体、可量化、可评估的教学目标。这些目标不仅要具有挑战性，以激发学生的学习动力，也要确保它们不会超出学生的能力范围，以免让学生感到挫败。此外，我们还需确保这些目标与教学大纲和课程要求保持一致，以确保教学的连贯性和系统性。

（3）使用规范的语言

在编写体育教学目标时，我们需要使用清晰、明确、规范的语言进行描述，避免使用模糊、笼统的表述方式，以免导致学生对目标的理解产生困惑。通过使用规范的语言，我们可以确保每个学生都能准确理解目标的具体要求，从而更好地指导他们的学习。这不仅有助于提高体育教学的效果，也有助于培养学生的语言理解能力和沟通能力。

通过以上三个步骤的设计，可以制定出符合信息化时代高校体育教学特点的教学目标。这样的目标既能够指导教师的教学实践，又能够激发学生的学习兴趣和动力，促进他们的全面发展。另外，设计过程中还应注意与时俱进，不断根据新的教学理念和技术手段进行调整和优化。

二、信息化时代高校体育教学策略的设计

(一) 信息化时代高校体育教学策略的设计依据

在信息化时代背景下，高校体育教学策略的设计尤为重要。为了确保教学策略的有效性和针对性，设计过程中需要全面考虑以下教学要素。

1. 教学目标

(1) 指引方向

在教学设计中，教学目标占据着至关重要的地位，不仅是教学策略设计的出发点，更是其归宿。一个明确、具体的教学目标能够为教学策略的制定提供清晰的方向。只有当教学目标明确时，教师才能有针对性地选择教学方法、安排教学内容、设定教学进度，从而确保教学活动能够围绕目标展开，提高教学效果。因此，在教学设计过程中，我们应首先明确教学目标，以确保教学活动的有效性和针对性。

(2) 与策略相匹配

教学策略的选择与教学目标紧密相连、相辅相成。一个成功的教学策略应该能够紧密配合教学目标，确保所采用的教学方法、手段等能够有效达成预设的教学目标。这就要求教师在制定教学策略时，充分考虑教学目标的要求和特点，选择与之相匹配的教学策略。同时，教师还需要根据教学过程中的实际情况，灵活调整教学策略，以确保其始终与教学目标保持一致。只有这样，我们才能确保教学活动的高效性，实现教学目标的最优化。

2. 教与学的理论

(1) 指导实践

教与学的理论为教师提供了关于如何组织教学内容、选择教学方法以及如何评估学生学习效果的指导原则。例如，认知主义理论强调学生的主动加工和建构知识，这要求教师在设计教学策略时注重学生的参与和互动，促进学生的深度学习；行为主义理论则强调奖励和惩罚在塑造学生行为中的作用，这提醒教师在教学策略中要注重给予学生及时反馈和适当奖励，以增强学生的学习动力。通过应用这些理论，教师能够更有针对性地设计教学策略，提高教学效果。

(2) 促进教与学的交互

这要求教师在教学策略的设计中充分考虑学生的学习方式和教师的教学风格。例如，对于喜欢通过视觉学习的学生，教师可以采用图表、图片等可视化工具来呈现教学内容；对于喜欢通过听觉学习的学生，教师可以采用讲解、讨论等方式来传递信息。

同时，教师还应关注自己的教学风格，选择适合自己的方式来引导学生参与课堂互动，激发学生的学习兴趣和积极性。通过考虑学生的学习方式和教师的教学风格，教学策略能够更好地促进学生的有效学习和教师的教学效果，实现教与学的良好互动。

3. 教学内容

（1）确定策略重点

在选择教学策略时，必须深入理解和分析教学内容的特点和难易程度。不同的教学内容可能需要不同的教学策略，以适应其独特的属性和要求。例如，对于抽象和复杂的理论知识，可能需要采用演绎法、类比法等教学策略，以帮助学生逐步构建和理解知识体系；而对于实践性和操作性强的教学内容，则可能需要更多的案例研究、模拟实验等教学策略，以让学生亲自动手，实践应用。这种对教学内容的深度分析能够帮助教师设计出更符合学生学习需求的教学策略，从而更有效地促进学生的学习。

（2）确保内容传达效果

设计并选择了合适的教学策略后，下一步就是如何将教学内容准确、高效地传达给学生。这需要教师运用各种教学技巧和方法，如提问、讨论、演示等，来引导学生参与教学过程，增强他们的学习体验。同时，教师还需要密切关注学生的学习反馈，及时调整教学策略，以确保教学内容能够被学生充分理解和吸收。此外，教师还可以通过作业、测验等方式检查学生对教学内容的理解和掌握程度，从而评估教学策略的有效性。通过这些措施，教师可以确保教学内容能够准确、高效地传达给学生，从而提高教学效果。

4. 教师能力

（1）发挥教师优势

在教学过程中，每位教师都拥有独特的教学经验、专业能力和特长，这些都是他们在教学工作中的宝贵财富。为了充分发挥这些优势，教师应当深入了解自己的长处，并根据自己的特点来设计和选择教学策略。例如，擅长实验教学的教师可以多设计一些动手实践的课程，让学生在实践中感受知识的魅力；具有丰富文学素养的教师则可以通过朗读、演讲等方式，引导学生深入品味语言文字的美。这样不仅能让教师的教学更加得心应手，还能让学生在轻松愉悦的氛围中学到更多知识。

（2）适应教师风格

每位教师都有自己独特的教学风格，这是由他们的个性、经验和教学理念等因素共同决定的。教学策略的设计应当充分考虑这些因素，与教师的教学风格相契合，以提高教学效果。例如，有的教师善于启发式教学，能够通过提问和引导让学生主动思考、探索知识；而有的教师则更注重知识的传授和讲解，喜欢通过系统的讲解和练习来帮助学生掌握知识。

5. 学生特点

（1）满足不同需求

在实际教学过程中，学生的年龄、性别、兴趣和学习风格等会对教学策略的制定产生深远影响。为了确保每位学生都能获得有效的教学体验，教学策略必须细致入微地考虑学生的实际需求。例如，对于年龄较小的学生，可以采用更加生动有趣的游戏化教学方式；对于性格内向的学生，可以通过鼓励提问和讨论的方式激发其参与热情；对于喜欢动手实践的学生，可以提供更多的实验和项目机会。这样，教学策略才能真正贴近学生，满足他们的学习需求。

（2）促进学生发展

教学策略的设计不应仅仅局限于知识的传授，更应着眼学生的全面发展。首先，教学策略应有助于提升学生的认知能力，通过引导学生主动思考和解决问题，培养他们的批判性思维和创新能力。其次，教学策略应关注学生的情感发展，创设积极的学习氛围，帮助学生建立自信，形成健全的情感价值观。再次，教学策略还应促进学生的社交技能，鼓励他们与他人合作与交流，提升团队协作和沟通能力。最后，教学策略也不应忽视学生的身体发展，应合理安排体育活动和休息时间，确保学生在身心健康的状态下进行学习。通过这些方面的综合考虑，教学策略才能真正促进学生的全面发展。

6. 教学条件

（1）利用现有资源

教学设施、场地和器材等硬件资源为教学活动提供了必要的物质基础，而教学时间和班级规模等软件资源则直接影响着教学效果。在设计教学策略时，教师需要深入了解和评估现有资源，合理安排教学内容和方式，确保资源的充分利用。例如，教师可以根据教室的设施条件选择适宜的教学方法，如利用投影设备进行多媒体展示，或根据班级规模灵活调整小组合作或个别指导的策略，使每个学生都能在现有条件下获得最佳的学习体验。

（2）适应环境变化

当前，传统的教学模式正逐步被数字化、网络化的教学环境所替代，学生的学习方式和需求也在不断变化。因此，教学策略需要不断调整和优化，以适应新的教学环境和条件。这意味着教师不仅要关注教学内容的更新，还要掌握新的教学技术和方法，如在线教学、混合式教学等，以更好地激发学生的学习兴趣和潜能。同时，教师还需关注学生的学习反馈和需求变化，及时调整教学策略，使教学更加贴近学生的实际需要，从而提升教学效果。

（二）信息化时代高校体育教学策略的设计步骤

在信息化时代背景下，高校体育教学策略的设计需要遵循一定的步骤，以确保教学策略的科学性、针对性和可行性。以下是具体的设计步骤。

1.确定体育教学顺序

（1）分析教材结构

教师需要仔细研读教材内容，理解不同知识点和技能点之间的内在联系和逻辑关系，包括识别核心概念、原理和方法，以及它们如何相互关联和构建完整的知识体系。通过这样的分析，教师可以确定教学的先后顺序，从而构建一个逻辑清晰、层次分明的教学框架，确保学生能够按照一条有条理的路径逐步深入学习。

（2）考虑学生认知规律

在规划教学顺序时，教师必须充分考虑学生的认知规律和学习特点。学生的认知过程通常是从具体到抽象、从简单到复杂、从已知到未知。因此，教师在安排教学内容时，应遵循这一规律，即先介绍基础知识和基本技能，然后逐步引导学生深入理解和应用更高级的概念和方法。同时，教师还应关注学生的学习兴趣和动力，通过设计有趣的教学活动和挑战性的学习任务，激发学生的学习热情和积极性。

（3）适应信息化教学特点

在信息化教学环境下，教师应充分利用多媒体、网络等信息化教学手段来优化教学顺序。这些教学手段能够提供丰富多样的教学资源和互动方式，使教学更加生动、有趣和高效。例如，教师可以利用多媒体课件展示教学内容、利用网络资源提供扩展阅读和在线学习机会、利用教学平台开展在线讨论和作业提交等。通过整合这些信息化教学资源，教师可以构建一个更加开放、灵活和高效的教学环境，从而提高教学效果和学生的学习体验。

2.设计体育教学组织形式

（1）确定班级规模

确定班级规模时，我们需要全面考虑学校的教学资源，如教师数量、教室设施以及教学辅助工具等，要深入了解学生的实际情况，包括他们的年龄、学习能力、兴趣爱好等。在综合考虑这些因素后，我们可以确定一个既不会过于拥挤，也不会过于稀疏的班级规模，以确保每位学生都能在课堂上得到充分的互动和关注，从而得到更好的学习效果。

（2）选择教学组织形式

在选择教学组织形式时，首先需要明确教学目标和教学内容，然后结合学生的特点来进行选择。例如，对于需要深度讨论和理解的主题，我们可以采用分组教学的形式，让学生在小组内互相交流、碰撞思想；对于需要个别指导的学生，教师可以设置一对一的辅导时间，为他们提供针对性的指导和帮助；而对于一些需要集体练习的技能，我们则可以组织集体教学活动，让学生在互动中提升技能水平。

（3）考虑信息化教学手段的应用

在信息化教学手段日益普及的今天，教师可以充分利用这些工具来创新教学组织形式。例如，教师可以利用在线教学平台开展远程教学，让学生在家里就能接受优质的教育资源。此外，教师还可以通过在线互动工具，如实时聊天、在线问答等，增强师生之间的互动，提高教学效果。同时，这些信息化教学手段还具有极高的便利性，可以让学生在任何时间、任何地点进行学习，极大地提高了学习的灵活性和效率。

3. 选择体育教学方法

合理选择体育教学方法有利于调动学生学习的积极性和主动性，提高体育教学质量，优化教学效果。体育教学方法丰富多样，在选用时应充分考虑具体的教学目标和任务，所选教学方法应有助于完成教学任务和实现教学目标。根据体育教学目标对体育教学方法进行分类的结果如图6-1所示。了解不同教学目标下的常见教学方法有助于提高教学方法选用的针对性和实效性。

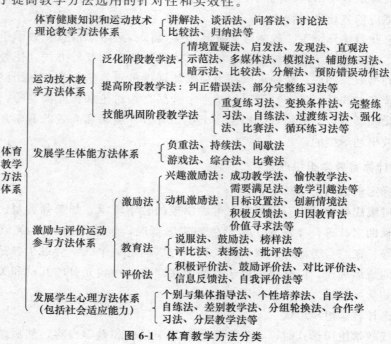

图6-1 体育教学方法分类

通过以上三个步骤的设计，可以制定出符合信息化时代高校体育教学特点的教学策略。这些策略旨在确保学生能够在信息化背景下更有效地学习体育知识和技能，提升学习效果和学习体验；同时，设计过程中还应注意与时俱进，不断根据新的教学理念和技术手段进行调整和优化。

三、信息化时代高校体育教学过程的设计

（一）信息化时代高校体育教学过程设计的原则

1. 教师主导性原则

在信息化时代下，高校体育教学的现代化要求教师充分认识到并发挥其在信息化环境中的主导作用。教师不仅是体育专业技能的传授者，更是学生形成终身锻炼习惯和健康生活方式的引路人。因此，教师首先需要明确信息化时代下体育教学的核心目标，这可能包括培养学生全面的身体素质、竞技技能，以及信息时代下的体育精神与道德价值观。

教师会根据这些目标精心设计教学计划，确保教学内容既涵盖传统的体育项目，同时融入现代新兴的、具有信息化特色的体育项目和活动。在选择教学方法时，教师应灵活运用现代教育技术手段，如利用多媒体教学软件制作生动有趣的动画演示，帮助学生理解复杂的动作结构；或者借助在线教学平台进行课前预习、课后复习的自主学习设计，让学生在信息化的环境中获得个性化的学习体验。

在教学过程中，教师应密切关注学生的反馈和学习进度，通过实时互动、即时评价等方式引导学生积极参与，及时调整教学策略，确保教学活动既富有趣味性，又能有效实现教学目标。同时，教师还需关注学生的个体差异，利用信息化手段进行个性化教学，充分挖掘每个学生的潜能，促进他们的全面发展。

2. 学生主体性原则

在信息化教学时代，学生的主体地位应当成为教学设计和实施的核心原则之一。尤其在体育教学这一领域，更应该将学生置于教学的中心位置，充分尊重并激发他们的学习兴趣和内在动力。体育不再仅仅是单纯的技术训练或达标测试的课程，而是要成为能够引导学生主动参与、乐于探索的活力课堂。

教师作为教学的引导者和组织者，首要任务是创设一个积极互动、富有挑战性的学习环境，让学生能够在探索体育知识的过程中感受到乐趣和成就感。为此，教师可以运用丰富多样的教学手段，如情景模拟、游戏化教学、项目式学习等，使学生能够以更直观、更生动的方式参与到教学中来。

由于每位学生身体条件、兴趣爱好、运动能力等方面存在显著的个体差异，因此体育教学必须关注每个学生的个性化需求和发展特点。教师需要运用多元化的评价标准和方法，针对不同学生的表现和进步给予个性化反馈和指导；积极挖掘并发挥每个学生的长处与潜能，帮助他们找到适合自己的学习路径和节奏。

3. 体现教学方法原则

教学方法是教师在教学过程中为了实现教学目标而采用的一切手段、途径的总和，既是教师智慧的体现，也是教育理念的体现。在信息化时代，随着科技的飞速发展和教育的深度改革，高校体育教学也在不断寻求突破与创新。在这一背景下，教师应当积极引入并运用灵活多样的教学方法，如情景教学法、合作学习法和探究式学习法等，以适应信息化时代学生的学习需求和兴趣特点。

4. 教学媒体优化原则

在信息化教学时代，教学媒体的选择和运用对于教学质量与效果的提升具有举足轻重的作用。教师应当充分认识到这一点，并根据不同的教学内容以及适应学生的认知特点和个性化需求，精心选择合适的教学媒体。

教师可以灵活运用多媒体教学课件，即一种集图文、动画、音频于一体的综合性教学模式，生动形象地展示知识内容，激发学生的学习兴趣和积极性。另外，在线视频也是一个理想的选择，打破了传统课堂的时空限制，允许学生随时随地自主学习，并借助回放、慢放等功能反复琢磨难点，从而深化对知识点的理解。交互式软件在信息化教学中的价值也不容忽视，允许学生实时互动、操作和实践，进而促进知识建构和技能提升。

教师还需要注重对教学媒体进行优化组合。在实际教学过程中，教师应当以实现多种教学媒体间的协同配合为目标，灵活运用和调配，让不同的教学媒体在合适的时间和场合下发挥各自的优势，共同构建高效、生动的教学环境。这样做不仅能够丰富教学手段，提升教学效果，更能满足学生的个性化学习需求，为他们带来更加优质的学习体验，从而切实推动信息化教学时代的课程改革与发展。

5. 遵循学生认知规律原则

在信息化时代的高校体育教学中，学生的认知规律是至关重要的教学设计依据。教师应当充分了解并尊重学生的认知特点和发展规律，循序渐进地组织教学内容和安排教学进度，从而有效促进学生逐步掌握和内化体育理论知识与运动技能。这意味着教师需要依据学生的年龄层次、兴趣特长以及先前知识经验等因素，精选适合的教学内容和策略，使学生能够在逻辑上由浅入深、技能上由易到难，逐步提升他们的体育素养。

（二）信息化时代高校体育教学过程设计的流程图

1. 示范型

示范型教学流程是体育教学过程设计的必要手段和重要途径（如图 6-2 所示）。

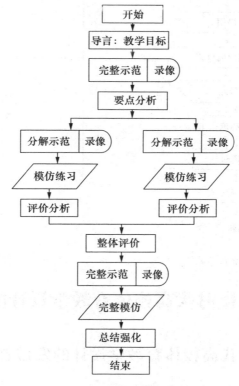

图 6-2　示范型教学流程

2. 探究发现型

探究发现型教学流程在组织学生观察、思考，探究原因，寻找规律等方面具有优势（如图 6-3 所示）。

3. 练习型

在以练习为主的体育教学中，引导学生通过各种感觉器官观察动作，并模仿动作进行反复练习，这种情况下适宜采用练习型教学流程（如图 6-4 所示）。

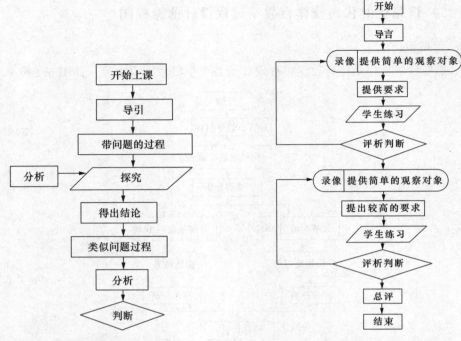

图 6-3　探究发现型教学流程　　　　图 6-4　练习型教学流程

第三节　信息化时代高校体育教学设计的创新与发展

一、信息化时代高校体育教学设计的发展趋势

（一）跨学科与跨领域研究越发受到重视

随着信息化时代的全面铺开和深入发展，高校体育教学正在经历一场深刻变革，不再仅仅局限于传统的体育知识与技能传授的模式，而是开始积极与其他学科和领域进行深度融合。这种跨学科和跨领域的融合研究不仅拓宽了体育教学的视野，也提升了教学的质量和效果。

跨学科研究在高校体育教学中的应用，使体育教师能够跳出传统的体育教育框架，从更广阔的知识体系中汲取养分。通过深入了解体育与其他学科之间的联系，如体育与生物力学、生理卫生、心理学、社会学等领域的交叉融合，体育教师可以更好地理解运动对人体生理机能、心理健康和社会文化背景的影响，从而更加科学合理地设计和实施体育教学，提升教学效果。例如，体育教师可以结合生物力学原理来讲解运动技术，或者运用生理卫生学的知识进行体能训练，甚至引入心理学和社会学的理论来指导学生更好地理解和处理运动中的心理和社会关系问题。

　　跨领域研究也为高校体育教学带来了新的生机与活力。通过引入其他领域的先进理念和技术手段，如信息技术、大数据分析、人工智能等，可以创新体育教学方式，提高教学质量。例如，利用数字化运动检测设备搜集和分析学生的运动数据，教师可以更准确地评估学生的体能水平和技能掌握情况，进而实施个性化教学；通过网络平台和移动终端，教师可以拓展体育教学的时间和空间，实现线上线下相结合的混合式教学，丰富教学手段。

（二）越来越重视信息技术与教育理念的整合

　　当前，信息技术在高校体育教学中的应用与发展已不再停留在表面形式，而是日益深入教学的核心层面，发挥着无可替代的重要作用。一方面，教师不再仅依赖传统的面对面教学方式，而是借助信息技术手段，将体育知识与技能以更加生动、直观的方式呈现给学生。例如，教师可以利用多媒体课件，将复杂的动作技巧分解成连贯的图像或动画，帮助学生更清晰地理解并掌握动作要领；通过在线教学平台，教师可以发布教学视频、图片、文本等教学资源，使学生能够随时随地预习和复习课程内容，提高自主学习能力。另一方面，信息技术在体育教学评估与反馈方面展现了强大的功能。教师可以通过各类教学管理系统，实时跟踪和监测学生的学习进度、成绩变化以及技能掌握程度，这种实时数据不仅有助于教师精准定位教学中存在的问题，及时调整教学策略，而且有利于实现个性化教学，让每位学生都能得到最适合自身发展的指导与帮助。

（三）越来越注重创新的评估理念和方法

　　在传统的体育教学评估体系中，通常侧重对学生体能素质的测试和运动技能掌握程度的评价，如跑步、跳跃、投掷等基本身体素质以及篮球、足球、游泳等专项运动技能的操作规范性。这类评价方式直观且易于量化，但在实际操作中往往过于关注结果而忽视了对学生个体差异、学习态度、合作精神、创新能力等难以用单一数据衡量的综合素质的考查。

　　随着信息化时代的到来，高校体育教学评估理念与方法正经历着革新。新型评估体系更加强调多元性和全面性，提倡采用包含自我评价、同伴互评、教师评价在内的多种评价方式，使学生从被动接受考核转变为主动参与者，强调对自我学习和团队协作能力的认识与反思。教师利用现代信息技术手段，如智能穿戴设备实时监测学生的训练数据，云计算平台进行大数据分析，可以精准定位每个学生的优势与不足，有助于教师提供更有针对性的教学反馈与指导。

二、信息化时代高校体育教学设计创新与发展的对策

（一）体育教学设计要遵循"以人为本"的原则

在信息化时代背景下，高校体育教学设计必须与时俱进，以适应新时代大学生的需求。首要坚持的核心理念应是"以学生为中心"，这意味着教学设计不仅要关注学生的共性特征，更要充分尊重每个学生的个体差异性、兴趣爱好以及学习需求。[①]在深入理解每个学生独特性的基础上，教学内容和方法的制定应灵活多样，能够满足不同学生的个性化发展需要。

体育教学设计应着重强化学生的体育技能学习，通过科学系统的训练方式，提升学生的运动技术水平，增强他们的体质健康。同时，教师要注重培养学生的身心健康，创造安全友善的学习环境，鼓励他们在体育锻炼中挑战自我、克服困难，提升自信心和抗挫折能力，形成积极向上的人生态度。

此外，高校体育教学设计还需着眼学生的全面发展，充分利用体育教育的独特价值，将其与德育、智育、美育等有机地结合起来。例如，通过团队运动项目培养学生的团队合作精神和道德责任感，通过竞技比赛锻炼学生的意志力和进取精神，通过体育活动的美学教育提升学生的身体协调性和审美情趣。诸多方面共同作用，共同促进学生综合素质的全面提升，使之成为能够适应未来社会挑战的高素质人才。

（二）在体育教学设计中加入现代教育技术

随着信息技术的飞速发展和广泛应用，现代教育技术为高校体育教学注入了新的活力与可能性。在信息化、智能化的时代背景下，高校体育教学设计应当积极适应科技变革，充分利用现代信息技术手段，如多媒体、网络、大数据分析、云计算等，创新教学方式方法，提高教学质量，提升学生的体育素养和综合技能。

在时间与空间维度上，体育教学不再局限于传统的课堂和实地训练。利用在线教学平台，教师可以开展远程体育教学，通过视频直播、录播课件、互动讨论等功能，实现实时在线教学与辅导，使学生能够在不受地域限制的情况下获取体育知识和技能指导，灵活安排学习时间，真正做到"随时随地"进行体育锻炼。

---

① 韩坤键，周庆元，杨梦迪，等．高校体育智慧课堂教学模式设计及应用研究［J］．冰雪体育创新研究，2023（06）：60-63.

虚拟现实技术的引入为高校体育教学创造了沉浸式的学习环境。通过 VR 眼镜和相关设备，教师可以模拟出各类运动场景，让学生仿佛置身真实的球场或训练馆中，进行虚拟的体育活动，增强学生的临场感和沉浸体验，从而更深入地感知体育项目的规则、技巧和魅力，提高他们的运动技能水平和兴趣爱好。

大数据分析技术的应用为个性化教学提供了数据支持和科学依据。通过对学生的学习行为数据进行搜集、整理和分析，教师可以精准了解每个学生的运动能力、技能掌握程度和运动习惯，从而实施针对性的教学策略，实现个性化教学，确保每个学生都能在最适合自己的节奏和方式下进行有效学习和提升。

（三）体育教学设计要注重对学生终身教育意识的培养

在当今的高等教育阶段，体育教学不再仅仅是帮助学生掌握一定的运动技能、提高体质健康的短期行为，而是要站在更高的视角，立足学生的长远发展和社会适应能力的提高，将培养学生的"终身教育"意识作为核心目标之一。因此，在体育教学设计上，应进行全面且深入的改革与创新。

首先体现在对学生自主学习能力的培育上。现代体育教育强调学生的主体性，鼓励他们主动探索、积极思考，从传统的被动接受转向主动求知，学会自我管理、自我学习和自我评价，在面对不同体育项目和运动场景时，能够独立制订并实施适合自身的锻炼计划。

同时，培养学生的创新能力也至关重要。这要求体育教师在教学过程中营造开放、活跃的课堂氛围，鼓励学生敢于挑战权威，不拘泥于既定模式，敢于尝试全新的锻炼方法和策略，并在实践中不断反思和调整，以适应不断变化的社会体育环境。

合作能力则是学生未来迈向社会不可或缺的一项素质。体育教学活动本身就蕴含了丰富的团队协作元素，通过组织各种形式的团队运动项目，如篮球、足球、排球等集体项目，引导学生积极参与并学会倾听、尊重他人意见，提高其人际交往能力和团队协作精神。

高校体育教学还要致力于引导学生树立健康的生活方式和锻炼习惯，使其认识到体育锻炼并非短期内见效的行为，而是应融入日常生活的一种生活方式。教师需要教授学生科学合理的锻炼方法，并鼓励他们在日常生活中持之以恒地进行身体锻炼，无论是户外运动还是室内健身，都能形成一种规律性的习惯，从而切实实现终身体育的目标。

第四节　信息化时代高校体育教学设计的实践应用

在信息化时代背景下，高校体育教学设计面临着前所未有的变革与挑战。为了适应这一时代的需求，高校体育教学设计必须与时俱进，充分融合现代信息技术，实现教学内容与方式的创新。以下是信息化时代高校体育教学设计的实践应用。

一、教学资源的数字化整合

随着信息技术的迅猛发展和广泛应用，数字化教学资源已经成为高校体育教学不可或缺的一部分。过去，体育教学主要依赖传统的面对面教学模式，受限于时间和空间，教学资源难以充分共享和有效利用。然而，随着数字化技术的出现和普及，这一局面得到了根本性改变。

数字化教学资源库的建设不仅是对传统体育教学方式的革新，也是对体育教学内容和形式的一次全面升级。通过数字化技术，各类体育知识、技能和实践案例得以进行精细化的整理和分类，形成一个丰富多样的教学资源库。这些资源包括视频教程、互动课件、在线测试、模拟实践等形式，能够满足不同学生的学习需求和学习风格。

数字化教学资源库的建设为学生提供了更为便捷的学习方式。无论是在校园内部还是远程学习，学生都可以随时随地通过电脑、手机等设备访问教学资源库，进行学习和训练。这不仅极大地提高了学习效率，还有助于培养学生自主学习的能力，激发他们的学习热情和创新精神。

同时，数字化教学资源还能够实现跨时空的共享，进一步促进了不同地区、不同高校之间的体育教学交流与合作。通过数字化教学资源库，各高校可以互相分享优质的教学资源和教学经验，共同提升体育教学水平。这种交流与合作不仅能够拓宽师生的视野，也有助于形成更加开放、包容的教学氛围，推动体育教学的不断发展和进步。

二、在线教学平台的广泛应用

近年来，在线教学平台逐渐成为高等教育体系中不可或缺的一部分，特别是对于那些传统上受时空限制较为严重的学科（比如体育），其提供了一个前所未有的教学创新机会。这不仅意味着教学模式的根本变革，更象征着教育技术的巨大进步和对学生个性化学习需求的深度回应。

在传统的高校体育教学中，学生往往受限于固定的课程时间和场地资源。如今，借助在线教学平台，体育教师能够轻松实现远程授课，这意味着无论学生身处何地，只要有网络连接，便能参与到体育课程中来。这样的灵活性使学习不再局限于课堂，而是延伸到了每一个学生的生活中。

实时互动功能则进一步加强了师生之间、同学之间的交流与沟通。学生可以在学习过程中实时提问、分享心得，而教师也能即时给予反馈和指导。这种即时性不仅提高了学习效率，也促进了师生关系的密切发展。

在线测评功能为体育教学带来了前所未有的便捷性。通过在线测试和作业提交，教师可以及时掌握学生的学习进度和效果，从而为后续的教学内容调整提供依据。同时，学生也能通过自我测评，更清晰地认识到自己的不足与进步。

此外，在线教学平台还为教师提供了丰富的教学工具和数据支持。这些工具不仅能帮助教师更好地进行教学设计，还能根据学生的学习数据，为他们提供个性化的学习建议。这种数据驱动的教学方法使教学更加精准、高效。

三、智能化教学辅助系统的应用

智能化教学辅助系统作为现代信息技术与体育教学融合的新型产物，正改变着传统的体育教学模式。传统的体育教学方式往往侧重教师的示范和学生的模仿，但这样的模式很难照顾到每个学生个体的差异性和需求。智能化教学辅助系统则能够精准分析每个学生的学习进度和身体状况，为他们量身定制最合适的教学方案和运动建议。

这个系统基于大数据分析和人工智能技术，能够实时搜集学生在体育锻炼过程中的各种数据，如心率、运动时长、运动强度等。通过对这些数据的深入分析，系统能够评估学生的体能水平、运动喜好以及可能存在的运动风险。随后，系统会根据这些信息为学生推荐适合他们的运动项目和锻炼计划，确保学生能够在安全、科学的环境中进行体育锻炼。

此外，智能化教学辅助系统还能够为教师提供详细的学生学习数据和运动分析报告。这不仅能够帮助教师更加全面地了解每个学生的学习情况和身体状态，还能够为教师的教学决策提供有力支持。例如，这个系统能够指出某些学生在某个运动项目中存在的弱点和不足，那么教师便可以根据这些信息制订针对性的训练计划，帮助学生更好地提升运动能力。

四、虚拟现实技术在体育教学中的应用

虚拟现实技术为高校体育教学带来了前所未有的创新与突破。这种先进的技术打破了传统体育教学的局限，以其独特的沉浸感和交互性，重新定义了体育训练的方式与体验。

在传统体育教学中，学生往往只能在课堂上模仿教练的动作，或者在有限的场地内进行实践训练。虚拟现实技术的出现彻底改变了这一局面。通过戴上 VR 头盔，学生可以立即被带入一个逼真的运动环境，无论是足球场的绿茵草地、篮球场的热血赛场，还是滑雪场的冰天雪地，都可以在一瞬间呈现在学生眼前。

在这种模拟训练中，学生不仅能够进行各种体育项目的实操训练，还可以在虚拟的教练指导下，纠正自己的动作、提高运动技能。这种即时的反馈机制使学生能够更加快速地掌握运动技巧，并且有效地提高反应能力。

更为重要的是，虚拟现实技术为学生创造了一个真实、生动的运动场景。在这个场景中，学生可以感受到与真实运动几乎无异的体验，这种沉浸式体验能够极大地激发学生的学习兴趣和积极性。他们不再是被动的接受者，而是主动参与者，全身心投入每一次训练中。

对于教师而言，虚拟现实技术也为其教学提供了更多可能性。教师可以根据不同的教学目标，设计各种情景教学、模拟比赛等教学活动。例如，在足球教学中，教师可以为学生模拟一场国际足球比赛，让学生在真实的比赛环境中体验足球的魅力，从而更加深入地理解足球战术和团队合作的重要性。

五、大数据驱动的体育教学优化

在现今高度信息化的时代，大数据技术的迅猛发展为许多领域带来了革命性变革，其中包括高校体育教学设计。体育教学作为高等教育中不可或缺的一部分，一直在探索如何更有效地提高教学质量和效率。大数据的出现为这一探索提供了全新的视角和工具。

在传统的体育教学模式中，教师往往依赖个人的经验和直觉来进行教学设计，虽然这样的方式有其可取之处，但很难全面、准确地把握每个学生的学习情况和需求。现在，通过大数据技术，教师可以搜集和分析学生在学习过程中产生的各种数据，包括学习时长、学习频率、运动强度、运动类型等，这些数据能够直观地反映学生的学习习惯和运动规律。

通过深入分析这些数据，教师可以发现学生在学习过程中存在的问题和困难，如某些动作不规范、某些技巧难以掌握等。这些问题的发现为教师提供了针对性地进行教学指导的依据，他们可以根据每个学生的具体情况，制订个性化的教学方案，帮助学生更加高效地学习和运动。

同时，大数据还能够为教师提供教学效果的评估和反馈。在传统教学模式中，教学效果的评估往往依赖学生的表现和教师的经验，而这种方式往往存在主观性和片面性。现在，通过大数据技术，教师可以搜集和分析学生在一段时间内的学习数据和运动数据，从而客观地评估教学效果，找出教学中存在的问题和不足。

这些评估和反馈对于教师来说非常宝贵，他们可以根据这些信息及时调整教学策略和方法，改进教学内容和形式，提高教学质量和效率。通过这种方式，大数据不仅优化了高校体育教学设计，也为学生的全面发展提供了更加坚实的基础。

第七章　信息化时代高校
体育教学评价的创新与发展研究

第一节　体育教学评价相关理论阐述

一、体育教学评价的概念与含义

（一）体育教学评价的概念

依据教学目标对教学过程及结果进行价值判断，并服务教学决策的活动，即为教学评价。教学评价是研究教师的教和学生的学的价值的过程。

教学评价一般包括对教学过程中诸因素的评价，如教师、学生、教学内容、教学方法、教学手段、教学环境、教学管理等，但对学生学习效果的评价和教师教学工作过程的评价是重点。[①]

以体育教学目标与原则为依据，制定科学的标准，运用一切有效的技术手段，对体育教学活动的过程及其结果进行测定、衡量以及价值判断的过程就是所谓的体育教学评价，对体育教师教的评价和对学生体育学习的评价是体育教学评价的两个重要方面。

（二）体育教学评价的含义

体育教学评价包括以下三个基本含义：

第一，体育教学评价是以体育教学目标和体育教学原则为依据而开展的。体育教学目标是对体育教学是否获得预先设定的成果、是否完成任务进行评判的直接依据。体育教学原则是对教学是否合理、是否合乎体育教学基本要求进行评判的主要依据。教学目标与教学原则都具有客观性和规范性特征。

第二，体育教学的过程和结果是体育教学评价的主要对象，学生的学习是体育

---

① 孟学智，都红梅，袁春，等．高校体育教学评价指标的建立及质量提升效果［J］．黑龙江科学，2023，14（21）：55-58.

教学评价的重点对象，具体包括学生的学习水平和品德行为；体育教学评价也对教师教的行为进行评价，具体包括教师的教学水平和师德行为。

第三，体育教学评价是价值判断和量评工作的过程。价值判断是定性评价，主要是对教学方向的正误、教学方法是否恰当等进行评价；量评工作是定量评价，主要是对能够量化的学习效果如身体素质的增长和技能掌握的数量等进行评价。

二、体育教学评价的技术和手段

（一）教师对学生学习效果的评价方法

1. 教师对学生学习效果的总结性评价

（1）标准测验

总结性评价是一种广泛应用的评价方法，主要关注对学生知识掌握、技能习得和体能发展等方面的全面考查。这种评价方式旨在对学生一段时间内的学习效果进行客观、全面且公正的评估，以便更好地了解他们的学习进度和成果。

在标准测验中，通常会有明确的评分标准和规则，以确保评价的公正性和客观性。这些标准和规则会详细说明每个测试环节的要求、评分点以及每个得分点的具体定义和标准。例如，在体育教学中，可以通过统一的体能测试、技能考核或理论考试来进行标准测验。这些测验包括但不限于短跑、长跑、跳远、铅球等体能项目的测试，以及各种技能项目的实际操作考核，如体操、游泳、篮球等。

此外，还可以设置理论考试环节，要求学生掌握相关的体育理论知识，如运动生理学、体育史、裁判规则等。通过这些理论考试，可以评估学生对于体育理论知识的理解和掌握程度。这些测验的结果能够提供一个总结性的评价，反映出学生在某个特定时间点上的学习成果。

（2）非标准测验

与非标准测验相比，标准测验通常具有固定的格式和题型，旨在测试学生的基础知识掌握情况和基本技能应用能力。这种测验方法往往忽视了学生个体之间的差异，无法充分展现学生在特定领域或任务中的独特表现和创新能力。

非标准测验则更为灵活且富有个性化，可以根据学生的实际情况、教学目标和课程内容进行量身定制。这种测验方法强调对学生实际运用知识和技能的评估，而非仅仅局限于对基础知识的记忆和再现。在非标准测验中，表现性评价、实践性评价和情景模拟等评价方式被广泛应用。

具体到体育教学领域，非标准测验可以涉及对学生在实际运动情景中的表现进行评估，以了解他们如何应用所学的知识和技能。例如，在篮球教学中，非标准测验可能要求学生在实际比赛情景中展示他们的运球、传球、投篮等技能应用能力，以及他们的团队协作能力和体育精神。通过这样的非标准测验，教师可以更好地了解学生的学习情况和实际运动能力，为后续教学提供更为准确的反馈和指导。

2. 教师对学生学习效果的过程性评价

过程性评价作为一种教育评估体系，核心在于对学习者在整个学习过程中的细致观察、理解和价值判断，而不仅仅是看重学习的最终成果。这种评价方式的意义在于它帮助教师跳出仅关注结果的传统框架，转向关注学生的全面发展及其在求知道路上的点滴进步。只有深入学习过程中，才能真正揭示出学生的能力、态度、个性、需求等特质，从而让教师能够做出更为精准且适时的教学决策，以最大限度地促进每一个学生的成长进步。

在体育教学中，过程性评价的具体应用尤为重要。教师需要对学生的课堂参与情况进行密切的留意和记录，观察他们是积极投入、热情参与各项体育活动，还是在被动接受或逃避挑战。对于学习态度的评价也是不可或缺的一环，教师需要关注学生是表现出坚持不懈、勇于尝试的精神面貌，还是消极应付、缺乏兴趣。

此外，过程性评价还强调对学生合作能力和技能掌握过程的评价。体育教学活动多以小组合作或团队形式展开，教师需要对学生间的互动交流、团队协作能力进行深入的观察和评估，看他们如何处理冲突、如何互相支持配合，共同克服困难、完成任务。同时，在体育技能的学习过程中，教师需要关注学生是如何一步步掌握各项运动技能的，以及他们面临的困难是什么，又是如何寻求解决之道。通过这些细致入微的观察和记录，教师可以逐步构建起学生对体育活动的全面认识图景，并据此进行针对性的教学调整和指导建议，进而有效提升学生的体育素养和综合能力。

（二）学生对学习效果进行评价的方法

1. 自我评价

自我评价是指学生在体育学习过程中，根据自身设定的学习目标、制订的学习计划以及实际的学习表现，对自己的学习效果进行持续、系统和深入的分析与评估。这一过程不仅是对学习成果的回顾与反思，更是促进学生自我认知、自我激励和自我提升的关键手段。

在具体的体育教学实践中，自我评价能够帮助学生清晰地认识到自己在体能、技能掌握、学习态度等方面的优势和不足，从而更有针对性地强化优势、改进短板，保持强烈的学习动力和明确的改进方向。比如，在体能测试中，学生可以评价自己的速度、力量、耐力等方面指标是否有所提升，是否达到了预期的目标；在技能学习阶段，他们可以评估自己对新技能的理解程度、掌握水平以及实际运用时的表现如何。

为了确保学生能够进行有效的自我评价，教师需要提供一套全面、科学且易于操作的评价标准和工具，让学生明白具体要评价哪些方面，以及如何进行评价。例如，教师可以设计一系列量化的指标，如跑步速度、跳跃高度、投掷距离等，并结合课堂表现、小组讨论和实战演练等数据，帮助学生构建一个立体且全面的学习档案。

教师还需要积极倡导学生在自我评价过程中进行深度反思和总结，引导他们发现隐藏在现状背后的问题，如技术动作的规范性差可能源于基本功不扎实，体能提升缓慢可能是因为训练方法不够科学或者强度不足等。在此基础上，教师鼓励学生自主制订改进计划，明确后续的训练重点和目标，并通过持续监测与适时反馈，确保学生自我评价的实效性和针对性。

2. 相互评价

相互评价是一种同伴之间的互动学习方式，在体育教学中具有特别重要的应用价值。这种方式鼓励学生不仅仅作为技能的接受者，而是转变为积极的学习参与者和评价者，通过互评，他们可以在练习过程中相互借鉴、相互激励，共同提升技能水平和运动表现。

在体育课堂上，当学生进行技能训练时，如篮球运球、跑步姿势、体操动作等，他们可以在教师的指导下，以小组或配对的形式进行互评。观察彼此的动作执行情况，关注动作的规范性、力度、协调性、策略运用等，并以此为依据，坦诚地给予建议和评价。通过这种互评机制，学生不仅能在实际操作中找出自己的短板和改进空间，还能从同龄人的成功案例中汲取灵感，找到适合自己的优化路径。

为了确保互评的有效性和公正性，教师扮演着引导人的角色。在实施互评之前，教师需要明确并详细解释评价的标准和具体要求，包括评价的维度、权重分配、评分细则等，使学生能够清晰理解如何按照统一标准来进行客观公正的评价。同时，教师还需要对学生进行必要的培训，教育他们在评价过程中要保持尊重的态度，避免伤害他人的自尊心，并学会以建设性、鼓励性的语言提出意见。

在实际操作中，教师应当倡导积极向上的评价文化，鼓励学生主动参与互评活动，激发他们的主人翁精神，使他们在评价过程中敢于质疑、勇于认错、善于学习。教师可以组织小组讨论，引导学生就某一技能动作展开深度探讨，共同分析产生问题的原因，探讨解决方案。此外，教师还应当适时介入学生的评价过程，对出现争议的地方给予及时的指导和调解，确保互评结果能够真实反映学生的技能水平和学习的进步。

通过这种方式，不仅能帮助学生培养正确的体育道德观念和良好的团队合作精神，还能有效促进他们运动技能的学习与掌握，从而全面提升体育教学效果。

（三）教师对教学评价的方法和手段

1. 教师对教学的自我评价

教师对教学的自我评价是一个系统性、全方位的过程，要求教师对自己的教学活动进行深入的自我审视与反思。这一过程涉及对教学过程、教学内容、教学方法以及教学效果等的细致剖析和客观评估。这种自我评价不仅可以帮助教师准确发现自己在教学过程中存在的问题与不足，如可能存在的知识讲解不透彻、教学重点不突出、课堂管理不到位等情况，还能为教师提供改进和优化教学的方向。通过及时调整教学策略，如调整教学进度、改进教学方法、增强课堂互动等措施，教师可以有效地提高教学效果，提升教学质量。

在进行自我评价时，教师可以采用以下方法和手段。

（1）教学日志

教学日志是教师日常教学的重要记录工具。每当完成一堂课，教师可以抽出几分钟时间简单记录自己的教学过程，包括教学内容、学生的反应、课堂互动等。此外，如果遇到特殊情况，如某个学生的突发状况或者课堂上的突发事件，也应该在日志中注明。同时，教师应该记录解决问题的方法以及学生的反应。这些详细的记录不仅可以帮助教师日后回顾和总结自己的教学方法，还可以为改进教学提供宝贵参考。

（2）教学录音或录像

教学录音或录像是一种非常直观的教学反思方式。教师可以在课堂上安装录音或录像设备，完整记录下自己的教学过程。课后，教师可以利用这些资料来观看自己的教学表现，从中找出存在的问题和不足。比如，教师可以观察自己的语言表达是否清晰、肢体语言是否得体、课堂管理是否有效等。通过这种方式，教师可以更加客观地评价自己的教学，从而找到改进的方向。

（3）教学反馈表

教学反馈表是一种有效的学生评价方式。教师可以设计一份包含多个问题的问卷，让学生在课后填写。这些问题可以涵盖教学内容、教学方法、课堂氛围等方面，以便学生能够全面评价教师的教学。通过这种方式，教师可以了解学生对教学的满意度和建议，从而更加有针对性地改进自己的教学方法。同时，教学反馈表可以增强师生之间的沟通和互动，促进教学相长。

2. 教师间的教学相互评价

教师间的教学相互评价是一种由教师群体共同参与、针对各自教学过程、教学内容、教学方法以及教学效果进行的深度剖析与客观评估。在这一过程中，每位教师都有机会成为评价者，也可能是被评价者。他们通过分享教学经验、观察同行的教学实践、交流心得体会，以及对课堂教学的各个环节进行细致入微的探讨，形成一种积极而有序的教学研讨氛围。这种教学相互评价的方式不仅能促进教师个体教学能力的成长，帮助其及时发现并改进教学中的问题，还能营造一个互助互鉴、共同进步的教师团队氛围，有力地推动整体教学质量的有效提升。

在进行教学相互评价时，教师们可以采用以下方法和手段。

（1）同行观摩

同行观摩是一种非常有效的教师自我提升方式。教师可以主动邀请同事进入自己的课堂，观察自己的教学过程，也可以去其他教师的课堂上进行观摩学习。通过互相观摩，教师可以了解到不同的教学风格、教学方法以及学生互动方式等，从而反思自己的教学方式是否存在问题，以及如何进行优化。这种相互学习的方式可以激发教师的创新精神，提升教学质量。

（2）教学研讨会

教学研讨会是教师之间分享教学经验、交流教学方法和教学资源的重要平台。教师可以在这样的会议上畅所欲言，分享自己在教学中的成功案例、面临的挑战以及解决策略。这样的研讨会有助于形成积极的教学氛围，激发教师之间的交流与合作。通过分享和学习，教师可以不断完善自己的教学方法，提高教学效果。

（3）教学评价表

教学评价表是一种有效的教师自我评价和相互评价的工具。教师可以设计一份包含多个维度的评价表，如教学内容、教学方法、课堂氛围、学生互动等，然后邀请同事、领导或学生进行填写。通过搜集和分析这些评价信息，教师可以了解自己的教学优势和需要改进的地方。同时，教师之间也可以相互进行评价，以便更加客观、全面地了解彼此的教学水平。这种评价方式有助于激发教师的自我提升动力，促进教学质量的持续提高。

（四）学生对教师教学评价的方法和手段

1. 学生在学习过程中对教学的随时反馈

学生在学习过程中对教学的随时反馈是一种高效且全面的评价方式，在教育过程中至关重要。这种实时反馈机制使教师能够迅速获取到关于学生学习状态、理解程度以及情感体验的第一手信息。通过学生的反馈，教师能敏锐地捕捉到学生在学习过程中遇到的问题和挑战，了解他们在理解某个知识点时的困惑，或在应对特定学习任务时的困难，甚至他们对教学进度、教学方法或课堂氛围的主观感受和需求。

学生对教学的实时反馈还包括他们对教学节奏的把握、知识点讲解的深度和广度、课堂互动的有效性以及学习资源的利用效率等方面的直接意见和建议。这些来自学生的真实声音能够帮助教师深刻反思和重新审视自身的教育教学实践，以便及时调整教学内容的呈现方式，优化教学手段，丰富课堂活动形式，确保教学活动既能满足学生的学习需求，又能激发他们的学习兴趣和积极性。

学生可以通过以下方式和手段对教学过程进行随时反馈。

（1）口头反馈

口头反馈是教学活动中一种非常重要的交流方式。在课堂上，教师可以邀请学生随时发表自己的看法和意见，这样可以立即获得学生的即时反馈，及时调整教学策略。在课后，学生也可以利用休息时间或者约定的谈话时间，与教师深入交流学习中的疑惑和建议，进一步巩固和深化对课堂内容的理解。

（2）书面反馈

书面反馈是学生在完成作业、参与测验或者填写问卷等学习过程中，向教师直接反映自己的学习效果和学习状态。虽然这种方式相比口头反馈更加正式和延时，但给予了学生更充足的时间去思考和整理自己的思路。同时，书面反馈也让教师能够更全面地了解学生的学习情况，从而更有针对性地提供指导和帮助。

（3）技术手段

随着科技的发展，越来越多的教学平台和应用程序被引入教学活动中。学生可以利用这些现代化的工具，在线提交自己的反馈、评分或者建议。这种方式不仅使反馈更加及时和便捷，还能够打破时间和空间的限制，让学生和教师之间的交流更加紧密和高效。同时，这些教学平台和应用程序还常常具备数据分析和统计功能，可以帮助教师更好地掌握学生的学习动态，进一步提升教学质量。

2. 学生参加评教活动

学生参加评教活动是教育体系中一种重要的定期、系统的评价方式，目的在于从学生的视角出发，全面、客观且公正地评估教师的教学质量、专业能力以及课堂管理等。这种评价机制不仅有助于教师了解自己在教学过程中的优点与不足，发现自己教学风格的局限性和需要改进的地方，还能使教师积极提升教学技巧，优化教学方法，从而不断提高整体的教学水平。

评教活动通常由学校或教育行政部门负责组织与实施，确保评价过程的规范化和标准化。在评教过程中，学生会收到一份详细的问卷或者评价表格，内容包括但不限于教学态度、教学内容、教学方法、课堂管理、互动反馈等。学生可以根据自己的学习体验和观察，通过填写问卷、打分、评论等形式，对教师的教学表现进行实事求是的评价。评教活动通常包括以下几个方面。

（1）教学内容的组织和清晰度

在评估教学内容的组织和清晰度时，我们关注教师能否系统地、有逻辑地呈现知识点，确保每一堂课都有明确的教学目标和内容框架。同时，教师的语言表达应清晰准确，避免使用模糊或晦涩的术语，让学生能够轻松理解并掌握所学内容。此外，教师还应注重知识的连贯性和系统性，帮助学生构建完整的知识体系。

（2）教学方法和手段的运用

教学方法和手段的运用对于激发学生的学习兴趣和动力至关重要。评估时，我们关注教师能否根据学科特点和学生需求选择恰当的教学方法，如启发式教学、案例教学、讨论式教学等。同时，教师还应善于运用现代教育技术手段，如多媒体教学、网络教学等，来丰富教学手段，提高教学效果。此外，教师还应注重培养学生的自主学习能力和创新思维，激发学生的学习兴趣和潜力。

（3）课堂氛围和师生互动

课堂氛围和师生互动是衡量教学质量的重要因素之一。在评估时，我们关注教师能否创造一个积极、宽松、和谐的课堂氛围，让学生感受到学习的乐趣和成就感。同时，教师还应注重与学生之间的互动和交流，鼓励学生提问、发表观点，及时给予反馈和指导。这样的师生互动不仅能够增强学生的学习动力，还能够促进师生之间的情感交流和理解。

（4）教学效果和学习成果

教学效果和学习成果是评价教学质量的关键环节。在评估时，我们关注教师的教学是否达到了预期的效果、学生是否真正掌握了所学知识和技能。同时，我们还应关注学生的学习成果是否体现在实际应用和问题解决中、是否能够将所学知识运用到实际生活中。此外，我们还应关注学生的学习进步和成长，看他们在学习过程中是否有所收获和成长。

三、体育教学评价的分类与步骤

（一）体育教学评价的分类

按照不同的分类标准，教学评价可分成不同种类。

1. 按评价基准不同进行分类

按评价基准不同，体育教学评价可以分为绝对评价、相对评价、自身评价。

（1）绝对评价

绝对评价是根据教学目标对体育教学设计方案、教和学的成果所做的评价。它将教学评价的基准建立在被评价对象的群体或集合之外，把群体或集合中每一成员的某种指标逐一与基准进行对照，从而判断其优劣。评价标准一般是体育与健康课程标准、课程实施方案、教学计划中的教学大纲以及由此确定的评判细则。绝对评价的优点是评价标准比较客观，使用得当，可使每个被评价者都能看到自己与客观标准之间的差距，以便不断向标准靠近。另外，教学管理部门通过这种评价，可以直接鉴别各项教学目标的达成情况，明确今后的工作重点。它的缺点是在制定和掌握评价标准时，容易受评价者原有经验和主观意愿的影响。

（2）相对评价

相对评价就是在被评价对象的群体或集合中建立基准，然后把各个对象逐一与基准进行比较，以此来判断群体中每个成员的优劣。它通常以群体的平均水平为基准，以被评价对象在这个群体中所处的位置来判断。相对评价的优点是适用面广、甄别性强。也就是说，无论群体的整体水平如何，都可以比较出优劣。它的缺点是基准会随着群体的不同而发生变化，因而易使评价标准偏离教学目标。

（3）自身评价

自身评价是被评价者对自己的过去、现在或不同侧面做纵横比较，以确定自己的进步情况和评价自身各方面的能力。自身评价的优点是尊重个性特点，照顾个别差异，通过对被评价对象内部的各个阶段或各个方面进行纵横比较，判断其现状和趋势。但被评价者没有经过与具有相同条件的其他被评价对象做比较，难以判定实际水平和差异。因此，在实践中常需把自身评价和相对评价结合起来使用。

2. 按评价功能不同进行分类

按评价功能不同，体育教学评价可以分为诊断性评价、形成性评价、总结性评价。

（1）诊断性评价

诊断性评价，也称前置评价。在某项教学活动开展之前，如在体育教学设计的前期分析中，对学生的知识、技能、智力、体能和态度等状况进行摸底测试，以便了解学生的实际水平和准备状况，判断其是否具有实现新教学目标所必需的基本条件，为教学决策提供依据，使教学活动适合学生的需要和背景。这里的"诊断"是一个范围较大的概念，除了验明缺陷和问题之外，还包括对各种优点和特殊才能的识别。因此，诊断性评价的目的是设计出可以满足不同起点水平和不同学习风格的学生所需要的体育教学方案，并分别将学生置于最有益的体育教学程序中。

（2）形成性评价

形成性评价是在体育教学活动的过程中，为达到更好的效果而不断进行评价。它能及时了解阶段设计成果和阶段教学结果、学生学习的进展情况、存在的问题等，以便及时反馈，及时调整和改进教学工作。这种评价进行得比较频繁，如一个知识点学习过后的提问、练习，一节课后的小测试等。体育教学设计活动中进行的评价主要是形成性评价，如对新的体育教学方案的评价通常是在该方案的试行过程中进行的，目的是为修改该方案搜集有力证据。对于提高教学质量来说，重视形成性评价比总结性评价更具实际意义。

（3）总结性评价

总结性评价，又称后置评价，一般是在教学活动告一段落后，为把握活动最终效果而进行的评价。具体如学期末或学年末的考核、考评，目的是检验学生的学习结果是否达到了教学目标的要求。总结性评价注重的是教与学的结果，借以对被评价者所取得的较大成果进行全面鉴定，区分等级和对整个体育教学方案的有效性进行价值判断。

3. 按评价内容不同进行分类

按评价内容不同，体育教学评价可以分为过程评价、结果评价。

（1）过程评价

过程评价是在教学过程中对达到教学目标的方法和手段的评价。过程评价主要关心和检查用于达到目标的方法和手段如何。例如，完成某一教学目标，用游戏法好还是用竞赛法好；完成某个动作技能的教学，用完整法好还是用分解法好；学生某种技能的习得，是自己探索发现获得的还是在与同伴的协作、讨论中获得的。因此，过程评价往往是在体育教学过程或体育教学设计过程中进行的，既用于完成还需要修改的形成性评价，也用于完成教学过程中对时间、费用、学生接受情况等方面的总结性评价。

（2）结果评价

结果评价是对教学活动实施后的效果评价。例如，某个教学方案的实施效果或某计算机辅助教学软件的使用价值。它倾向完成总结性评价的功能，但也可提供形成性评价的信息。

4. 按评价表达不同进行分类

按评价表达不同，体育教学评价可以分为定性评价、定量评价。

（1）定性评价

定性评价是对评价资料做质的分析，是运用分析和综合、比较与分类、归纳和演绎等逻辑分析的方法对所获得的数据、资料进行思维加工，进行定性描述的评价。分析的结果有两种：一是描述性材料，数量化水平较低甚至毫无数量概念；二是与定量分析相结合而产生的，即包含数量化但以描述性为主的材料。

体育教学设计成果的评价也采用定性评价。它不仅对成果进行检验分析，还重视对过程和要素的相互关系进行动态分析。

（2）定量评价

定量评价是对评价资料做量的分析，是运用统计分析、多元分析等方法对所获得的数据和资料进行定量结论的评价。由于体育教学涉及人的因素，各种变量及其相互作用关系比较复杂，为了揭示数据的特征和规律性，定量评价的方向、范围必须由定性评价来规定。

上面各种评价的功能都不相同，既有自己的优势，也有自己的不足。在对体育教学设计方案进行评价时，必须根据体育教学设计的需要和目标选择适当的评价类型。

（二）体育教学评价的步骤

体育教学评价是一个系统性的过程，旨在全面、客观地评估学生的学习效果和教学质量。以下是体育教学评价的主要步骤。

1. 分解目标，形成目标层次系统

在体育教学的目标设定过程中，首要任务是确立体育教学的总体目标和长远愿景。这涉及对学生体质健康的全面提升、运动技能的专业化培养、体育精神和社会情感的有效熏陶等维度的考虑。一旦整体目标被明确，下一步则需针对不同的体育教学内容、教学阶段以及各阶段内学生的具体特点，将这一总体目标细化为一系列具体且可操作的子目标。

这些子目标应当呈现出一种清晰的层次结构，以适应学生从基础到提高，再到优秀的进阶过程。位于层次顶部的是课程总目标，它像一盏明灯，为整个体育教学进程指明方向；接下来是各个阶段的目标，它们承上启下，将总目标分解为更易于实施和评估的小单元；最底层则是具体课程内容目标，这些目标应当紧密围绕阶段目标，并且具有很强的实际操作性和测量标准。

建立这样一个层次分明、逻辑严密的目标系统至关重要，因为它不仅为体育教师提供了明确的教学指导，确保了教学内容的科学性和系统性，还有利于学生循序渐进地提升体育素养。同时，清晰的教学目标也为后续的教学检测与评价工作奠定了坚固的基础，使教学评价能够针对不同层次的学生开展有序且有效的评估，进而有效促进全体学生的全面发展。

2. 通过归类合并，进行指标筛选

为了构建一个科学、合理且有效的评价体系，我们必须进行严谨而细致的指标筛选工作。这一环节旨在从纷繁复杂的评价指标体系中，精准地挑选出那些真正能体现学生学习成效和教师教学质量的关键性指标。为了实现这一目标，我们可以采用归类合并的方法，对现有的评价指标进行深度剖析与整合。

具体来说，就是将那些具有相似性或高度相关性的评价指标归入同一类别，如学生的学习参与度、课堂表现、作业完成情况等可以归为"学习态度与课堂表现"一类，而教师的教学设计能力、教学方法的灵活性、知识点讲解的清晰度等则可以归为"教学能力与效果"一类。通过这样的归类合并，不但可以简化评价体系的结构，使其更加清晰易懂，而且能够确保所选出的评价指标更具有代表性和针对性。

在完成归类合并后，我们根据实际需要选择每个类别中的代表性指标。例如，在"学习态度与课堂表现"类别中，我们可以选择"出勤率""课堂积极性""作业完成质量"等作为反映学生学习态度的关键指标；在"教学能力与效果"类别中，则可以选择"教学内容设计合理性""教学方法多样性"和"学生满意度"等作为评价教学质量的关键指标。在筛选指标时，常采用以下三种方法。

（1）经验法

在教育评价中，经验法是一种重要的选择指标的方法。通过借鉴教育者和专家的实际教学经验，我们可以选取那些在实际教学中被认为重要且有效的指标。这种方法基于长期的教学实践和观察，能够快速定位到关键指标，提高评价的准确性和有效性。

（2）理论推演法

理论推演法在教育评价中发挥着不可或缺的作用。根据教育学、心理学等相关理论，我们可以通过逻辑推演和演绎，推导出能够反映学生学习效果和教学质量的关键指标。这种方法确保了我们选择的指标具有坚实的理论基础，有助于科学地评价教学质量和学生的学习成果。

（3）专家评判法

为了确保所选指标的科学性和权威性，我们需要邀请相关领域的专家对候选指标进行评判和选择。专家评判法充分利用了专家们的专业知识和经验，能够对候选指标进行深入分析和评估。通过与专家们的沟通和交流，我们可以进一步完善和优化所选指标，提高评价的准确性和可靠性。

3. 明确各指标的内涵和外延

在设计和实施评价系统时，明确和界定具体的评价指标是至关重要的基础环节。确定了评价指标之后，为了确保评价工作的准确性和一致性，需要进一步明确每个指标的内涵和外延。内涵指的是指标所反映的具体内容或特征，外延则是指该指标所适用的范围或条件。例如，对于一项关于企业绩效的评价，可能包含利润增长率、市场份额、客户满意度等指标。每个指标都有特定的内涵，如利润增长率指标反映的是企业盈利能力的提升速度，市场份额指标体现企业在市场中的竞争地位，客户满意度指标则衡量企业服务质量和客户关系的维护情况。这些指标的外延则界定了它们适用的企业和行业范围，以及评价的时间周期、数据来源等条件。明确指标的内涵和外延有助于确保评价工作的准确性和一致性。

4. 用初拟评价体系预评试验

在完成上述步骤后，可以初步建立一个评价体系。为了确保该体系具有准确性和有效性，必须进行严格的预评试验。预评试验是为了对初步形成的评价体系进行实战检验，以发现并改进其中的潜在问题，确保正式实施时的顺畅与公正。

预评试验阶段需要按照已构建的评价体系，对一部分学生或班级进行实际的操作性评价。这一过程应严格遵循评价体系的操作流程和标准，确保评价的公正性和一致性。评价的结果将成为重要依据，用来审视和反思评价体系设计的合理性、指标设定的科学性、权重分配的合理性以及评价方法的有效性等方面。

通过对预评试验结果的数据分析，可以初步判断评价体系是否存在偏颇、遗漏或者难以操作等问题。例如，可能发现某些评价指标在实际应用中难以量化或执行，又或者某些指标在实际操作中过于烦琐复杂，影响评价效率。此外，通过对比预评试验结果与实际教学情况，还可以发现评价体系与实际情况之间的契合度如何、是否存在"水土不服"的现象。

基于预评试验的反馈信息，组织者可以对评价体系进行精准调整和完善。例如，对于难以量化或执行的指标，可以进行简化或替换；对于复杂烦琐的操作流程，可以进行优化改进；对于与实际情况契合度不高的问题，可以进行针对性修正。通过反复推敲和打磨，最终形成的评价体系将更加成熟、科学和实用，为后续的教学管理和决策提供有力支持。

四、体育教学评价的原则与功能

（一）体育教学评价的原则

体育教学评价不仅需要遵循一定的步骤，还需要坚守一些核心原则，以确保评价的公正、科学和有效。以下是体育教学评价应遵循的几个主要原则。

1. 全面系统性原则

体育教学中的评价环节必不可少，不仅关乎课程质量，更直接影响学生的学习成效和身心健康发展。因此，建立一个全面、科学、严谨的评价体系至关重要。该体系应深入考虑体育教学的各个层面，首先，在评价目标的设定上，应紧密围绕体育课程的总体目标，涵盖知识技能、身体素质、运动技能、战术配合、团队协作、道德品质等维度，确保评价内容全面且具有针对性。其次，在评价内容的选择上，要囊括体育课程的基本要求，包括规定技能、规则知识、策略应用等，同时关注学生的个体差异和兴趣特长，以适应不同学生的发展需求。再次，评价方法应多样化，可以采取定量与定性相结合的方式，如技术达标测试、技能应用评价、课堂表现观察、团队互动反馈、自我评价报告等，确保能够立体地展现学生的体育素养和进步状况。最后，对学生的评价要注重过程与结果的结合，不仅要关注学生在某一特定任务或测试中的表现，更要留心他们在日常体育课中的参与度、努力程度以及自我改进的能力。

与此同时，各评价要素之间应当相互联系、相互制约，形成一个有序、和谐的有机整体。教学目标指引着教学内容的选择和教学方法的应用，教学内容又是实现教学目标的基础，而教学方法则直接影响学生的学练效果和学习态度。学生表现在达到教学目标、掌握教学内容和方法的过程中体现出来，并且对教学目标和内容的调整优化具有反馈作用。

2. 客观科学性原则

评价在任何组织、团队或个人考核体系中都占据着至关重要的地位，而基于客观事实的评价则是科学、公正和有效的评价基础。在进行评价时，首先需要依据明确的事实材料，这些材料应当真实反映被评价者的实际表现或状况，既可以是量化的数据信息，也可以是定性的观察记录。科学的方法和技术手段则是确保评价结果真实性和准确性的关键所在。例如，可以采用目标管理法（MBO），将组织目标分解为个人目标，以清晰明确的标准来衡量个体绩效；或者运用关键绩效指标（KPI），确立与组织战略紧密相关的关键指标体系，以此来引导和激励被评价者。在评价过程中必须坚决避免主观臆断和偏见的影响。虽然主观判断不可避免，但过度的主观性可能导致评价结果偏离实际，无法真实反映被评价者的实际水平。

3. 公正公开性原则

评价应公正无私，这是教育体系中至关重要的原则。评价的目的在于客观、准确地反映学生和教师的努力程度和进步情况，因此任何外部因素的影响都可能导致评价结果失真，从而无法有效体现参与者的实际表现。评价标准和过程应公开透明，确保所有参与者都了解评价的具体内容和要求。这样不仅可以使学生和教师了解评价的依据和标准，也能提高评价结果的可信度和公正性。同时，评价结果应及时反馈给学生和教师，以便他们了解自己的表现和改进方向。这样既可以帮助学生更好地规划自己的学习和发展方向，也能让教师了解自己的教学效果和改进方法，从而更好地提高教学质量。

4. 个体差异性原则

每个学生都是独一无二的个体，拥有不同的身体条件，这是遗传因素、生活习惯以及成长环境等原因共同作用的结果。每位学生都有自己的特长和兴趣爱好，这些偏好既塑造了他们的个性，又在各种领域中体现出来，包括在运动能力上的展现。他们的运动能力并非单一衡量，而是应包含速度、力量、耐力、灵敏度等维度，这些维度的水平高低各异，决定了他们在不同运动项目上的表现和潜力发挥。

因此，在教育评价体系中，针对学生的运动能力评估应当尊重并充分利用每个学生的个体差异。评价标准应当多元化，既要关注可量化的运动技能和体能指标，也要考虑到他们在体育活动中的团队协作精神、运动策略理解、对运动规则的遵守程度以及面对挑战时的态度和毅力等软实力方面。评价方法同样需要多样化，可以包括但不限于考试测评、课堂表现观察、小组项目合作、自我反思报告等形式，以确保能够全方位地了解并真实反映每个学生的实际运动水平和个人特质。

5. 指导督促性原则

体育教学评价的目的远不止于简单地评判学生体育课程的学业成绩和教学质量的高低。其更深层次的意义在于通过对学生学习过程与效果的全面、科学、客观分析，发现并挖掘学生在体育技能掌握、体能发展、课堂表现等方面的亮点与待改进之处，旨在为学生提供一条清晰明确的学习路径和改进方案，使他们有针对性地提升自身的体育素养。

因此，构建具有指导性和督促性的体育教学评价体系至关重要。这种体系要求评价内容、标准及方式能精准地指导学生认识自我，识别自身的优势特长和需要改进的地方，并在此基础上提供具有针对性和操作性的建议与措施，激发学生自发地投入改进和提升的过程中。同时，通过持续、动态的评价反馈机制，保持对学生的有效督促，使其始终保持对体育学习的热情和动力，进而积极投入体育锻炼之中，实现全面而有个性的发展。

（二）体育教学评价的功能

体育教学评价在体育教学活动中起着重要作用，具备以下主要功能。

1. 导向与激励功能

体育教学评价在教育教学过程中至关重要，不仅是一种总结性反馈机制，也是引导评价对象朝着理想目标前进的有效工具。通过制定严谨、科学、全面的评价指标体系，体育教学评价能够明确而具体地指出体育教学质量的关键要素，为体育教师的教学工作提供明确的方向指引。一方面，评价标准体现了体育教学的重要性和目标，使教师能够根据评价标准调整教学内容和方法，注重培养学生的体育素质和综合能力；另一方面，评价结果也为学校的体育教学管理提供了决策依据，有助于改进和完善体育教学大纲、教学方法以及教学资源配置。

体育教学评价还具有激发师生内在工作和学习动机的功能。公正、公平且富有激励性的评价体系能够极大地激发师生参与体育教学的积极性和主动性。积极的正面评价，如表扬、鼓励和肯定，对于教师教学风格的塑造和学生体育兴趣的培养具有显著作用，既能帮助教师坚定信心，保持教学热情，也能引导学生体验成功感，增强自信心，进一步投入体育锻炼之中。

与此同时，虽然消极的评价可能在短期内对师生的积极性产生一定冲击，但长远来看，这种负面反馈实际上是一种唤醒机制。它能帮助教师和学生清醒地认识到自身存在的不足和与他人的差距，找到问题的根源，从而有针对性地进行改进和提升。学校和社会层面也能据此调整体育教育策略，实施更有针对性的改进措施，推动整个体育教育事业的持续进步和发展。

2. 反馈与指导功能

体育教学评价在整体体育教学体系中至关重要，不仅是对教学过程的一种标准化检验，也是确保教学质量和效果的有效手段。对于体育教师和学生而言，体育教学评价的结果具有极其重要的参考价值。

对于体育教师来说，这种反馈机制提供了一个直接、客观地审视自身教学行为的机会。教师可以通过接收来自学生对于课程内容的理解程度、技能掌握情况以及课堂参与度的详细反馈，清晰地认识到自身在教学过程中存在的优点和不足。一方面，教师可以根据学生的反馈调整教学计划的细节，如针对学生普遍感到困难或掌握不牢固的知识点或技术环节，适时地增加课时投入或设计更为详尽的教学策略；另一方面，通过对自身教学方法的有效性进行反思，教师可以汲取经验教训，不断优化教学手段，提高教学质量。

对于学生而言，体育教学评价的反馈同样具有深远影响。学生可以根据评价结果，清晰地认识到自己在体育学习中的优势与短板，有针对性地调整学习策略，改进现有的学习方法。例如，当学生发现自己在某一项目上存在技术动作不规范或体能素质有待提升等问题时，可以主动加强自我训练，增大锻炼强度，改进技巧运用，甚至可以寻求教师或同学的帮助，共同探讨解决方案。

这种反馈机制的存在不仅使体育教师的教学过程成为一个可随时反馈和调整的

可控系统，也帮助学生建立起一种自主探究、主动改进的学习模式。通过互动与合作教学模式的强化，体育教学评价有效地促进了体育教学活动向着更加注重学生个体差异和全面素质发展的方向转变，进一步丰富和完善了体育教学的内涵，从而有效地提高了体育教学的效率和质量。

第二节　信息化时代高校体育教学评价的标准与方法

一、信息化时代高校体育教学评价的标准

在信息化时代，高校体育教学评价标准的制定尤为重要。这一标准不仅关乎教学质量的提升，还直接影响学生体育素养的培养和社会对体育人才的需求满足。以下是关于信息化时代高校体育教学评价标准的详细阐述。

（一）制定体育教学评价标准的依据

1. 教学评价标准的制定要考虑社会对体育教学的要求

在构建高校体育教学评价标准的过程中，首要任务是对社会对体育教学的期待和需求进行深入剖析与充分考量。在信息化时代，社会对高校人才培养的全面素质要求也在不断升级。相较于传统体育教学的技能传授与知识学习，现代社会更加注重学生在体育领域所展现出的深层素养，如坚韧不屈的体育精神、高效有序的团队协作能力以及积极健康的生活方式。

体育教学不再仅仅是单一技能和知识的灌输，而应是一种综合性、全方位的能力培养。[①] 因此，教学评价标准必须与时俱进，充分体现这些社会需求，着重强调对学生体育精神的磨砺、团队协作意识的塑造以及健康生活方式的引导，确保体育教学能够与社会发展紧密相连，培养出既拥有扎实体育技能，又具有高尚体育道德、良好合作精神和良好生活习惯的新时代大学生。

2. 教学评价标准的制定要以相关教育学科知识为基础

在制定体育教学评价标准时，需要以深厚的体育教育学、心理学和生理学等学科知识体系为基础。体育教育学为体育教学评价提供了关于课程设计、教学方法、技能训练、体能发展等方面的理论基础，帮助我们理解和分析体育教学过程中的各

---

① 李井刚. 体教融合视域下高校体育教学评价改进研究 [J]. 吉林农业科技学院学报，2023，32（05）：116-120.

种现象和问题；心理学知识则有助于我们把握学生的个体差异、动机激发、兴趣培养等心理因素，确保体育教学能够满足学生的心理需求，促进其积极参与到体育活动中来；生理学知识则关注学生的身体生长、发育、健康状况及运动疲劳恢复等内容，确保体育教学在符合学生生理特点的前提下进行，避免运动伤害并促进体能的科学提升。

此外，体育教学评价也应当紧跟趋势，融入信息技术元素。利用数字化教学工具和平台，我们可以实时搜集和分析体育教学过程中的大量数据，如学生运动负荷、技能掌握程度、课程参与度等，从而更精确地评估教学效果，及时调整教学策略。通过线上测试、智能穿戴设备等方式，能够提高评价的效率和准确性，让体育教学评价更加精准地反映学生的学习进度和体能发展状况。

（二）体育教学评价标准的结构

在信息化时代，体育教学评价标准的结构尤为重要，不仅反映了教学的效果，还体现了教师的职责和学生的全面发展。以下是体育教学评价标准的几个关键组成部分。

1. 效能标准

效能标准在体育教学中的运用主要是为了科学、准确地衡量和评估体育课程的实际教学效果和达成度。这一评估体系不仅关注预设的教学目标是否可以实现，而且强调学生对体育理论知识与实践技能的掌握程度。具体来说，体现在以下几个方面。

（1）教学目标的实现情况

预设的教学目标是实现教学任务的核心指标，效能标准要求教师根据课程标准和学生的实际情况，设定明确、具体、可衡量的教学目标。这些目标可能包括提高某项体育技能的水平、增强学生的体质健康、培养学生的团队协作能力或者提升他们的道德素养等。通过效能标准的评估，可以判断教师是否成功地达到了这些预设目标、教学活动是否具有针对性和有效性。

（2）学生体育知识与技能的掌握情况

效能标准重视对学生体育知识和技能的实际考查，通过一系列可量化的指标，如学生的考试得分、技能测试成绩、课堂表现等，来反映他们在体育课程中的学习进步和技能习得情况。这有助于教师了解学生的学习状况，及时调整教学策略，并为学生提供有针对性的反馈和指导。

（3）学生体质健康状况的改善

体育教学的核心目标之一就是提升学生的体质健康水平。效能标准在此方面的体现包括了学生在身高体重指数（BMI）、肺活量、速度、力量、耐力等健康指标上的变化趋势。通过前后测数据的对比分析，能有效评估体育教学在促进学生体质健康方面的实际成效。

除此之外，效能标准还要求考虑教学效果的持续影响，如学生参与课外体育活动的情况、学期结束后体能保持程度以及长期来看对学生运动习惯养成的影响等。总的来说，效能标准在体育教学中的应用是一个综合考量教学效果、学生需求和社会期望的过程，为提升体育教学质量、促进学生全面发展提供了有力的支持。

2. 职责标准

职责标准是衡量体育教师是否有效履行教育教学职责的重要评价指标，涵盖了教师从备课、授课到课后服务等一系列教学环节的表现。具体来说，这一标准强调体育教师要严格按照学校制订或上级教育部门颁布的教学计划、教学大纲以及课程标准，确保每个教学单元的教学目标明确，内容安排合理，进度适度，使学生能够循序渐进地掌握相应的体育知识与技能。

同时，职责标准也要求体育教师在教学过程中积极提供充足且有效的教学资源，包括但不限于科学合理的课程内容设计、与时俱进的教学方法和手段、安全舒适的场地设施以及必要的体育器材等物质条件，并且要注重挖掘和利用各类非物质资源，如体育赛事转播、网络教学资源、校外实践活动基地等，以满足学生多元化的学习需求。

对于课堂管理的要求，职责标准期望体育教师能够建立健全的课堂规则与纪律，营造一个秩序井然、积极向上的学习氛围，妥善处理课堂内可能出现的不良行为和突发状况，确保教学活动能够顺利进行。

3. 素质标准

在教育领域中，素质标准是指对学生知识技能、身体素质、心理素质、道德品质等维度进行全面培养的具体要求和规范。它注重学生全面素质的发展，具体包括以下几个方面。

（1）信息素养

在信息化快速发展的今天，信息素养已经成为每个学生必备的基本能力。特别是针对体育教学，信息素养更是不可或缺。学生应当具备运用现代信息技术手段，如网络、数据库等，获取丰富的体育知识和信息的能力。他们应当能够对这些信息进行深入分析，提取有价值的内容，进而将其应用于实际的体育学习和实践中。这样的信息素养不仅有助于学生更好地理解和享受体育，更能让他们在信息化时代中游刃有余，不断适应和应对新的挑战。

（2）创新能力

体育教学不应仅仅停留在技能和知识的传授上，更应着重培养学生的创新思维能力。创新既是社会进步的动力，也是个人不断成长和发展的源泉。在教学过程中，教师应该鼓励学生敢于挑战传统观念，勇于尝试新的方法。当学生在体育实践中遇到问题时，教师要引导他们从多个角度去思考、去寻找解决方案。这样，学生不仅能在体育领域有所创新，更能在未来的生活和工作中展现出强烈的创造性和探索精神。

（3）团队协作能力

在现代社会，团队协作能力已经成为一项重要的职业技能。在体育教学中，培养学生的团队协作能力同样重要。无论是团队比赛还是集体训练，学生都需要学会与他人协作，共同完成任务。在这个过程中，他们不仅能够锻炼自己的技能和体能，更能够培养团队合作精神和沟通能力。这些能力在未来的职业生涯中同样具有非常重要的价值，能够帮助他们更好地融入团队，与同事合作，共同实现目标。

（4）体育理论知识

为了在实践中发挥出色，学生必须深入理解体育理论知识，包括了解运动原理，如力学和生物学原理在运动中的应用；健康知识，如营养、恢复和防止运动损伤的方法。这些知识不仅可以为实践技能的提升提供理论支持，还能帮助学生在运动中做出明智的决策，保障自己的健康和安全。

（5）实践技能水平

仅仅了解理论知识是不够的，学生还需要将知识转化为实践技能。这要求他们能够熟练掌握所学运动项目的基本技能和动作，通过反复练习，不断提高运动表现。无论是足球的射门、篮球的投篮，还是游泳的划水，都需要学生付出时间和努力来精进技艺。

（6）身心健康素质

体育教学不仅关注学生在运动场上的表现，更关心他们的身心健康。通过适当的锻炼和训练，体育教学能够提高学生的身体素质，增强他们的心肺功能、肌肉力量和柔韧性。同时，运动也是调节心理状态、缓解压力的有效途径，有助于提高学生的心理健康水平。

（7）体育道德品质

学生在体育活动中应积极培养良好的体育道德品质。这意味着要坚守公平竞争的原则，无论胜败，都保持体面的态度，尊重每一位对手的努力。同时，严格遵守比赛规则，展现运动员应有的风范。通过这些实践，形成积极向上的体育风尚，为校园文化的健康发展做出贡献。

（三）体育教学评价标准的类型

在信息化时代，高校体育教学评价标准的类型呈现出多样化的特点。这些标准不仅有助于衡量教学质量，还可以帮助教师改进教学方法，更好地满足学生的学习需求。以下是几种常见的体育教学评价标准类型。

1. 相对标准和绝对标准

（1）相对标准

相对标准在体育教学中的应用主要体现在评估学生在一定群体中的相对位置。这种评估方式特别适用于那些具有竞争性的体育活动。例如，在篮球比赛中，我们不仅关注每个球员的得分，还会关注他们在整个球队中的表现。如果一个球员得了20分，但其他球员都得了30分以上，那么这个球员的相对表现就显得较为逊色。相对标准评估方式能够激发学生的竞争意识，使他们努力提升自己的能力，以便在比赛中脱颖而出。

（2）绝对标准

绝对标准在体育教学中则更加注重学生的实际表现与预设标准之间的对比。这种评估方式旨在确保每个学生都能够达到一定的体育水平和技能掌握程度。例如，在长跑测试中，每个学生都需要达到预设的时间标准才算合格。无论其他学生跑得如何，只要达到了这个标准，就是成功的。绝对标准评估方式能够帮助学生明确自己的学习目标，使他们不断努力提升自己的体育技能和体能水平。

2. 主观标准和客观标准

（1）主观标准

主观标准在体育教学中具有独特的重要性。这种评价方式不仅仅关注学生的学习成果，还重视学生在学习过程中所展示的态度、努力和进步。例如，教师在评价学生的学习态度时，可以观察学生是否积极参与课堂讨论、是否在遇到困难时保持坚韧不拔的精神，以及是否愿意与他人合作学习。学生对自我进步的感受也是主观评价的重要组成部分，可以帮助学生建立自信心，激发内在的学习动力。然而，主观标准也存在一定的局限性，它可能受到评价者个人偏见或情绪的影响，导致评价结果不够客观公正。

（2）客观标准

客观标准是体育教学中常用的评价方式，基于可量化或可观察的证据来评价学生的学习成果。这种评价方式在体育教学中尤为重要，因为它可以为学生提供一个明确的目标，帮助他们了解自己的实际水平，并找到进一步提升的方向。例如，在体能测试中，学生可以通过测量自己的速度、力量、耐力等指标来了解自己在体能方面的表现；在技能测试中，学生可以通过得分来了解自己对某个技能的掌握程度。这些客观的数据不仅易于衡量和比较，还可以为教师提供有针对性的教学指导。然而，客观标准也存在一定的局限性，可能过于注重结果而忽略了过程，导致一些学生因为先天条件或个体差异而无法得到充分的发展。

3. 定量标准和定性标准

（1）定量标准

在体育教学中，定量标准不仅用数字和数据来衡量学生的学习效果，更为我们提供了精确的数据和趋势分析。例如，通过记录学生的运动成绩，我们可以清晰地看到学生在某一技能上的进步与不足；通过监测学生的心率数据，我们可以了解学生在运动过程中的身体状态，从而调整训练强度；而运动时长则直接反映了学生的参与度和努力程度。这些定量评价使教学效果的评估更为客观，有助于我们针对性地调整教学策略，更好地促进学生的体育技能发展。

（2）定性标准

相对于定量标准，定性标准侧重描述和解释现象，为我们提供了深入的理解和见解。在体育教学中，教师可以通过观察学生的学习过程，了解他们的学习态度、技能掌握情况以及与其他同学的互动等。同时，学生也可以通过对自我学习的反思，认识到自己的优势和不足，从而更有针对性地进行训练。这些定性评价不仅有助于我们改进教学方法，提高教学质量，更能激发学生的学习热情，培养他们的自主学习能力。因此，在体育教学中，定量与定性标准相辅相成，共同推动着学生体育技能的发展和教学质量的提升。

二、信息化时代高校体育教学评价的方法

（一）诊断性评价、形成性评价和终结性评价

在信息化时代，高校体育教学评价方法也在不断发展和完善。其中，诊断性评价、形成性评价和终结性评价是三种常见的评价类型。它们各自有着不同的特点和作用，为体育教学提供了全面的评估手段。

1. 诊断性评价

诊断性评价是一种重要的教育评估策略，通常在新的教学活动开始之前或者教学活动的初期阶段进行。这种评价方式旨在全面而深入地了解学生的当前学习状况和个体差异，包括但不限于体能水平、技能掌握程度以及学习态度等方面。

体能测试是诊断性评价中的重要组成部分，通过一系列有氧运动、力量练习、柔韧性检验等项目，教师能够准确把握学生的身体机能、运动能力和体质状况，为设计适宜的体育活动强度和课程进度提供科学依据。技能评估则针对特定学科或领域，考查学生已经具备的知识技能和实践操作能力，这有助于教师确定教学的起点位置，明确哪些技能需要重点强化或巩固提高。

此外，诊断性评价还包含一系列问卷调查、访谈或观察等主观评价方法，从多维度获取学生对于学习的认知态度、兴趣偏好、学习习惯以及可能存在的学习障碍等信息。通过这些信息，教师可以敏锐地捕捉到每个学生的独特性和个性化需求，进而制订出更具针对性和实效性的教学计划与策略，确保每一位学生都能在最适合自己的学习环境中茁壮成长。

2. 形成性评价

形成性评价是一种在教育教学过程中进行的频繁而持续的评估实践，旨在从整体上全方位地监测和指导学生的学习进程。这种评价方式不仅注重对学生知识掌握、技能习得和学业成绩等直接学习成果的考量，更将焦点延伸至学生在学习过程中的各个方面，如思维能力、创新能力、团队协作精神以及情感态度等素养的发展。

形成性评价的一个显著特征是其贯穿整个教学过程，从导入新课到巩固提高，乃至课后拓展，无一不在评价的范畴之内。教师可以通过对学生课堂上的各种表现实施动态跟踪和深入分析，掌握学生的实际情况，发现并指正不良习惯，激励学生积极参与课堂互动，进而促进全体学生的全面发展。

形成性评价的另一个特点是评价方式的多样化，包括但不限于课堂观察、学生作业、小组讨论、技能练习、测验和问卷调查等形式。这种评价方式旨在从不同角度全面了解学生的实际情况，从而更准确地判断学生的学习需求，为教师调整教学策略提供有力支持。

3. 终结性评价

终结性评价是一种在教学活动结束后进行的全面、总结性的评估方法，其核心目标在于衡量学生在整个学期或课程学习阶段所取得的学习成果和所达到的知识、技能掌握水平。这种评价方式通常涵盖了多样化的考核形式，如期末闭卷考试、开卷考试、论文写作、项目设计、体能测试、技能操作考核等手段，以全方位考查学生的学习成效。

通过终结性评价，教师能够系统地、全面地了解学生在整个学期或课程中学习情况的总体概览，准确把握学生的学习深度、广度以及存在的不足和问题，进而有效评估教学的质量和效果，为未来的教学计划和方案调整提供关键的参考依据和经验借鉴。终结性评价的结果有助于教师改进教学方法，优化教学内容，并针对不同学生的需求和特点进行个性化指导，从而提升后续教学的质量和效率。

（二）自我评价和外部评价

在信息化时代，高校体育教学评价方法不仅包括针对不同阶段的教学评价，还涉及评价主体的多样性。自我评价和外部评价是两种重要的评价方法，在体育教学中发挥着独特作用。

1. 自我评价

自我评价是学生在体育学习过程中对自身的表现、进步及学习能力进行的主观评估。在信息化时代，随着科技的飞速发展，自我评价的方式变得更加便捷和多元化，学生可以通过在线平台、应用程序等方式进行自我评价，使自我评价变得更加便捷和高效。这样的信息化手段使学生能够更加便捷地反思自己的学习过程。自我评价通常涵盖学生对自己体能、技能方面的评价，包括运动能力、反应速度、肌肉力量等方面；学习态度，如是否认真对待每一次训练、是否积极参与活动等；合作精神，如是否愿意与他人配合、是否能够尊重对手和队友等。

通过自我评价，学生可以清晰地认识到自己在体育学习中的优势和不足，有针对性地制订学习计划，明确自己的学习目标，从而更好地规划未来的学习路径。同时，自我评价还有助于培养学生的自主学习能力和终身学习的意识，养成主动学习、持续进步的良好习惯。

2. 外部评价

外部评价是教育过程中不可或缺的一部分，代表了学生以外的人员，如教师、同学、教练等，对学生学习进度和成果的全面评估。这种评价方式不仅关注学生的知识掌握和技能提升，还着重考查他们在体能、技能、知识水平、学习态度等方面的表现。在信息化时代背景下，外部评价的手段日益丰富和革新，如今可以通过在线测试、视频分析、数据监测等方式进行。这些方式使评价更加客观、准确和全面，从而更好地反映学生的学习状况。

对于教师而言，外部评价提供了一个更为全面和公正的学生学习画像，使他们能够更好地了解每个学生的学习特点、优势和不足，从而针对性地调整教学内容和方法，为学生提供更精准的指导和帮助。同时，外部评价也可以促进学生之间的交流与合作。通过对比和竞争，学生可以相互借鉴，取长补短，共同进步，进而形成积极向上的学习氛围和良好的竞争环境。

（三）绝对评价、相对评价和个体内差异评价

在信息化时代背景下，高校体育教学评价方法不断与时俱进，涵盖了多种评价方式。其中，绝对评价法、相对评价法和个体内差异评价法是常用的三种方法。它们各有特点，适用于不同的评价场景和目的。

1. 绝对评价法

绝对评价法是一种以客观存在的标准或目标为基准，对学生的体育学习成果进行评价的方法。这种评价法侧重学生是否达到了预定的标准或目标，而不考虑学生之间的比较。在体能测试中，如果学生的成绩达到了某一预定的标准，那么就可以认为该学生的体能水平合格。这种方法的核心在于设定明确、具体的评价标准，并通过学生的实际表现来判定其是否达到这些标准。

绝对评价法的优点在于客观性和明确性。通过设定公开、透明的评价标准，绝对评价法能够确保对学生体育学习成果的公正评判，避免主观臆断或偏见的影响。这种评价方法有利于激发学生积极参与体育锻炼，努力提高自己的体育水平，以达到预定的标准为目标。

然而，绝对评价法也存在一定的局限性，其主要缺点在于可能忽略了学生之间的个体差异和学习背景，导致评价结果的片面性。每个人的身体素质、学习能力和努力程度都存在差异，单纯以是否达到预定的标准来衡量学生的体育学习成果，无法充分反映出学生在体育学习过程中的努力程度和个人进步。

2. 相对评价法

相对评价法作为一种教育评估策略，主要是通过在学生群体内部进行横向比较，来确定每个学生在集体中的相对位置或排名，从而评估其学习成果的方法。这种评价方式特别适用于那些关注个体在群体中表现差异的场景，如在班级、年级内的学业成绩比较，或者学校范围内的各类竞赛活动等。

在实施相对评价法时，教师会搜集并分析每个学生的考试成绩或行为表现数据，然后根据这些数据计算出学生在所在群体中的相对位置。例如，在班级的体能测试中，不仅会关注学生是否达到及格标准，还会根据他们的实际得分进行排名。这样，每个学生都能得到一个反映其体能水平在班级内的相对位置的评价结果。

相对评价法的优点在于提供了一个清晰明了的反馈机制，让学生能够直观地了解到自己在群体中的位置，进而激发他们的竞争意识和自我提升的动力。这种评价方式也有助于教师识别学生在不同领域的强项和弱项，以便实施针对性的教学策略。

然而，相对评价法也存在一定的局限性。过度依赖排名的做法可能导致"胜者

全赢、败者全输"的局面，忽视了学生在努力程度、进步幅度以及独特个性等方面的差异。它可能引发学生的焦虑情绪，增加他们的心理压力，甚至造成对某些排名靠后学生的自尊心和自信心的打击。每个学生都是独一无二的个体，他们的努力和成就都应该得到认可，而不仅仅是根据他们的相对位置来评判。

3. 个体内差异评价法

个体内差异评价法是一种教育评估策略，侧重对单个学生在不同时间点或不同情景下的学习成果进行系统、科学的比较与分析，从而衡量其学术能力、技能水平或行为表现的发展变化情况。这种方法强调以学生自身的进步为评价核心，关注每个学生的个体特性和内在潜能的发展轨迹，而非仅仅关注全体学生的统一标准。

个体内差异评价法在实践中可能表现为对同一个学生在不同学期、不同训练阶段或者在不同学科领域中的体能测试成绩进行动态追踪，并通过数据对比分析，得出该学生在体能发展上的具体进步情况，如速度、力量、耐力等方面的提升程度。这种评价方式充分体现了因材施教的原则，因为它要求教师深入了解每个学生的特点，并在此基础上设定适合各自发展的目标和发展路径。

它能够准确反映出学生在特定时间段内的学习成效和成长状况，有利于教师抓准每个学生的强项和短板，进而调整教学策略，精准定位每一个学生的需求，为他们定制个性化的学习计划。个体内差异评价法有助于培养学生的自我管理能力，通过对比不同阶段的自身成绩，学生能够逐渐学会如何设定目标、调整学习策略，并在这一过程中树立起对自身能力的信心，形成积极向上的学习态度。

在信息化时代，高校体育教学评价方法应该综合考虑多种评价方式的优点和适用性，根据学生的实际情况和教学目标选择最合适的评价方法。同时，教师也应积极探索信息化技术在体育教学评价中的应用，如利用大数据分析、人工智能等技术手段提升评价的准确性和效率，为高校体育教学质量的提升提供有力保障。

（四）单项评价和综合评价

在信息化时代，高校体育教学评价方法逐渐丰富和完善，其中包括单项评价和综合评价两种主要方法。这两种方法各有特点，适用于不同的评价需求和场景。

1. 单项评价

单项评价是一种教育评估方式，专门针对学生的某一特定技能或体能项目进行深入细致的衡量与判断。它侧重对学生某一具体领域的表现进行详尽而准确的观察与分析，通常通过赋予具体数值或等级来量化学生的表现水平。在信息化时代的体育教学中，单项评价可以借助现代科技的力量，实现评价方式的有效革新。例如，通过使用心率监测设备，可以实时采集并分析学生的心率数据，从而科学客观地评估学生的有氧运动能力；而利用先进运动传感器技术，则可以精准捕捉和评估学生完成体育动作时的各项参数，如动作幅度、速度、稳定性及协调性等，进而给出针对性的动作质量评价。

单项评价的显著优点在于其高度针对性和具体性。通过明确而具体的反馈，它能让学生清晰地了解自己在某一技能或体能方面的实际优势和短板，进而制订并实施有针对性的训练和改进计划，以促进自身技能和体能的有效提升。同时，对于教师而言，单项评价方式使他们能够更方便、更深入地剖析每一个学生在各项技能或体能上的具体表现，从而进行个性化指导，精准定位教学重点，提升整体教学质量。

然而，虽然单项评价能反映出学生在某一方面的体育水平，却可能忽略学生在其他方面的全面发展。体育教育不仅关注技能和体能的提升，更强调团队协作、毅力韧性、规则意识等综合素质的培养。因此，单项评价虽有其独特价值与积极作用，但在实际的体育教学中，往往还需要结合其他评价方式，如综合评价、过程评价以及终结评价等，以确保对学生体育素养的全面、公正和准确的评估。

2. 综合评价

综合评价是一种对学生体育学习成果的全面、综合考量体系，旨在为学生提供一个公正、准确且立体的学业成绩展示平台。相较于传统的单一评价指标，综合评价法将学生的体育学习成果细化为多个维度，如体能、技能掌握情况、课堂表现及参与度、团队合作精神、竞技精神及道德风尚、学习态度与努力程度等，确保了评价的全面性和公正性。

在信息化时代背景下，大数据分析和人工智能技术为综合评价提供了强大的数据支撑和分析手段。通过搜集学生各类体育学习数据，如运动成绩、训练记录、健康生活习惯等，并运用智能算法进行深度挖掘与精细化分析，我们可以更准确地把握每个学生在体育领域的优势与短板，进而为他们量身定制个性化的训练方案。

然而，尽管综合评价具有显著的优越性，但也存在一定的实施难点。要确保评价过程的公正性与科学性，必须严格规范数据搜集的渠道和方法，并选用可靠有效的分析工具和技术。同时，我们应定期对评价结果进行复核与修正，以消除主观偏见和偶然误差，确保评价结果的准确性与真实性。此外，加强学生对综合评价体系的认知和理解也是至关重要的一环，让他们充分认识到这种评价方式对他们全面发展的积极作用。只有这样，综合评价体系才能真正发挥出应有的效用，推动学生在体育领域全面发展。

（五）定性评价和定量评价

按照评价的性质，可以把体育教学评价的方法分为定性评价和定量评价。

1. 定性评价

定性评价是采用开放的形式获取信息、做出价值判断的方法。比如对学生学习状况的评价，可以采用观察学生学习的行为表现，访谈学生对学习的态度、想法及形成学习动力或障碍的各种因素，了解学生学习环境和教师、家长对学生的影响等，最终对学生的学习情况及影响因素做出分析和评价。定性评价有利于教师了解学生的整体情况，并制订有效的教学方案。定性评价主要有以下几种方法。

（1）等级评价法

等级评价法是依据内容确定不同的等级，按照等级标准来对评价对象进行评价。等级的划分主要有三级制，即上、中、下；四级制，即优、良、中、差，或甲、乙、丙、丁；五级制，即优秀、良好、中等、及格、不及格，或很好、好、一般、差、很差。

等级评价简便易行，但过于粗略，标准不好掌握，不能反映出评价对象的细微差别。另外，在等级评价中有些错误经常出现，以至于需要特别注意，尽量避免这些错误。这些错误包括个人偏见、晕轮效应和逻辑错误。

个人偏见错误是指评价者对所有个体的评价都集中在量表中的某个位置，即所有个体都获得了大致相同的等级。

第一种错误是一些评价者倾向只选择较高的等级，叫作宽容性错误。第二种错误不经常发生，但对一些评价者来说非常难以改变，他们喜欢选择较低的等级，叫作苛求性错误。第三种错误经常发生，是评价者为了避免等级两极化，倾向按照平均水平给被评价对象确定等级，叫作拉平性错误。

评价者给所有评价对象相同的等级会产生两种消极后果。第一，使人们对评价的可信度产生怀疑，也许一个趋高或趋低的评价反映了评价者的偏好，却没有反映被评价对象的实际表现和个人特点。第二，偏爱量表中的某一位置，限制了所给等级的范围。

晕轮效应是评价者对一个人的一般印象会影响对个体特征的评价。如果评价者对被评价对象存在偏爱，就会倾向给他一个较高的等级；如果存在偏见，评价结果就会低于被评价对象的真实水平。因为晕轮效应使被评价对象在不同方面所得到的评价是相似的，这显然不符合评价的客观价值。

逻辑错误产生的原因是评价者坚信某两个特征之间存在关系，所以进行评价时会出现二者更一致或更不一致的现象。

（2）评语法

评语法是用简明的评定性语言记述评价的结果。比如用评语法对体育教师的课堂教学质量进行评价：教学目标明确；教学内容安排合理；教法运用恰当，善于启发学生；学生学习积极性高；基本实现了教学目标，课堂教学效果良好。评语可用于补充评分的不足。评语没有固定模式，要根据评价对象的不同情况做深入分析，要切中要害，并且要有分寸，切不可模棱两可。评价者的价值观、质量观等主观因素对评价结果的影响较大，很难全面反映教学工作的质量状况。

2. 定量评价

定量评价是指预先设定操作化的评价内容，搜集评价对象可以量化的信息，运用数学方法做出推论的评价。

（1）百分法

百分法是目前我国最常用的处理学生成绩的传统方法。满分为 100 分，60 分以上（包含 60 分）为及格，60 分以下为不及格。

（2）累积分数法

累积分数法是将教学评价的指标或内容分成若干项，评价者就每一项评定一个分数，然后求出它们的总和作为教学评价的结果。

（3）加权计分法

加权计分法是针对累积分数法的不足而设计的一种教学评价方法。加权计分法与累积分数法一致，即累积分数法是当把各项评价指标的重要程度看作相同时加权计分法的特殊情况。因此，加权计分法比累积分数法要合理得多。运用此法要注意两点：一是要科学地设计反映教学质量指标体系的权重集合，尽量避免人为杜撰；二是具体到某位教师的教学质量评价时，要注意反映教师某些具有高品质或颇具特色的指标，充分发挥教学评价的导向作用。

（4）标准积分评价法

标准积分评价法是把评价内容分解成若干项目，每个项目拟定出"标准分"。评价时，按项目分等级评分，然后逐项分数相加，最后以总分来衡量体育教学质量。此法与等级评价法结合起来，既有定性的要求，也有定量的指标，运用起来更容易掌握。

（5）相关图示法

相关图示法是在等级评定法和量化积分的基础上用图示来评价，即连接各部分评价内容级别（水平）的各点，形成曲线图，以此来反映体育教学质量的方法。相关图示法能较形象地反映体育教学水平，把评价的具体条目分成三级或五级，首先在评价条目中找出评价相应的等级点；然后横向连接各等级点，形成曲线图，各评价条目都拟定了标准分；最后以总分并配合图式来评价体育课，必要时还可以根据此表绘制曲线图。

（6）模糊矩阵法

模糊矩阵法是依据模糊数学的原理，将体育教学分解成几个要素，再把每个条目分等级并予以加权处理后，按照一定的计算程序，得出综合评价的结果。这种评价方法的优点是可以用于综合评价，缺点是计算方法比较复杂。

第三节　信息化时代高校体育教学评价的内容与组织

一、信息化时代高校体育教学评价的内容

（一）信息化时代高校体育教师的教学评价

在信息化时代，高校体育教师的教学评价尤为重要。这不仅仅是为了衡量教师的教学水平和能力，更是为了促进教师的专业成长和提升教学质量。针对体育教师的评价可以从以下几个方面进行。

1. 体育教师素质情况的评价

（1）政治素质

政治素质在体育教师整体素养评价中占据着至关重要的地位，不仅是衡量体育教师是否具备合格教育教学能力的基础，更是反映其能否胜任培养新一代社会主义建设者和接班人这一神圣使命的核心指标。

体育教师的政治立场必须鲜明且坚定，要能体现出我国教育方针政策的要求，即在教育教学过程中全面贯彻党的教育方针，培养德、智、体、美、劳全面发展的社会主义建设者和接班人。[①] 这意味着体育教师不仅要注重学生的体育锻炼和技能提升，更要将爱国主义、集体主义、社会主义核心价值观等政治元素融入日常教学之中，使学生在参与体育活动的同时，能够深刻理解和体会我国社会制度及主流意识形态的优越性。

体育教师的思想品质和道德修养同样是评价其政治素质不可或缺的部分。体育教师应该具备高尚的职业道德，热爱教育事业，对学生充满爱心和责任心，以身作则，为人师表；应当秉持公平公正的原则，对待每一位学生要做到一视同仁，不以

① 郭文平，俞优莉. 我国高校体育课堂教学评价研究热点及趋势研究 [J]. 教育教学论坛，2023（40）：44－47.

个人的好恶偏见影响对学生的评价和教育。在道德修养上，体育教师应严于律己，廉洁从教，坚决抵制一切违背教育公平的行为，不得接受任何形式的利益诱惑，始终坚守教育者的初心和使命。

体育教师还要有较高的政治觉悟，不仅要传授体育知识和技能，还要引导学生树立正确的世界观、人生观和价值观。具体来说，体育教师需要在教学中渗透爱国主义情怀，培养学生热爱祖国、热爱民族的传统美德；通过团队运动项目，激发学生的团结协作精神，让他们理解集体力量的重要性；借助体育赛事的举办，教育学生尊重规则、遵循秩序，养成遵纪守法的良好习惯；在面对胜利与失败时，引导学生在竞技中保持谦逊态度，树立积极向上的人生观。

（2）知识结构素质

知识结构素质是衡量体育教师教学能力与职业素养的一个重要指标，主要考查体育教师在体育专业领域以及其他相关学科的知识储备和整合运用能力。体育教师首先必须具备深厚的体育专业知识，包括但不限于体育理论、体育教学理论与实践、运动技能训练方法、体育规则与裁判法、体育保健与康复知识等，这是其作为体育教育者的基础底蕴。

同时，体育教师还需要跨学科拓展，掌握一定的教育学基础知识，理解教育教学规律，能够运用教育心理学原理来指导教学实践，科学设计体育课程，满足不同层次学生的学习需求。了解社会学相关知识可以帮助体育教师把握社会文化背景下的体育现象和问题，引导学生在体育活动中建立良好的人际关系和社会责任感。

（3）能力结构素质

能力结构素质是衡量体育教师专业素养和综合能力的重要指标，主要考查体育教师在教学、训练、竞赛指导和科研等方面的实践能力与创新精神。在教学方面，体育教师应该具备扎实的教育学、心理学和运动技能知识基础，采用灵活多样的教学方法和手段，如直观教学、情景模拟、游戏竞赛等，以激发学生的学习兴趣，提高学生的体育技能水平。在训练能力方面，体育教师需要掌握科学的训练原则与方法，能够根据不同年龄、性别、体质的学生特点，制订有效且具有针对性的训练计划，促进学生体能的发展，提升他们的运动竞技水平。在竞赛指导能力方面，体育教师应具备国际级或国家级裁判资格证书，熟悉各类体育竞赛规则，能够组织和指导校内外的体育比赛活动，从而培养学生的团队合作精神和良好的体育道德风貌。此外，体育教师还应该具备一定的科研能力，能够对体育教学和训练中遇到的问题进行深入研究和探索，为教学实践提供理论支持。体育教师应该能够灵活运用各种教学方法和手段，提高学生的体育技能和兴趣；同时，还应具备一定的科研能力，能够开展体育教学和训练的科学研究。

（4）身心素质

①身体素质

对于体育教师而言，身体素质是职业特质中至关重要的一部分，不仅体现了体育教师个体健康水平和基本生理状态，更是其能否有效组织和高效完成体育教学训练任务的基础。在力量素质方面，体育教师应当具备较为突出的肌肉力量和爆发力，能够完成各类技术动作示范，并给予学生正确指导；在速度素质上，要求体育教师有快速的反应能力和移动速度，以满足在不同方向和位置上指导学生的需求；耐力素质是衡量体育教师能否在长时间、高强度的工作状态下保持稳定教学状态的关键指标；灵敏素质则表现为对各种突发状况的快速适应与处理能力，体育教师需要具备出色的身体协调性和随机应变能力，从而更好地应对体育教学过程中的各种变化；至于柔韧性素质，它不仅关系到体育教师自身技术动作的规范程度，还影响着教师能否有效缓解学生肌肉紧张，提升学生身体柔韧性的能力。

②心理素质

心理素质是一个个体在生活、工作或学习过程中，面对各种压力与挑战时所展现出的心理韧性与自我调适机制。这种机制包括个体的认知能力、情绪调控能力、应对能力和人际关系能力等方面。在体育教学这一特定情景下，体育教师的心理素质尤为重要。因为体育教师不仅是知识的传授者、技能的指导者，更是学生人格塑造的关键引导者，其心理素质直接关系到教学质量与教学效果。

体育教师需要具备超强的心理承受能力，能够在高强度的训练压力下保持冷静与坚韧。在体育教学工作中，教师们经常要带领学生进行高强度的训练，如长跑、举重等，这些训练不仅对学生的体力有较高要求，对教师的心理承受能力也是一个巨大考验。在面对学生的各种问题、突发状况以及教学中的困难时，体育教师需要保持冷静的头脑和稳定的心态，从而做出明智且适时的教学决策和反应。

（5）教师自身发展的素质

教师自身发展的素质是体育教师教育教学能力的核心组成部分，强调了体育教师对于自我提升、持续学习和专业发展的内在意识和外在能力。在信息化时代背景下，体育教师作为教育体系中的重要一环，同样需要紧跟时代步伐，不断优化自身的知识结构和技能水平，以适应教育改革和发展的迫切需求。

体育教师应具备强烈的自我提升意识，不断追求专业成长与进步。他们应当能够认识到自身在教育教学方面的不足，并主动寻求改进方法，通过持续学习和实践探索，提升自己的教育教学水平。

在信息化时代，体育教师尤其需要具备自主学习的新时代能力，包括但不限于掌握各种先进的教育教学理论和技术手段，如云计算、大数据分析、人工智能应用等，并将这些新技术融入日常的体育教学和训练中。体育教师还应具备从海量网络资源中筛选、吸收并应用有价值信息的能力，以此来更新自身的教学内容和策略，满足现代教育环境中高效、多元、个性化的教学需求。

2. 体育教师基本教学能力的评价

在信息化时代，对于高校体育教师的基本教学能力进行评价是确保教学质量和提升学生学习效果的关键环节。以下是对体育教师基本教学能力的几个主要评价方面。

（1）讲解示范能力的评价

讲解示范能力是体育教师教学的基础。对于体育教师讲解示范能力的评价，首先关注其是否具备用准确无误、生动形象且易于学生理解的语言对各种动作技术进行深入浅出的讲解。这意味着教师不仅要熟悉各项运动技能的技术环节，还需将其转化为易于被学生接受的知识点，通过形象化、比喻化的表达方式，帮助学生建立起直观而深刻的概念认知。

体育教师的示范动作技术是否标准、规范也是衡量其讲解示范能力的重要指标。教师的示范动作应当是该领域的典范，每一个细节都应体现专业素养，通过亲自展示流畅、协调且符合力学原理的示范动作，使学生能够直观地感知到正确动作的美感和力量所在，从而更好地理解和掌握动作要领及要点。

评价一位体育教师的讲解示范能力高低还要看其能否根据学生的实际情况，灵活运用并创新各种讲解与示范的方法和手段。例如，对于接受能力较强的学生，教师可以简明扼要地讲解，然后让其自主练习；而对于理解起来有困难的学生，则需采用更为细致入微的讲解和分解示范，甚至可以采用现代化教学技术辅助教学。

（2）教法与组织能力的评价

①教法评价

教法评价是对体育教师教学方法运用合理性和有效性的评估，包括教师是否能够根据学生的年龄、性别、体能水平、个体差异、学习风格等特点选择合适的教学方法。教师应当根据学生的不同需求和特点，灵活运用各种教学手段，如讲解示范、分组合作、比赛竞技、游戏化教学等，以激发学生的学习兴趣和动力，使他们积极主动地参与到体育活动中来。另外，教师还应注重学生的反馈和学习效果，及时调整教学方法。在教学过程中，教师应时刻关注学生的反应和表现，根据学生的学习进度和效果，灵活调整教学内容和进度，确保教学质量的有效提高。

②组织能力评价

组织能力评价是衡量体育教师教学管理水平的重要指标，它主要考查教师在实际教学过程中对学生、场地、器材以及其他教学资源的整合与协调能力。

3. 对体育教师的组织能力评价，涵盖了以下几个关键维度。

（1）教师是否具备合理规划教学进度的能力

优秀的体育教师应能够根据教学大纲和学生的实际情况，科学制订周密的教学计划，并在此基础上灵活调整教学策略，确保教学活动能够按照预定的时间和节奏稳步推进。

第一，优秀的体育教师应当具备深厚的教育学、心理学以及运动科学专业知识，并且能够将这些知识融会贯通地运用到实际教学情景中。第二，在教学过程中，优秀的体育教师能灵活应对各种突发情况，以学生为主体，以效果为导向，适时调整教学策略。第三，优秀的体育教师还具备出色的组织管理能力，能有效掌控教学节奏，确保教学活动能够按照预定的时间和节奏稳步推进。

（2）教师管理课堂秩序的有效性评估

维持良好的课堂秩序是保证教学质量和效果的基础和前提。在体育教学中，教师不仅需要具备专业的体育知识和技能，还需要掌握有效的课堂管理技巧，以维持课堂秩序。体育教师应具备把控课堂秩序的技巧，通过合理的组织和安排，确保学生能够遵守课堂纪律，尊重教师和其他同学，积极参与到课堂活动中来。

鼓励学生积极参与课堂活动，创造一个既活泼有序，又利于学习的环境。活跃的课堂氛围可以激发学生的学习热情和兴趣，提高他们的参与度和学习效果。同时，有序的环境也可以帮助学生更好地专注学习，提高课堂效率。因此，体育教师在维持课堂秩序方面至关重要，对于创造一个既活泼有序，又利于学习的环境具有不可推卸的责任。

（3）教师根据学生特点进行合理分组的能力

在日常教学中，体育教师必须细心观察并充分理解每位学生的个体差异。这不仅包括学生的身体素质，如力量、速度、耐力等，还涵盖他们的技能水平，如球类运动、体操技巧等。同时，学生的兴趣爱好也至关重要，因为这将直接影响他们的学习热情和投入程度。为了确保每位学生都能在最适合自己的环境中学习，并得到适当的指导和帮助，体育教师应该公正公平地进行分组。这样的分组不仅能够让学生感到被尊重和认可，还能够激发他们的学习潜力，使他们在体育课上取得更好的学习效果。

（4）体育教师分配教学资源策略的考量

在日常教学中，体育教师必须精心策划与高效运用各类教学资源，包括教学器材、图书资料以及场地设施等。通过合理调配，这些资源能够满足不同学习小组和个体的多样化学习需求，确保每个学生都能在最适合自己的环境中学习。这种精细化的资源管理不仅能提升教学效率和学生的学习效果，更有助于促进学生综合素质的全面发展。

在信息化时代，体育教师的教法与组织能力也需要与时俱进，充分利用现代化信息技术手段，如多媒体教学、网络教学等，创新教学方法和组织形式，以适应信息化时代的教学需求。

4. 体育教师课堂教学活动的评价

在信息化时代，对高校体育教师的课堂教学活动进行评价是确保教学质量、提升学生学习效果以及促进教师专业发展的重要手段。以下是对体育教师课堂教学活动在不同阶段的评价内容。

（1）准备阶段的评价

准备阶段评价主要关注体育教师在课前所做的准备工作，包括教师对教学内容的理解与把握、教案的编写、教学资源的准备、对学生情况的了解与分析等方面。在这个阶段，评价教师是否可以根据教学大纲和教学目标，合理设计教学内容，制订切实可行的教学计划；是否能够根据学生的实际情况，选择适当的教学方法和手段；是否能够充分利用信息化教学手段，提高教学效率和效果。

评价教师是否深入理解了教学内容，是否能够把握课程的重难点，并据此制订合理的教学目标和教学计划。同时，教师还需要根据学生的实际情况，选择适合他们的教学方法和手段。例如，对于某些难以掌握的动作，教师可以采用示范法、分解法或游戏化教学法等不同的方式来帮助学生更好地理解和掌握。

在准备阶段评价中，我们还要评估教师是否充分利用了信息化教学手段。在当今时代，信息化教学已经成了教育的重要趋势，体育教师应当学会利用数字化教学工具，如智能穿戴设备、虚拟现实技术等，来提高教学效率和效果。例如，通过智能穿戴设备，教师可以实时了解学生的运动数据和身体状况，从而更好地调整教学内容和方法；通过虚拟现实技术，教师可以模拟出各种运动场景，激发学生的学习兴趣和参与度。

（2）基本阶段的评价

基本阶段的评价主要关注体育教师在课堂上的教学表现。在对体育教师进行基本阶段的评价时，需要充分考虑其在课堂教学中的全方位表现，重点包含但不限于以下维度：讲解示范能力、学生的参与度、课堂互动情况、教学方法的灵活运用等方面。

体育教师讲解示范动作技术时，应当具备准确且生动的表达能力，确保学生能够清晰、直观地理解并掌握相应的体育技能。这要求教师不仅具备扎实的专业功底，还能够借助形象生动的手势、示范以及现代化的教学工具（如多媒体展示）来辅助教学，以增强学生的视觉冲击力和理解深度。与此同时，教师还需关注学生的课堂参与度，通过设计丰富多样的练习形式和竞技活动，激发学生的兴趣和内在动力，使他们积极主动地参与到体育学习和锻炼中来。

体育教师在课堂教学中应善于营造良好的互动氛围，鼓励学生之间的相互学习与合作交流。通过组织小组讨论、角色扮演、实战演练等活动，提高学生的团队协作能力和社交技巧，使他们在互动过程中共享知识、技能和经验，共同进步。此外，教师还需时刻关注学生的学习进程和个体差异，灵活调整教学内容、进度以及教学方法。比如，对于掌握较快的学生，可以提供更具有挑战性的任务；而对于暂时落后的学生，则应给予更多的关注和个性化辅导，确保每一位学生都能在适合自己的节奏和方式下进行有效的学习。

（3）结束阶段的评价

结束阶段的评价主要聚焦体育教师在课堂即将结束时的总结与反思能力。这一评价环节不仅是对整个课堂教学活动的总结和概括，更是教师提升教学质量、优化教学方法的重要途径。

教师需要对学生在课堂上的学习成果进行全面、准确的总结，包括对学生技能掌握程度的评价、对学生体能进步的观察以及对学生在课堂上的行为表现和情感态度的反馈。通过详细的成果总结，教师可以帮助学生清晰地认识到自己在本次课程中的学习情况，进一步巩固和提升所学知识。

教师对课堂效果进行深入评估。这涵盖了对教学计划的完成情况、学生参与度和课堂氛围的考量。教师需思考是否有效地达成了教学目标、学生是否普遍理解了课程内容，以及教学方法是否适应大部分学生的学习需求等。通过对课堂效果的评估，教师可以找出教学中的不足之处，为今后的教学提供参考和借鉴。

教师需要基于学生的反馈和学习效果，对自己的教学效果进行深刻反思。教师应该思考自己的教学方式是否恰当、语言表述是否清晰、动作示范是否准确，以及如何更好地激发学生的学习兴趣和主动性。只有在反复的反思和探索中，教师才能不断提升自身的教育教学能力，确保每一次体育课都能真正助力学生的全面发展。

（二）信息化时代高校学生学习评价

1. 学生在体育教学中的地位与表现

在信息化时代的高校体育教学中，学生的学习地位与表现对于教学质量和学习效果具有至关重要的影响。以下对学生在体育教学中的地位以及其主体性在体育教学中的体现进行详细探讨。

（1）学生在体育教学中的地位

① 学生是体育学习的主体

在体育课堂上，学生不再是被动的接受者，而是教学活动的核心。他们的投入程度、学习态度以及对体育技能的掌握程度直接影响着教学效果的好坏。因此，学生应当充分认识到自己的主体地位，积极主动地参与到体育学习中来，勇于尝试和挑战，不断思考和实践，以提升自己的体育技能和体能水平。只有这样，他们才能真正享受到体育带来的乐趣，同时在健康成长的道路上迈出坚实的步伐。

② 学生是体育教师的合作者

在体育教学中，学生不仅是学习的主体，更是体育教师的合作者。体育教学不同于其他学科，它更注重实践性和互动性。因此，学生应当与教师紧密配合，共同完成教学任务和目标。在教学过程中，学生应当积极响应教师的引导，认真完成每一个动作和练习，同时要敢于提出自己的疑问和建议。通过师生之间的双向互动和合作，可以形成良好的教学氛围，提高教学效果，同时能培养学生的团队合作精神和沟通能力。

③ 学生是体育文化的继承者和创造者

体育文化是人类文明的重要组成部分，蕴含着丰富的历史、文化和精神内涵。通过体育学习，学生不仅能够了解和继承优秀的体育文化传统，还能够在实践中不断创新和发展体育文化。他们可以通过参与各种体育活动和比赛，展示自己的才华和技能，同时可以学习不同的体育文化知识和精神品质。在这个过程中，学生不仅可以为体育事业的繁荣做出贡献，还可以提高自己的综合素质和能力水平。

（2）学生主体性在体育教学中的体现

学生的主体性在体育教学中主要体现在以下几个方面。

① 对教育影响的选择性

在教育环境中，学生的选择性至关重要。不同的学生有着不同的兴趣、需求和能力，因此他们应该被赋予权利，根据自身特点去选择教学内容和方式。例如，在体育教学中，有些学生可能对篮球技巧更感兴趣，而另一些学生则可能更倾向于了解体育理论知识。允许学生根据自身喜好选择学习方向，不仅能够增强他们的学习动力，还能更好地满足他们的个性化需求，从而实现真正的个性化学习。

② 学习的独立性

在体育学习中，培养学生的独立思考和解决问题的能力至关重要。这意味着学生应该具备自主分析、判断和决策的能力，能够独立面对挑战并完成教学任务。例如，当学习一个新的体育项目时，学生应该能够独立思考如何应用所学技巧、如何在实践中不断调整和完善自己的表现。通过锻炼这种独立性，学生可以更好地适应未来的学习和生活，成为更具有自主性和创造力的人。

③ 学习的主动性

主动性是体育学习中的重要品质。学生应该主动参与体育学习，积极寻求学习机会和资源，不断提升自己的学习能力和水平。这意味着学生应该对自己的学习负责，主动寻求反馈和建议，以不断改进自己的表现。例如，学生可以在课后主动向教师请教问题，或者在课余时间自主练习以提升自己的技能。通过展现这种主动性，学生可以更好地掌握体育知识，提高自己的运动能力，为未来的体育事业打下坚实的基础。

④ 学习的创造性

在体育实践中，学生的创造力和想象力发挥着重要作用。他们应该被鼓励发挥创造力，不断探索新的方法和技巧，为体育事业的发展做出贡献。例如，学生可以在掌握基本技巧的基础上，尝试创造自己的独特动作或战术。这种创造性的思维和实践不仅有助于提高个人的运动水平，还能为整个体育领域带来新的启示和发展。通过培养学生的创造力，我们可以为体育事业的未来注入更多的活力和创新力。

（3）学生主体性发挥需要具备的条件

为了充分发挥学生在体育教学中的主体性地位，需要具备以下条件。

① 教师的教授目标与学生的学习目标相协调

为了更有效地促进学生的学习，教师不仅要关注自己的教学目标，还要深入了解学生的学习需求和目标。这意味着教师在制订教学计划和内容时，应结合学生的实际情况，确保教学内容既符合教学大纲的要求，又能满足学生的具体需求。这样，学生在学习过程中不仅能感受到教学内容的实用性，还能更好地实现自己的学习目标，从而提高学习效果。

② 教师和学生共同拥有体育教材

在体育教学中，教材既是师生之间的桥梁，也是学生学习和锻炼的重要依据。因此，教师和学生应共同掌握和使用体育教材，形成共同的学习资源和平台。这不仅有助于学生在课堂上更好地理解和掌握体育知识和技能，还能促进师生之间的交流和合作，共同提高教学效果。同时，共同拥有体育教材还有助于培养学生的自主学习能力和团队合作精神。

③ 教学情景应该自由民主

为了创造一个有利于学生学习和成长的教学环境，教师应创设自由民主的教学情景。这意味着在课堂上，教师应鼓励学生发表自己的观点和意见，尊重每个学生的独特性和创造性。同时，教师还应引导学生积极参与课堂讨论和互动，形成积极的课堂氛围和互动关系。在这样的教学环境中，学生不仅能获得知识和技能，还能培养自己的批判性思维和创新能力。

④ 教师对学生的学习方法要足够重视

学习方法对于学生的学习效果至关重要。因此，教师在教学过程中应关注学生的学习方法和过程，提供有效的指导和帮助。这意味着教师不仅要教授学生知识，还要教授学生如何学习。通过指导学生掌握适合自己的学习方法和技巧，教师可以帮助学生提高学习效率，形成良好的学习习惯和能力。同时，关注学生的学习方法还有助于教师更好地了解学生的学习风格和需求，从而制订更加具有针对性的教学计划和内容。

2. 学生学习评价的内容与方法

在信息化时代，高校学生学习评价的内容与方法呈现出多样性和全面性的特点。以下是对学生学习评价的主要内容与方法的详细探讨。

（1）体能评价

体能评价是一种对学生身体能力的全面且系统化的评估方法，不仅仅关注学生在某个特定项目上的表现，而是涵盖了许多不同的身体素质维度，包括但不限于力量、速度、耐力、灵敏性、协调性和柔韧性。这些方面的测试旨在模拟真实生活场景中可能遇到的各种身体挑战，以便教师能够清晰地认识学生的身体基础和发展水平，为后续教学提供有针对性的指导。

（2）健康行为评价

健康行为评价是一种全面且深入的评估体系，其核心在于对学生日常活动中体育锻炼习惯、健康生活方式建立以及体育安全意识等方面的表现进行系统化的观察与量化评估。这一评价方式要求教育者细致入微地关注学生在校园生活和社会活动中的各种行为表现，并将这些表现转化为可衡量的数据和等级。

健康行为评价关注学生是否形成规律的体育锻炼习惯，是否积极参与各类体育活动，并在日常生活中持续践行健康的生活方式，如均衡饮食、充足睡眠以及合理作息等。同时，评价还侧重考查学生是否具备体育安全意识，能否在参与体育活动时注意安全防范，避免不必要的运动损伤。

通过这样的细致观察与量化评估，健康行为评价旨在激发学生积极参与体育活动的热情，鼓励他们养成良好的体育生活习惯，从根本上促进他们的身心健康发展，使他们在忙碌的学习生活中保持良好的精神面貌和身体素质。此外，该评价方法还能有效提高青少年的自我保健意识和能力，帮助他们树立正确的健康观念，为未来的生活奠定坚实的基础。

（3）学习态度评价

学习态度评价主要针对学生在体育学习过程中的一系列心理和行为表现进行细致的观察和评估，具体涵盖了学生对体育课程的兴趣点、学习动机的强弱、参与体育活动的积极程度以及面对挑战时的态度和策略等。通过全面而深入的学习态度评价，教师可以清晰地把握每一个学生在体育学习中的真实心态和动力来源，从而有针对性地实施教学策略，确保体育课程既能锻炼学生的身体素质，又能培养他们的积极人生观和社会责任感。

（4）知识与运动技能的评价

知识与运动技能的评价主要包括对学生体育理论知识和实践技能的评价。

①知识评价

知识评价是体育教育中至关重要的一环。为了深入了解学生对体育理论知识的掌握和理解，我们应当采用多样化的评价方式。通过考试和测验，我们可以检验学生对体育基础知识的掌握程度，而问卷则能更深入地了解他们的体育观念和理解深度。这样的评价方式不仅有助于我们针对性地调整教学内容，更能帮助学生建立起正确的体育观念，为后续的运动技能学习奠定坚实的理论基础。通过知识评价，我们期望每一位学生都能在体育教育中找到自己的兴趣点，培养终身锻炼的习惯。

②运动技能评价

运动技能评价是评估学生体育学习效果的重要手段。为了全面了解学生在各项运动项目中的实际表现，我们应通过观察和测试来进行综合评价。评价内容涵盖了学生基本技能的熟练程度、技术运用的合理性以及战术意识等方面。在评价过程中，我们注重定量与定性相结合的方法，如技能考核、比赛成绩和技能展示等，以更全面地反映学生的运动技能水平。通过这样的评价，我们不仅可以了解学生运动技能的掌握情况，还能为他们提供有针对性的指导和建议，促进他们的技能进一步提升。这也为学生提供了展示自己才华的平台，增强了他们的自信心和参与体育活动的积极性。

（5）情意表现与合作交往的评价

情意表现与合作交往的评价主要关注学生在体育学习过程中的情感表达、人际交往和团队合作能力。

①情意表现的评价

情意表现的评价在体育教学中具有举足轻重的作用。在实际操作中，教师可以通过观察学生在课堂上的情绪表达，如参与体育活动时的表情、语调以及动作，来判断他们的情感投入程度；同时，还可以通过学生在面对挑战或困难时所展现的自信心和意志力来评估他们的情意发展水平。这种评价方式不仅有助于教师了解学生的心理状态，更能为教学提供有力参考，以便教师根据实际情况调整教学策略，从而更有效地培养学生的积极情感和健康心态，促进其全面发展。

②合作交往的评价

合作交往的评价在体育活动中同样重要。为了全面评估学生的合作交往能力，教师可以设计一系列团队项目，让学生在参与过程中展现他们的合作能力、沟通技巧和责任感。通过观察学生在团队中的表现，教师可以了解他们如何与他人沟通、如何分工合作以及如何面对挑战和冲突。这种评价方式不仅有助于培养学生的团队合作精神和人际交往能力，还能为他们未来的社会适应打下坚实基础。同时，教师还可以通过反馈和指导，帮助学生认识到自己在合作交往中的不足，从而引导他们不断提升自己的合作能力和交往技巧。

二、信息化时代高校体育教学评价的组织

体育教学评价的组织是指为完成体育教学评价任务、实现评价目的，选拔一定数量的评价人员，组成结构合理、权责分明、精干有效的评价机构。

评价人员是评价活动的具体实施者，教学评价的质量在很大程度上取决于评价人员的工作质量。因此，应慎重选择评价人员。评价人员应具有与教学评价内容有关的知识水平和专业背景，应具备正直、公平、原则性强、仔细认真、尊重他人等优良品质。此外，评价人员还应对体育教学工作的方方面面有所了解，具有宽广的知识面。只有这样，才能避免固执己见和认识片面，从而减少工作中的偏差。

评价机构是协调评价者、评价对象及各种评价活动之间关系的组织。教学评价组织根据具体情况，可以有不同的性质和规模。在实践中，主要有常设性机构、临时性机构和弹性机构几种形式。其中，常设性机构具有权威性、连续性和稳定性，一般负责全部评价工作的组织领导，包括评价方案的审定、评价人员的培训、监督下级的评价工作、向上级汇报评价工作的情况和提供决策的理论依据等。临时性机构具有根据具体情况需要而迅速召集有关专业技术人员组建而成的特点。弹性机构的核心成员是常设的，其他一般成员则可根据任务和对象的不同，聘请有关部门的代表组建而成，任务完成以后，此评价机构就解散。因此，它具有灵活性和非连续性的特征，随时调整、变动，同时还具有权威性。

三、信息化时代高校体育教学评价的实施

体育教学评价是提升教学质量、促进学生全面发展的重要手段。在信息化时代背景下，高校体育教学评价的实施需要更加系统、科学和高效。以下是体育教学评价实施的五个关键步骤。

（一）确定体育教学评价的目的

在进行高校体育教学评价时，首要任务是清晰地确定评价的目的。这不仅为评价工作指明了方向，还是确保评价过程有效性和准确性的关键。明确的评价目的应该具有针对性和可操作性，如通过评价了解学生在体育知识、技能和态度方面的学

习状况，评估教师教学方法、态度和效果的质量，诊断教学中存在的问题和短板，以及为教学改进提供具体、有针对性的反馈依据。这样的目的设定能够引导评价工作深入、细致地进行，确保评价结果的真实性和有效性。

（二）成立评价小组或评价机构

成立专门的评价小组或评价机构是确保评价工作顺利进行的关键。评价小组应由具有丰富教学经验和深厚专业知识的教师、教育管理人员和学生代表共同组成，以确保评价工作的全面性和公正性。

教师代表应来自不同的学科领域，具有丰富的教学经验和深厚的学科专业知识，熟悉教学方法和教育理念，能够根据教学目标、教学内容和学生的实际情况，设计出科学合理的评价方案和评价指标体系。教育管理人员则擅长教育管理和规划，能够制定有效的评价策略和管理制度，确保评价工作的有序进行。学生代表则是从学生的角度出发，反馈教学效果和学生的学习情况，为评价小组提供重要的参考信息。

他们共同负责设计评价方案、制定评价标准和指标体系、搜集评价信息、分析评价结果等工作。评价小组需制定详尽的评价标准和指标体系，以确保评价工作的科学性和公正性；搜集各种评价信息，包括教师授课情况、学生学习情况、教学内容和教育管理等方面的信息；对搜集到的评价信息进行分析和处理，形成评价报告，并提出改进意见和建议。

（三）制定体育教学评价的标准和指标体系

制定科学、合理的评价标准和指标体系是体育教学评价的核心。评价标准是评价的基础，是为评价制定的一系列明确、具体的准则。在体育教学中，评价标准应该根据体育课程的目标、教学内容、教学方法以及学生的学习效果等方面来制定。指标体系是评价标准的具体化，是评价标准的重要补充。指标体系应该能够全面、客观地反映学生的学习情况和教师的教学质量，是评价的重要依据。在制定标准和指标体系时，需要充分考虑信息化时代的特点和要求，注重评价内容的多元化和评价方法的科学性。在信息化时代，人们可以通过各种渠道获取信息，受外部环境的影响，需要不断更新和调整评价标准和指标体系。在制定标准和指标体系时，还需要注重多元化和科学性，以便更好地适应信息化时代的需求。

（四）搜集体育教学评价的信息

信息搜集是评价过程中的重要环节。为了获取准确、全面的评价信息，可以采用以下方法。

1. 观察法

观察法是一种直接搜集信息的方法，通过实地观察教师的教学过程，可以详细了解教师的教学风格、教学方法以及与学生的互动情况。同时，观察学生的学习表现可以了解学生的学习态度、学习方法和学习效果。这种方法需要在不打扰正常教学秩序的前提下进行，观察者需要具备一定的专业知识和观察技巧，以确保搜集到的信息的准确性和客观性。

2. 访谈法

访谈法是一种通过与被访者面对面交流来搜集信息的方法。在与学生和教师进行访谈时，可以深入了解他们对教学的看法和意见，包括教学内容、教学方法、教学效果等方面的评价。访谈者需要具备良好的沟通能力和倾听能力，以建立起与被访者之间的信任和良好的沟通氛围。同时，访谈者还需要对访谈内容进行充分的准备和规划，以确保访谈的针对性和有效性。

3. 问卷法

问卷法是一种通过设计问卷调查表来搜集信息的方法。通过让学生和教师填写问卷，可以系统地搜集他们对教学的评价信息，包括对教学内容、教学方法、教学效果等方面的满意度和意见。问卷设计需要科学合理，问题的表述要清晰明确，避免产生歧义或引导性。同时，问卷的发放和回收也需要有严格的管理和统计流程，以确保数据的真实性和可靠性。

4. 文献资料法

文献资料法是一种通过查阅相关教学文件、教案、学生作业等文献资料来了解教学情况的方法。通过查阅这些资料，可以了解教师的教学设计、教学实施过程和学生的学习成果等方面的信息。在查阅文献资料时，需要注意资料的真实性和完整性，同时需要对资料进行分类和整理，以便后续的分析和研究。此外，教师还需要对文献资料进行客观评价和分析，以提取出有价值的信息和结论。

5. 测验法

测验法是一种通过组织学生进行体育技能测试、理论知识测试等方式来搜集评价信息的方法。通过测验，教师可以客观地了解学生的知识和技能水平，以及教学效果的达成情况。在测验时，需要确保测试题目的科学性和公正性，同时需要制定严格的测试流程和评分标准，以确保测试结果的客观性和准确性。此外，教师还需要对测验结果进行分析和解读，以便了解学生的学习状况和教学效果，为后续的教学改进提供依据。

（五）判断体育教学评价的结果

判断评价结果既是评价工作的核心环节，也是整个评价过程的最终输出。在充分搜集和获取了全面的评价信息之后，评价小组需要对这些繁杂的数据和观点进行深度剖析、系统整理以及科学处理。这一阶段的工作不仅要求对原始信息进行筛选、核实和归类，还涉及对评价标准和指标体系的深度解读与具体应用，以确保评价结果能够准确无误地反映被评价对象的实际水平和进步状况。

形成的评价结果应当以极其客观、精准且易于理解的方式呈现出来。这包括但不限于采用量化数据、质量描述以及图表展示等形式，以便各方利益相关者能够快速把握并有效运用这些信息。在评判结果时，必须严格遵循预先设定的评价标准和指标体系，确保每一项评价都有章可循，每一份结果都能体现出评价工作的科学性和公正性。

此外，依据评价结果，评价小组还需积极履行提出改进意见和建议的重要职责。他们需要深入剖析评价过程中揭示的问题与不足，结合实际情况提出具有针对性和可操作性的改进策略与建议，旨在帮助被评价对象识别短板，明确发展方向，并引导其在今后的工作实践中采取有效措施加以完善和优化，从而持续提升教学质量，实现教育服务的整体效能提升。

第四节　信息化时代高校体育教学评价的创新与发展

一、信息化时代高校体育教学评价的发展趋势

信息化时代高校体育教学评价的发展趋势呈现出多方面的显著变化。这些变化不仅反映了教育评价理念的进步，也体现了信息化技术在教育领域的深入应用。

（一）评价理念趋于动态化

在信息化时代背景下，高校体育教学评价的理念正经历着深刻变革，逐渐从静态、单一的评价模式转向动态、多元的评价体系。传统的高校体育教学评价主要侧重对学生体育技能掌握程度和运动成绩的静态评估，往往忽视了学生在体育学习过程中的综合表现、努力程度、进步状况以及心理变化等因素。然而，在当今信息丰富、数据驱动的教育环境中，动态化的评价理念应运而生，并日益凸显其科学性和全面性。

这种动态、多元的评价方式强调不仅关注学生的最终体育成绩，更注重他们在

学习过程中的综合表现和发展变化。它涵盖了对学生体育技能的学习掌握、体能素质的提升、战术策略的运用、团队协作的能力，以及情绪调控和意志品质等方面的考查。通过信息化手段，教师可以实时搜集和分析学生的学习数据，直观了解每个学生在体育课程中的进步轨迹，及时发现并指导解决存在的问题，从而为教学决策提供更为精准的依据，实现个性化教学和针对性反馈，有力推动高校体育教学质量的有效提升和学生全面素质的发展。

（二）评价主体趋于互动化

随着信息化技术的飞速发展，高校体育教学评价体系也发生了深刻变革。传统的体育教学评价方式主要以教师作为评价主体，通过对学生课堂表现、技能掌握、成绩考核等方面的主观观察与评定，来衡量学生的学习效果和运动能力。虽然这种方式简单易行，但在一定程度上受到教师个人认知、情感因素及观察角度的影响，有时难以全面反映学生的实际水平。

互动化的评价主体则是一个更加开放、多元、立体的评价体系。它强调在教师评估的基础上，纳入学生的自我评价、互评以及家长的评价意见，甚至可以引入第三方专业机构或社会资源进行客观的数据分析与指导。这种全方位、多角度的评价方式能够从不同层面获取关于学生体育学习的丰富信息，使评价结果更加客观公正。

此外，互动化的评价主体还能有效提升学生的自我认知和自我管理能力。通过参与自我评价和互评，学生可以更全面地了解自己在体育学习中的优势与不足，明确改进方向，同时能培养其自主学习、自我监督和自我激励的能力，为未来的终身体育学习习惯养成奠定基础。家长参与评价也能够更好地理解学生在家校之间的体育学习连贯性，有利于共同促进学生的健康成长。

（三）评价内容趋于多元化

在信息化时代背景下，高校体育教学评价经历了深刻变革，不再局限于传统意义上对学生运动技能掌握情况的单一考量，而是将视角拓展至学生的全面、均衡与和谐发展。新的评价体系不仅关注学生在体育课程中的技能习得和体能提升，更注重他们在学习过程中的综合素质体现。

评价内容从单一的体育成绩延伸到了学生学习体育的态度、合作精神和创新能力等维度。其中，学习态度涵盖了学生对体育课程的重视程度、课堂参与度以及对待体育训练的态度等方面；合作精神评价学生在团队运动项目中的团队协作能力、沟通协调能力和共同进步的意识；创新能力则体现在学生能否在体育活动中独立思考、自主探究，以及能否创造性地解决问题。

这种多元化的评价内容能够更全面地反映学生的综合素质，为培养全面发展的人才提供有力支持。通过这样的评价方式，旨在鼓励学生全面发展，培养他们积极向上的人生态度和健全的人格魅力，以适应未来社会的需求，为我国的素质教育注入新的活力。

（四）评价方式趋于多维化

1. 诊断性评价、形成性评价和终结性评价相结合

诊断性评价通常在学期初进行，其作用在于帮助教师全面、准确地掌握学生起始阶段的学习基础和准备状态，包括他们对即将学习内容的认知程度、技能水平以及态度倾向等。

形成性评价则是在教学过程中穿插进行，通过课堂测验、作业批改、个别观察以及小组讨论等形式搜集反馈信息。这种评价方式注重对学生学习过程的动态跟踪和连续观察，旨在及时发现学生在学习过程中的难点和问题，以便教师调整教学策略，采取有针对性的教学措施，促进学生的有效学习。

终结性评价则是在学期末进行，用以评估学生的学习成果。这种评价方式将这三种评价有机地结合起来，既关注学生的学习起点，又关注学习过程中的变化和进步，以及最终的学习成果。通过这种多维度、全方位的评价方式，教师可以更全面地了解学生的学习状况，为教学提供更有针对性的指导。

2. 定性评价与定量评价相结合

定性评价是一种深入细致、侧重描述和分析学生表现的评价方式。它不仅仅关注学生的知识技能掌握情况，更重视学生在体育学习过程中所展现出的特性、优势以及情感态度。通过仔细观察学生在体育课堂上的行为表现、技术动作的质量、战术理解的深度、团队协作的能力，以及他们在面对挑战时的反应和应对策略，定性评价能够为教育者提供丰富的学生学习状况细节，有助于深入了解每个学生的独特性和差异性。

定量评价则是一种更为客观、精确且便于比较的评价方法。它主要依赖可量化的数据和指标，如考试成绩、练习次数、运动距离、时间消耗、心率数据等，来反映学生的学习成效和进步状况。这些数字能够清晰直观地展示学生在体育项目中的表现，并且可以通过数据分析，找出教学中的薄弱环节，为教师调整教学策略提供科学依据。

将定性评价与定量评价相结合可以确保对学生体育学习状况的评价既包含了主观层面的深度洞察，又包含了客观层面的数据支撑。这种综合评价方式有助于构建

一幅关于学生体育学习全面而立体的画面，促进体育教学质量的不断提升和学生的全面发展。

3. 自评与他评相结合

自评是一种对自身学习过程和成果进行深入剖析的有效手段。通过自评，学生需要回顾自己的学习路径，从学习策略、知识掌握、技能提升、思维发展等维度全面审视自己的学习成效。在这个过程中，学生能够更清晰地认识到自己的优点和不足，识别出哪些方面做得较好、哪些地方还存在问题，从而提升自我认知能力。

他评作为评价系统中的重要组成部分，从第三方的视角为学生提供关于其学习表现的观点和意见。这种客观的评价方式有助于学生更全面地了解自己的不足之处，发现那些可能被自己忽视的问题，从而更有针对性地改进和提升。将自评与他评相结合可以充分利用两者的优势，既关注学生的内在反思，又重视外部客观评价。这样的评价方式有助于形成更加全面、客观、公正的评价结果，有效促进学生的深度学习和全面发展。

二、信息化时代高校体育教学评价发展与探索的重要举措

（一）深化对体育教学评价的理解并发挥其价值

要全面理解体育教学评价，首先要明白它并非仅仅是对学生学业成绩的单一衡量，更是对整个体育教学过程、教师采用的教学方法以及产生的教学效果的深度剖析和综合考量。在评价体系中，学生的学业成绩只是众多评价指标的一部分，包括但不限于学生的课堂表现、进步幅度、技能掌握程度、体能发展水平、团队协作能力、体育精神等内容。

通过详尽科学的体育教学评价，可以全面准确地反映出教学中存在的问题与不足，如教学内容设置是否合理、教学手段是否高效、学生兴趣激发是否充分、运动负荷是否适中、安全教育是否到位等。基于此，教师能及时调整教学策略，针对性地改进教学方法，强化教学重点，确保体育课程既能有效提升学生的身体素质和运动技能，又能培养他们的团队合作精神和坚韧不拔的体育精神，从而全面提升教学质量与效果。

（二）坚持"以人为本"的学生观

在现代教育中，坚持"以人为本"的学生观至关重要。这意味着在评价学生的过程中，教师和教育管理者必须站在学生的角度，充分理解并尊重他们的个性、潜

力和不同的成长背景。学生不是简单的教育产品，而是充满活力和创造力的独立个体。他们各自拥有独特的优点和才能，这些都需要得到认可和鼓励。在评价学生时，教师不应仅仅依赖单一的考试分数或标准化的评测，而是应注重学生的全面发展，包括他们的创造力、批判性思维、团队协作能力等方面的素质。只有这样，才能真正实现教育目标，培养出既有知识又有情怀，既有技能又有品德的全面发展的人才。

（三）重视对学生学习过程的评价

在教学过程中，我们不仅要关注学生的学习结果，更要全面、深入地关注学生的学习过程。学生的学习态度是他们学习的基石，体现了学生对学习的投入和热爱程度。只有拥有积极的学习态度，学生才能持续、稳定地进步。同时，学习方法也是至关重要的一环。每个学生都有自己独特的学习方式和节奏，作为教师，我们需要帮助他们找到最适合自己的方法，这样才能事半功倍。此外，学习进步是衡量学生学习效果的重要指标，能够直观地反映出学生的学习成效。只有全面关注学生的学习过程，我们才能更准确地评价他们的学习状况，为教学提供更有针对性的指导，帮助学生更好地成长和进步。

（四）完善体育教学评价内容，健全评价体系

评价内容的全面性、客观性和科学性是学校教育教学工作中一个至关重要的环节。在学生学业成绩的评定上，这一原则体现得尤为明显。传统的评价体系往往过于侧重对学生知识掌握和技能习得的考查，而这种单一的评价标准已经不能满足现代教育对人才培养的需求。

构建一套涵盖多元维度、立体化的评价体系是突破传统评价方式局限的关键。这套体系应该突破传统单一注重知识掌握和技能习得的局限，延伸至对学生深层认知水平、人格品质、创新能力以及实践操作能力等全方位的考查。只有这样，我们才能真正做到科学、全面地评价每一个学生的学业成绩和能力水平，为他们未来的发展提供有力支持。

（五）多元化评价方式，重视多元化评价方式的运用

在现有的评价方式中，笔试和技能测试占据主导地位，然而这些方式往往只能反映学生的部分能力。为了更全面地评价学生的学习状况，我们可以引入多种评价方式。首先，学生自评可以让学生反思自己的学习过程，发现自己的优点和不足。其次，互评可以让学生之间互相学习，共同进步。同时，教师评价可以从专业的角度对学生的学习成果进行客观评价。最后，家长评价可以反映学生在家庭环境中的

学习情况，为教师和家长之间的交流提供便利。通过这些评价方式，我们可以搜集更多维度的信息，从而更准确地评价学生的学习状况，帮助他们更好地发展。

（六）遵循学生差异性原则

每个学生都是独特的，他们各自拥有独特的学习特点和未被完全发掘的潜力。这种独特性使每个学生在学习过程中表现出不同的速度、方式和兴趣。因此，在教育评价的过程中，我们必须深入理解并尊重这种差异性。评价学生时，不能简单地采取"一刀切"的方式，这样只会抹杀他们的个性和潜力。相反，我们应该以每个学生的实际情况为基础，设计出符合他们特点的评价方法。这样，评价不仅能更准确地反映学生的真实水平，还能为他们的个性发展提供有力支持。个性化的评价方式，如自我反思、同伴评价、表现性评价等，都能帮助学生更好地认识自己，发现自己的长处和短处，从而制订更有效的学习计划，实现更高水平的发展。

第八章　信息化时代体育
教师信息化教学能力的培养

第一节　体育教师信息化教学能力的内涵与要求

一、体育教师信息化教学能力的内涵

（一）体育教师的基本素质

1. 体育教师的知识结构

（1）理论知识

①政治理论知识

对于任何学科的教师而言，都要具有一定的政治理论知识，这是最为根本的素质之一。一般来说，基本的政治素质主要包括正确的政治方向和立场态度、优良的思想作风，以及正确的世界观、人生观和价值观等。这些素质对于一个人的发展起着重要的引领作用，能为人的发展指明前进的方向。在具体的实践活动中，政治思想素质也支配着教师的活动目的和方向，为教师提供重要动力，同时还制约着教师的道德准则，决定着教师的政治信仰。因此，加强政治理论知识的学习，提高教师的政治理论修养非常重要。

②专业知识结构

A. 丰富的教育科学知识

教学既是一门科学，也是一种艺术。教师要想提升自己的教学质量和水平，首先要具备扎实的学科知识，这是最为基本的要素。同时，教师还要充分了解和掌握学生的身心发展规律和特点，依据具体的教学实际进行教学，只有如此，才能提高学生学习的主观能动性，使学生以积极饱满的热情参与到学习中。

上面所说的教育科学知识主要指的是与教学有关的基本知识，如教育学、心理学、哲学、美学等基础知识。其中教育学和心理学是教师从事教学活动的重要基础，一定要学习和掌握。需要注意的是，有关教育学、心理学等方面的知识，体育教师

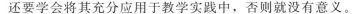

还要学会将其充分应用于教学实践中，否则就没有意义。

B. 扎实的专业基础知识

教师在一个国家的教育事业发展中至关重要，作为一名优秀的体育教师，必须具备扎实的专业基础知识和专业技能水平，只有如此，才能为教育对象提供良好的服务。从某种程度上而言，教师决定了教育对象的素质。对于教师而言，首先要掌握自己本学科的基本知识，要熟悉本学科的基本知识结构，同时要密切关注本学科的发展动态，不断丰富自身的知识体系。就体育教学而言，增强学生的体质，促进学生运动技能的提升是主要任务。但在新的时代背景下，体育教学的意义更加丰富，除了要学习体育教学的本体知识外，还要学习其他学科和领域的相关知识。这样才能具备良好的专业知识与能力，从而为提高教学水平奠定必要的基础。

C. 不断充实学科前沿新知识

在现代社会快速发展的背景下，知识的更新速度非常快，作为一名体育教师，一定要学习最新的前言知识，不断丰富和完善自己。如果一味守旧，不愿做出新的尝试，就难以跟上时代的发展，被时代所淘汰。随着体育教学的不断发展，体育教学涉及的学科领域也不断增多，如运动心理学、运动医学、运动营养学等，这些学科知识对于体育教学有着非常重要的影响。因此，体育教学需要不断丰富和更新知识，体育教师需要认真学习和钻研，不断充实自己的学科知识体系。

D. 体育专业知识

随着科学技术的快速发展，越来越多的技术手段应用于体育教学中。面对新的教学技术，体育教师需要付出一定的努力才能掌握。如果体育教师不对这些新鲜事物予以关注，就难以跟上体育教学的发展步伐。体育教师应在掌握体育学科基本知识的基础上，密切关注学科动态，掌握新的技术教学手段，不断更新自己的知识结构体系，促进自身综合素质的发展。

发展到现在，体育学科知识体系日益丰富，不仅包括各项目的运动技能知识，还充斥着许多卫生和保健等方面的知识，这也是体育教师必须具备的专业知识。这些专业知识是指体育教师承担体育课程所必备的专门知识。其中最基础的就是体育专业知识，如体育教学的培养规律、某项运动的专项技能等，除此之外还应包括与体育紧密相关的学科，如人体类学科理论、体育学科发展史等内容。体育教师的一项重要工作就是将这些理论知识转化为学生所拥有的精神财富，提高学生的综合素质与水平。

③应用类知识

在当今互联网时代，世界变得越来越小，人们通过互联网能接触到各种消息，这极大地加快了体育信息的传播速度。体育教师应充分利用互联网带来的信息获取方面的便利，从中获取各方面信息，并及时了解体育领域的最新发展动向，不断完善自身的体育知识结构体系。体育教师在接纳外部世界信息的同时，还要向外界展示自己，形成双向交流与互动。只有如此，体育教师才能在信息化发展的社会，不断提高自己，从而立足未来社会。

发展到现在，多媒体技术在体育教学中得到了广泛应用，为体育教师的教学带来了诸多便利，改变了传统的体育教学方式，是一个较大的创新。在当前教学背景下，体育教师摆脱了传统课堂的传授者角色，成为真正的传道授业解惑者。在教师的指导下，学生能很好地提高自己的学习水平和技战术水平。现代科学技术的利用对体育教学具有重要影响，主要原因在于它有利于缩短知识、技术、技能传授与反馈的过程，能有效提升体育教学的效率。在现代信息技术快速发展的背景下，体育教师要与时俱进，学习和掌握先进的信息技术，为提高体育教学质量奠定良好的基础。

（2）体育教师的语言与文字

①体育教师职业语言的基本要求

体育教师面对的教学对象不同，对于不同的学生，体育教师要给予针对性的教学，如进行讲解法教学时，不同的语言会产生不同的效果。一般来说，学生思维的具体性和情感性成分较强，体育教师需要不断完善自我的语言风格与职业语言规范，才能获得理想的教学效果。相对于其他课程，体育课的趣味性较高，热情活泼的体育教师往往会受到学生的喜爱，而体育教师的语言也会体现出富有情感、形象和风趣的特点。在对学生进行体育教育时，体育教师应该更多地注意言语的逻辑性，要采用合理的教学语言，其基本要求如下。

第一，在进行教学的过程中，语言要科学化和规范化。

第二，任何语言的使用都要准确且规范。

第三，任何概念的解读要精准，讲解要通俗易懂。

第四，语言要具有一定的启发性，能激发学生的学习兴趣。

②术语和俗语

语言教学法是体育教学中最为常见的教学方法之一。体育教师合理地利用语言能有效帮助学生理解技战术动作，提高教学效率。语言不仅具有一定的组织教育和讲解的作用，还带有丰富的艺术性。体育是一门特殊的学科，其中包括各种各样的术语，在教学中，为保证教学的科学性，体育教师要善于运用各种术语，要将术语与俗语结合起来使用，这样才能提高教学的艺术性，便于学生接受和理解，从而提升教学水平。

在具体的体育教学中，体育教师要合理恰当地使用专业术语和俗语，即要讲究恰当的阶段和时间点。例如，在刚刚开始教授一项新运动技术时应使用俗语，以便学生建立更加直观的印象。但在学生掌握了相关内容后，体育教师就要尝试使用专业术语，从而提高教学的科学性和严谨性。但需要注意的是，体育教师不能为了显示自己的知识渊博而过多地使用专业术语，尤其在新授课内容时，否则就不利于学生的学习和理解。同样，体育教师也要注意使用俗语的时机，这将会对学生产生重要影响。有关研究表明，学生在一堂课中注意力最为集中的时间为15～25分钟，超过这个注意力的黄金时间后，注意力就会分散。具有丰富教学经验的教师能够敏锐捕捉到这个阶段，能适当使用通俗易懂且具有趣味性的语言吸引学生的注意力，充分发挥语言的直观功能，提高教学效果。

总之，在教学过程中，体育教师要善于把握教学的时机，合理地搭配与使用术语和俗语，从而提高课堂教学质量。

③文字和写作

制定体育教学文件或方案需要一定的文字和写作的基本功。因此，体育教师不仅要具有良好的身体动作教学能力，还要具有一定的编写教学计划和教案的能力。这两份基本的教学文件要求每名体育教师都要会撰写，因此拥有良好的文字和写作功底也非常重要。

（3）体育教师的体育法规知识

①我国的体育法律体系

体育法律是各项体育活动开展的重要保障。它是由体育法律法规、体育政策规则和地方、部门的具体体育规则组成的广义上的体育法律体系。发展到现在，我国已初步建立起一个较为健全的体育法律体系。这一法律体系以体育基本法为龙头，以国家体育法律法规、部门体育行政规章和地方体育法律法规为基本构架，层次有序，内容形式协调一致。但需要注意的是，这一体育法律体系仍然存在诸多不尽完善的地方，需要今后不断完善与建设。

总体而言，目前我国的体育法律体系主要分为以下五个层次结构。

一是根本法规，即宪法。宪法是一切法律法规的基本保障，起着总领全局的作用。我国宪法的第二十一条、第四十六条、第八十九条、第一百一十九条对体育事业的发展有相应规定。其他相关体育法律的制定要符合宪法中关于体育法律的中心思想。

二是体育法律。体育法律是经全国人民代表大会及其常务委员会制定的规范性文件。

三是国家体育行政法规。国家体育行政法规是指由国务院发布或批准发布的体育行政法规，包括专门的国家体育行政法规和其他的国家行政法规中有关体育的内容。

四是部门体育行政规章。部门体育行政规章是指由国务院体育行政部门和其他有关部门单独或联合发布的体育规章，以及其他规章中有关体育的内容。当前这一层次的体育法规数量最多，在平时的体育活动中利用率也最高。

五是地方体育法规和规章。地方体育法规和规章是指由省、自治区、直辖市及其人民政府所在地的市以及国务院批准的较大的市的人民代表大会及其常委会根据本地实际所制定发布的体育法规和体育规章。

②体育法规的主要内容

我国的体育法涉及的内容非常广泛，从竞技体育到社会体育，从体育社会团体到公民个人，从国家发展体育事业的基本态度到各级政府、行业、系统、机关、学校、企事业单位、社会团体在发展体育事业中的责任、权利和义务等都做了明确规定。由此可见，体育法律法规的针对性和实用性很强，规定了国家体育活动的方方面面，对国家体育事业的发展具有重要作用。

③体育教师在教学事故中的过失判定

从某种程度而言，责任和管理的法定标准在原则上基本一致。法院利用专家、教科书、课程资源以及拥有相同职位人士的专业知识来确定责任。在医学职业中如此，但在体育运动中则不存在这样的文件，法院在裁决关于体育运动方面的问题时要求助于专家，以获得信息和建议。

总体来看，体育教师可能由于下列原因而犯有过失，需要承担相应责任：

第一，没有及时采取合理的解决措施。

第二，提供了错误的指导。

第三，做出危害他人的动作。

第四，其行为对他人造成了高度风险。

第五，虽然采取了应有的防护措施，但学生仍处于危险之中。

第六，没有检查和/或维修学生将要使用的设备和装置。

第七，允许学生使用危险的设备和装置。

第八，允许学生参加不被允许的危险活动。

第九，没有为活动参与者提供必要的紧急救护。

第十，违反了相关的体育法律或规定。

第十一，未对有意伤害别人的学生加以控制，导致出现严重事故。

第十二，没有意识到学生正处于危险之中。

第十三，没有对潜在风险给予学生足够的警告。

第十四，缺乏组织与管理体育活动的技能。

第十五，在进行活动前没有做好充分的准备，致使学生发生危害事故。

第十六，阻止他人帮助有危险的或受伤的学生，导致危险事故。

需要注意的是，法庭若要判定体育教师有过失，就必须证明体育教师对受到损害的人负有责任，该责任受到了破坏，并且对该责任的破坏是发生损害的起因或原因。缺少上述条件中的任何一个，通常不会被判犯有过失。

因为体育实践活动通常在户外进行，受各方面因素的影响，时常会发生一些运动事故。因此，如何降低运动事故的风险就成为体育教师需要考虑的问题。体育教师在具体的教学实践中应严格遵守以下原则，确保学生的运动安全：

第一，始终坚守教学岗位，不能擅自离开。

第二，合格并持有证书（急救与CPR）。

第三，事先了解学生的健康状况。

第四，了解活动参与者的体质和发展水平。

第五，积极主动地参与教学活动之中。

第六，在活动前或活动中都要注意监督和检查教学周围的环境。

第七，监督和坚持规则和规定。

第八，告知学生处理危险事故的程序与方法。

第九，在教学活动中时刻保持警惕，排除风险。

2. 体育教师的专业技能

（1）体育课程策略的指导能力

体育学习是指学生在教师的带领和指导下，有目的、有计划地学习和掌握体育知识与技能，促进个体发展的一个过程。在这一过程中，少不了采用一些教学策略。体育学习策略就是指学生在体育学习过程中，为了实现预期的教学目标和效果而采取的各种方法和手段。作为体育教师，一定要事先设计好合理的学习策略，帮助学生完成学习任务。

①激发学生运用学习策略的兴趣

在平时的教学活动中，体育教师要有目的、有计划地向学生传授体育知识，明确体育学习的策略，提高学习效果。良好的学习策略能帮助学生提高学习的积极性，建立主动学习的意识和习惯。

②指导学生掌握体育学习方法

在体育教学过程中，学生的学习少不了教师的亲身指导，教师要结合学生的特点和运动基础，指导学生掌握一些体育学习的方法，如动作技术学习的完整法和分解法、重复法、变换法等，逐渐使学生学习和掌握必要的体育学习策略。

③为学生提供灵活运用体育学习方法的机会和条件

在具体的体育教学实践中，体育教师要有意识地为学生的学习创造机会和条件，要充分结合学生的个体特点，创设适合学生学习与发展的教学情景，鼓励学生积极参与教学活动，在学习中逐步提高自己的学习能力。

④尊重学生的个别差异

每一名学生都在性别、身体素质、运动基础、认知水平、学习能力等方面存在较大差异，体育教师要尊重学生的这些差异，要根据学生各自的特点设计学习的策略，帮助学生形成具有各自特点的体育学习策略，从而提升学生的学习水平。

⑤加强学生的元认知训练

在具体的体育教学实践中，体育教师要加强对学生学习过程元认知的指导，要教会学生如何根据自己的身体特点、体育基础、学习特点制订合理的学习计划，选用适当的学习方法，并指导其在学习过程中及时调整教学计划，从而实现学习目标。通过元认知能力的培养，学生能获得良好的元认知知识和体验，从而提高体育学习的水平。

⑥强化体育教师对体育学习策略指导的意识，提高指导能力

体育教师会教是学生会学的重要前提，学生体育学习策略的能力和水平的提高需要体育教师的指导和帮助。为了提高对学生学习策略指导的能力，体育教师应具有策略指导的意识，学习和掌握有关体育学习策略方面的知识，并且能根据体育学习的内容、方式和特点等，因势利导地对学生的学习策略进行指导。

（2）课余体育竞赛活动的组织能力

课余体育竞赛活动的组织能力是体育教师必须具备的另一种专业技能。课余体育竞赛对学生增强体质、丰富精神文化生活具有非常重要的作用。另外，它有利于发挥宣传教育作用，有利于推动学校体育事业的发展，有利于加强团结、增进友谊，有利于培养学生的集体主义精神，还有利于挖掘和培养高素质的体育人才。

①课余体育竞赛的常见形式

A. 运动会

学校运动会在学校中最为常见，属于综合性的运动会。其特点是项目多、规模大、参赛人数多、组织工作较为复杂。其目的是通过运动会来检验体育运动的开展水平，提高运动成绩，增进友谊和团结，弘扬体育精神。

B. 单项运动竞赛

单项运动竞赛是指只进行一个运动项目的竞赛，如篮球比赛、足球比赛、排球比赛等。这类竞赛项目单一，组织工作相对简便，适合在学校中开展。

C. 邀请赛和友谊赛

邀请赛和友谊赛的主要目的在于增进彼此间的友谊、相互学习、共同提高，这些竞赛活动能极大地丰富学生的业余文化生活。

D. 季节性单项竞赛和体育节

这一类比赛对季节或气候条件有着较高要求，如冬季越野等。由于这类竞赛在特定季节下进行，容易成为学校的传统竞赛项目，能极大地激发学生参与的积极性，有利于学生养成自觉参与体育锻炼的习惯。

体育节是将各种体育活动或竞赛有机融合在一起的一种体育活动，主要包括体育竞赛和表演、体育知识竞赛、体育知识讲座等。这一体育活动对于丰富学生的课余文化生活、提高学生参与体育锻炼的兴趣具有十分重要的意义。

②年度课余体育竞赛日程安排

年度体育竞赛日程计划是对全校一学年的体育竞赛活动所做的全面规划和安排。其内容一般包括本学年的竞赛项目、竞赛时间、竞赛地点、参赛单位、参赛人数和主办单位等。

年度体育竞赛日程计划是由体育教研组根据本校教育工作计划的安排和实际情况，并考虑上级有关部门的竞赛安排和要求，与相关部门协商后制订，然后呈报校长审批后执行的。

在制订年度体育竞赛日程计划时，体育教师需要考虑以下几个方面。

A. 计划的可行性

运动竞赛时间和次数的安排应根据学校教育计划、季节特点、节假日等因素综合考虑，竞赛次数要适宜，竞赛时间分布要均匀。

B. 计划的群众性

课余体育运动竞赛项目的安排应考虑以不同层次学生的需求、小型多样、学生喜爱、组织简便为原则。

C. 计划的常规性

学校课余体育运动竞赛的项目和时间要相对固定。对于校运会、学校体育传统项目等重点比赛，应在固定的时间进行，以利于学生有计划地进行锻炼。

D. 计划的简便性

竞赛日程计划表的排列应便于检查与操作。在制订年度竞赛日程计划表时，各赛事的排列顺序应以日期先后为准，以利于及时督促与检查。每项竞赛的具体规定应另定竞赛规程，并提前发给各参赛单位。

（二）体育教师基本的教学能力

1. 体育教师的组织管理能力

（1）教学内容的组织加工能力

作为一名教师，必须具备教学内容的组织与加工的能力。体育教师首先要认清体育学科的逻辑结构，根据学生的特点和具体实际制定出合理的教学目标和教学计划。

（2）体育课的组织管理能力

要实现教学目标，完成教学任务，体育课是必不可少的。因此，具备良好的体育课组织与管理的能力也是体育教师的一项基本素质。体育教师的体育课组织管理能力应包括教学内容的选择与创新能力、运动负荷安排与调整能力、教学场地的布置及运用能力、培养教学骨干的能力等。

（3）课外体育活动的组织管理能力

课外体育活动是体育教学的有益补充，在提高学生身体素质方面十分重要。一般来说，课外体育活动主要包括早操、课间操以及课余体育锻炼、训练和竞赛等形式。体育教师在上好体育课的同时，还要组织管理好课外体育活动。体育教师的课外体育活动的组织管理能力主要包括领操能力和指挥能力、体育健身的指导能力、运动训练能力、竞赛组织能力和裁判工作能力等。

2. 体育教师的课堂教学能力

（1）教育能力

一般来说，体育教师的教育能力主要包括对学生具体情况深入了解、分析和判断的能力，灵活运用教学方法的能力，促进学生学习水平提高的能力等。多种多样的体育活动为学生提供了发展自己的良好机会。体育教师要善于分析学生参加体育运动的动机，然后对其进行针对性的教育，最大限度地调动学生的积极性和主动性，保证实现预期的教学任务与目标。

（2）教学能力

体育教师的教学能力主要包括编制教学工作计划的能力、良好的语言表达能力、正确的动作示范能力、敏锐的观察能力、良好的评价教学工作的能力等。

（3）语言表达能力

语言讲解法是体育教师常用的一种教学方法，要想实现这一教学方法的效果，体育教师必须选择良好的语言表达方式。通过良好的口头语言能有效激发学生学习的积极性，启发学生的思维，进而提高学生的学习水平。为实现这一目标，体育教师必须认真钻研教材，充分了解学生的学习特点，采用生动、简练、有趣的语言进行教学。这是提高学生学习积极性和学习水平的重要保证。

（4）身体姿势的表达能力

与其他学科教学不同，体育是一门关于身体运动的学科，在教学过程中，涉及各种技术动作。因此，体育教师必须具备良好的身体姿势表达能力。一般来说，体育教学中最为常用的身体姿势表达方式就是动作示范，在进行动作示范的过程中，

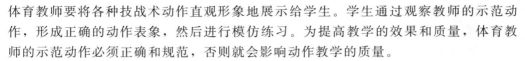

体育教师要将各种技战术动作直观形象地展示给学生。学生通过观察教师的示范动作，形成正确的动作表象，然后进行模仿练习。为提高教学的效果和质量，体育教师的示范动作必须正确和规范，否则就会影响动作教学的质量。

（5）科学研究能力

随着现代教育的不断发展，教师在学校教学中的研究者角色越来越重要，这是现代教育发展的一个必然趋势。长期坚守在一线的教师积累了丰富的教学经验，对学生的了解直接又真实。如果教师能运用科学的方法去审视自己的教学活动，深入研究教材、教法和学生，必将取得良好的教学成果。

（6）现代教育技术运用能力

随着信息化社会的到来，学校教育也发生了极为显著的变化，各种信息化技术教学手段层出不穷，逐渐运用到教学之中，极大地提高了教学的质量和效果，可以说，现代教育技术手段使师生间的联系和沟通更加紧密和有效，大大提高了教学效率。可以想见的是，随着现代信息技术的不断发展，教育教学技术手段必将更加丰富。因此，在新的时代背景下，体育教师必须与时俱进，不断学习和掌握新的技术教学手段与方法，这样才能提高教学水平，促进学生的发展。

3. 体育教师的创新意识与创新能力

（1）发扬实事求是的科学精神

在现代信息化社会，作为一名合格的体育教师，还需要具备良好的创新意识与能力。如果要创新教学手段与方法，体育教师必须以实事求是的态度，充分了解学生的个人特征和学习水平，制订合理的改革与创新方案。例如，在急行跳远学习中，创造出改变踏跳板为踏跳区的办法，这样不仅扩大了踏跳板的宽度，还可以提出一些有利踏跳的规定，使学生在练习中减少怕踏不上板或踏过板的心理障碍，提高踏跳时的果断性与锻炼效果；练习跳高怕的是身体碰横杆，而采用橡皮筋替代横杆的做法效果良好，这种实用性、简易性正符合学生的实际水平，有利于学生的发展和提高。

除体育教师要了解学生的特点和具体实际外，还要了解学校的教学实际，以及家庭对学生的影响、社会对学校教育的影响、民族心理教育等实际情况，只有在充分了解各方面实际的前提下，才能有的放矢，创新出合理的教学方法。

（2）树立标新立异的思想

体育教师要想具备一定的创新意识与能力，就不能安于现状，而是要标新立异，善于打破墨守成规的套路，如传统的体育课，集合队伍、整齐报数、教师点名、宣布教学任务等是基本的教学流程，长期以来在这种呆板、军事化的教学形式下，学生难以激发学习兴趣，教学效率大打折扣。因此，体育教师要树立标新立异的思想，打破陈规，开发一种体育教学的新形式，这一教学形式要符合学生的心理特征的实际，以及学习水平，能有效带动学生学习。

需要注意的是，树立标新立异的思想并非胡思乱想，而是在高度科学认识的基础上，充分认识与分析教学现实问题，深刻理解教育改革的方向，树立强烈的责任感与事业心。总之，标新立异的意识是教师创造能力的一种重要表现，作为一名优秀的体育教师，一定要在平时的教学中注意提升这方面的能力。

（三）体育教师信息化教学能力

体育教师信息化教学能力是指体育教师在现代教学理论的指导下，利用信息技术手段进行教学设计和实施的能力，包括在信息技术环境下进行教学设计、教学资源设计与开发、教学组织实施、教学监控与管理、教学评价以及信息技术与学科课程的整合等方面的能力。

具体而言，体育教师能够利用信息技术手段进行教学设计，创设信息化教学环境，为学生提供丰富的学习资源和多样的学习方式；能够运用信息技术手段设计和开发符合体育教学需要的教学资源，如多媒体课件、网络课程等；能够运用信息技术手段组织体育教学活动，实施信息化教学策略，提高教学效果；能够利用信息技术手段对体育教学活动进行实时监控和管理，确保教学过程的顺利进行；能够运用信息技术手段对学生的学习效果进行评价，为教学改进提供依据。

二、体育教师信息化教学能力的要求

随着"互联网＋"时代的到来，信息技术的利用越来越广泛，因此具备一定的信息技术能力非常重要。一般来说，信息素养主要包含技术与人文两个层面。从技术层面来说，信息素养体现的是人们应具备一种利用信息技术的能力；从人文层面来说，信息素养则体现了人们面对信息时的心理状态。对于教师信息素养内涵的理解，国内专家、学者各有见解。其中江西师大的钟志贤教授将教师信息素养定义为教师应了解如何应用信息技术和信息资源获取相关教育教学信息，对信息环境中的学习过程和学习资源做出设计、应用、评价和管理，以有效促进学生学习和自身专业发展的新型综合教学能力。

学者荣曼生提出了信息化社会背景下教师具备信息素养的重要性以及应该具备哪些方面的信息化素养。他将教师的信息素养分为信息意识情感、信息伦理修养、信息科学技术常识、信息能力四个部分。在现代信息技术背景下，教师信息素养的提升能为教师的教学工作带来极大帮助，因此作为一名体育教师，一定要在平时的教学工作中加强自身信息化技术能力的培养。

（一）体育教师的信息意识

教师的信息意识是指教师对于信息重要性的认识以及获取、处理与应用信息的能动性。信息意识的高低在很大程度上决定了教师通过什么信息手段来获取信息，在具体的实践教学中，教师在面临困难时能否想到通过信息技术来解决问题是非常重要的一点。对于教师而言，只有具备了良好的信息意识，才能变被动为主动，积极寻求信息技术解决问题的方法。只有如此，才能以积极进取的心态培养学生的信息素养，让学生充分认识到信息技术的重要性，接受信息化教育。

总体而言，体育教师要转变传统的观念和意识，认识到信息技术的重要性，遇到困难时能首先想到利用信息技术来寻求帮助。在日常的教学工作中要善于利用信息技术解决问题，同时要养成积累信息的习惯，久而久之，对身边的信息就会具有敏感性，从而发掘和提升信息在教育教学中的重要价值。除此之外，教师还应具备主动提升自身信息素养的意识，这对于学校体育教学质量的提高非常有利。

（二）体育教师的信息知识

信息知识是信息素养的重要组成部分，是信息意识在信息实体当中的体现，是充分发挥信息能力的重要前提。教师的信息知识素养是指教师对于信息理论应有基本的了解和掌握，具备获取信息与使用信息的知识。教师应充分了解信息理论方面的基本知识，如计算机系统的工作原理、信息系统的软硬件设施与构成等。此外，教师还应掌握传播信息的方法与技能，懂得应用何种工具获取对自身的工作与学习有关的知识，这是当今时代教育信息化对体育教师提出的基本要求。

（三）体育教师的信息技术与教学整合能力

信息技术为人们的生活、学习和工作都带来了极大便利，信息技术成为人们发展的重要工具之一。在学校教育中，信息技术也成为教师一种重要技能。教师不仅要能够利用信息手段来获取、处理信息，更重要的是具备将信息技术有效利用到自己的课堂教学之中、整合信息技术与学科教学的素养。信息技术与学科教学的整合并非仅仅将信息技术作为一个附加性工具，而是强调要利用信息技术营造一种信息化的教学环境，一种能够把学生的主动性与积极性充分调动起来，使课堂的教学结构发生根本变化的教学工具。传统的课堂教学流程主要包括三个部分，即教师的课前教学设计，课中的课堂教学，课后的教学评价、自我反思与改进。在"互联网＋"时代，传统的教学过程遭遇了重大突破，取而代之的是信息化教学过程的出现。这一教学流程的改变对教师的信息能力水平提出了更高要求，即教师一定要具备较高的信息技术与教学整合能力，包括对于信息技术与学科教学整合的基本模式、操作方法、具体实践与课后评价、教师对于课件的制作能力、利用计算机课件来驾驭课堂的能力、将自身所教的学科与信息技术整合的能力。总之，在学校体育教学中，教师只有具备了信息技术与教学整合的能力，才能更好地组织与管理好教学过程，提高教学质量。

（四）体育教师的信息伦理修养

教师的信息伦理修养是指教师在信息化教学活动中必须具备的符合社会要求的道德规范。教师作为学生知识的传播者与行为的引导者，自身应具备较强的信息甄别能力，从而引导并帮助学生正确合理地筛选信息、应用信息，在选择对自身有所帮助的信息化资源的同时，抵制不良信息对自身可能产生的侵害。这主要包括以下三个方面：

第一，教师要以身作则，遵守各种与信息技术相关的法律法规，努力抵制不良诱惑，为学生做好表率。

第二，向学生讲授有关信息获取、信息处理与加工、信息利用以及信息交流方面的伦理规范，帮助学生建立正确的信息化意识。

第三，努力引导学生利用信息技术解决问题，使学生严格遵守符合社会要求的信息伦理规范，不能出现破坏教育和社会的现象。

第二节　体育教师信息化教学能力的特点与构成

一、体育教师信息化教学能力的特点

（一）技术融合性

在体育教学过程中，体育教师的角色远不止一个简单的教练或指导者。随着科技的飞速发展，体育教师需要具备更多的技能和知识，以适应现代教育的需求。[1]他们不仅要对体育专业知识有深入的了解和掌握，还需要将这些知识与信息技术有效融合，创新教学方式，激发学生的学习兴趣，提高教学效果。

体育与信息技术的融合为体育教学带来了无限的可能性。传统的教学方式往往受限于场地、器材和时间等因素，而信息技术则能够突破这些限制，为体育教学提供更广阔的舞台。例如，通过使用多媒体教学软件，教师可以展示生动、形象的体

---

① 王帆．高职院校体育教师信息化教学能力提升研究［J］．冰雪体育创新研究，2024，5（03）：155-157.

育动作示范，让学生更直观地了解技术要领；通过在线学习平台，学生可以随时随地进行自主学习，巩固和深化课堂所学。

此外，信息技术还能够为体育教师提供丰富的教学资源。网络上的体育视频、教学课件等资源应有尽有，教师可以根据教学需要灵活选择，使教学内容更加丰富多样。同时，信息技术还能够为体育教师提供实时的教学反馈。通过分析学生的学习数据，教师可以了解学生的学习情况，从而及时调整教学策略，确保教学效果的最大化。

（二）创新性

在信息化迅猛发展的当下，体育教学也面临着深刻变革。体育教师不仅是技能的传授者，还是学生身心发展的引导者。因此，他们应当具备创新意识和探索精神，不断挑战传统的教学模式，探索更适合现代学生的教学方法。

传统的体育教学往往侧重技能的训练和体能的提升，但现代学生的需求更为多元化，他们渴望在学习中体验到乐趣，得到更多的挑战和成长。这就要求体育教师必须改变传统的教学方式，引入更多的信息化教学手段，如利用多媒体技术展示复杂的动作过程，让学生更直观地理解技术要领；通过智能设备记录学生的运动数据，为他们制订个性化的训练计划；利用网络平台开展远程教学，为学生提供更为便捷的学习方式。

同时，体育教师还应设计具有挑战性的学习任务，激发学生的学习兴趣。这些任务既可以是技能上的挑战，也可以是知识上的挑战，让学生在完成任务的过程中不断提升自己的能力和信心。此外，教师还应注重培养学生的自主学习能力，引导他们独立思考、主动探索，从而培养他们的创新思维和实践能力。

（三）互动性

在现代体育教学中，教师的信息化教学能力尤为重要。随着科技的飞速发展，信息技术在教学中的应用越来越广泛，为体育教学带来了革命性变革。教师不再仅仅局限于传统的面对面教学模式，而是可以借助各种信息技术手段，如在线交流平台、实时反馈系统等，与学生进行实时、高效的互动。

这样的互动方式不仅使教师能够及时了解学生的学习情况，掌握学生的学习进度和难点，还能有效解答学生的疑问，帮助他们更好地理解和掌握体育知识和技能。同时，信息技术还为教师提供了丰富的教学资源和手段，教师可以利用这些资源设计各种互动性的游戏和竞赛，让学生在轻松愉快的氛围中参与学习，提高他们的学习兴趣和参与度。

互动性教学不仅增强了学生的学习动力，还使他们在学习过程中更加主动、积极。在与教师的互动中，学生能够感受到教师的关注和支持，这有助于培养他们的自信心和学习兴趣。同时，互动性教学还能促进学生的合作学习和相互竞争，使他们在相互交流和合作中不断提升自己的体育技能和团队协作能力。

（四）实效性

在当今数字化时代，体育教师信息化教学能力尤为重要。随着科技的飞速发展，信息技术已经渗透各个领域，教育领域也不例外。对于体育教师而言，掌握并灵活运用信息技术手段进行教学不仅可以提升教学效果，还能够更好地满足学生的学习需求。

在实际教学中，体育教师可以通过利用信息技术手段，如在线学习平台、智能教学软件等，搜集和分析学生的学习数据。这些数据能够客观反映学生的学习进度和效果，帮助教师更全面地了解学生的学习情况。通过对数据的分析，教师可以发现学生在学习过程中存在的问题和困难，从而及时调整教学策略，优化教学过程。

（五）参与性

随着信息技术的飞速发展，信息化教学已成为当今教育领域中一种不可忽视的潮流。对于体育教师而言，这种新兴的教学方式不仅为他们提供了更广阔的教学空间，还极大地丰富了教学内容和手段。

过去，体育课程的教学往往局限于操场和体育馆，师生间的互动形式也相对单一。现在，体育教师可以通过在线学习平台与学生进行跨时空的互动。无论是在课堂上还是在课后，学生都可以通过电脑、手机等设备随时与教师进行交流、提问或分享自己的心得。这种即时的反馈机制不仅提高了教学效率，还有助于建立起师生间的深厚情感纽带。

此外，社交媒体也为体育教师与学生之间的互动提供了新的渠道。通过微博、微信等平台，教师可以发布教学视频、训练指导等内容，而学生则可以在这些平台上留言、点赞、转发，积极参与讨论。这种互动形式既增强了学生的学习兴趣，又有助于培养他们的团队协作能力和社交技能。

（六）适应性

随着信息技术的日新月异，教育领域也迎来了巨大变革。对于体育教师而言，仅仅依赖传统的教学方法和工具已经难以满足当今学生的需求。因此，体育教师需要紧跟时代步伐，不断更新自身的知识和技能，以便更好地适应新的教学环境和挑战。

这种更新不仅仅是对新技术的了解和掌握，更重要的是要培养对新技术的敏感度和持续学习的能力。体育教师需要时刻保持对新技术的关注，了解最新的教学工具和技术，如虚拟现实、增强现实、在线教学平台等。这些新技术为体育教学带来了无限的可能性，可以让学生更加深入地理解运动原理，提高学习效果。

体育教师还需要不断调整和优化自己的教学策略和方式。在信息化教学的背景下，传统的教学模式已经难以适应新的需求。体育教师需要思考如何将新的教学工具和技术融入自己的教学中，从而提高教学的互动性和趣味性，激发学生的学习兴趣和动力。此外，体育教师还需要关注学生的学习需求和反馈，及时调整教学策略，以满足学生的个性化需求。

通过不断学习和适应，体育教师不仅可以更好地应对信息化教学的挑战，还可以发挥出信息化教学的优势，提高教学效果和学生的满意度。这种持续的学习和进步不仅有助于体育教师的个人职业发展，也有助于推动体育教学的不断创新和进步。

二、体育教师信息化教学能力的构成

（一）基础技术能力

对于体育教师而言，基础技术能力不仅是现代教育背景下的必备素质，更是提升教学效果、跟上时代步伐的关键。在这个信息化、数字化的时代，技术已经渗透到教育的每一个环节，体育教学也不例外。

体育教师的职责远不止于运动场，他们需要参与教学设计、教案制作、课堂管理、成绩统计等方面的工作中。因此，掌握计算机基本操作是体育教师的基本功。其中，Word 文档编辑能够帮助他们快速制作教案、教学计划，使教学思路更加清晰、有序；Excel 数据统计则能帮助他们精准记录和分析学生的体能、技能数据，从而更好地了解学生的学习进度和效果。

随着互联网的普及，网络应用也成了体育教师不可或缺的技能。其中，网络搜索能够帮助他们快速获取最新的教学理念、教学方法，以及相关的体育资讯和资源；邮件发送则能让他们与同行、学生、家长保持及时、有效的沟通，提升教学管理的效率。

多媒体教学已成为现代教学的重要组成部分。其中，通过 PPT 制作，体育教师可以将复杂的技术动作、战术理念以图文并茂的方式呈现出来，使学生更加直观、生动地进行理解；视频剪辑则能够帮助他们制作教学视频，让学生在课后也能进行自主学习和巩固。

（二）教学资源整合能力

在数字化时代的浪潮下，教学资源以前所未有的速度和广度得到扩充。对于体育教师而言，这既是一个巨大的机遇，也是一个挑战。传统的体育教学方式已经不能满足学生日益多样化的学习需求，因此体育教师必须提升自己的资源整合能力，以更好地适应时代的发展。

网络资源的丰富性为体育教师提供了海量优质的教学素材。以前，教师可能需要在有限的教科书和教学资料中寻找合适的教学内容。但现在，他们只需要轻轻一点鼠标，就可以从无数体育教程、赛事视频中找到自己需要的内容。这些资源不仅可以作为课堂内容的补充，更可以帮助学生从多个角度、多个维度理解和掌握体育知识和技能。

数字化教学资源的发展为体育教学带来了革命性的变化。VR、AR 等先进技术的出现，使体育教师可以将学生带入一个逼真的体育世界。在这个世界里，学生可以亲自体验比赛的紧张刺激，感受运动的魅力，这种沉浸式的教学方式无疑会大大提升学生的学习热情和兴趣。

然而，要想充分利用这些数字化教学资源，体育教师首先需要不断学习和尝试。他们需要掌握这些先进技术的使用方法，了解其在体育教学中的应用场景和优势。只有这样，他们才能将这些技术真正融入课堂，为学生带来更好的学习体验。

（三）教学设计和创新能力

教学设计和创新能力在当今体育教育中尤为重要。对于体育教师来说，他们不仅是技能的传授者，也是学生学习旅程的引导者和启发者。这就要求他们在教学时，不仅要依据教材和课程要求，更要深入了解每位学生的特点、兴趣和需求，从而制订出真正符合学生实际的教学计划和策略。

以篮球教学为例，一个出色的体育教师不会仅仅停留在教授基本的运球、投篮技巧上，他们会根据学生的掌握情况，逐步增加难度，设计更为复杂和具有挑战性的训练内容。这样的教学设计不仅确保了学生技能的稳步提升，更有助于培养他们的自信心和面对挑战的勇气。

创新能力的培养更是现代体育教育中不可或缺的一部分。传统的体育教学方式往往注重技能的重复练习，而忽视了对学生创造力和想象力的培养。然而，一个真正懂得创新的体育教师会不断尝试新的教学方法和手段，如利用现代科技手段进行辅助教学，或者引入游戏化的教学方式，让学生在轻松愉快的氛围中掌握技能，激发他们的学习兴趣和动力。

（四）信息技术与体育教学融合能力

在现代教育体系中，信息技术与体育教学的融合已成为一种必然趋势。这种融合不仅能够丰富教学手段，提高学生的学习兴趣，还能够有效提升教学质量，促进学生的全面发展。

在这一变革中，体育教师十分关键。他们不仅要具备扎实的体育专业知识，还需要掌握一定的信息技术技能，以便将两者有机结合，发挥最大的教育效能。[①] 在理论教学中，体育教师可以利用多媒体工具，如投影仪、电子白板等，展示生动的图片、视频和动画，帮助学生更加直观地了解体育知识，提高学习效果。例如，在讲解篮球运动时，教师可以通过展示篮球比赛视频，让学生了解篮球的基本规则和技巧，激发他们的兴趣和热情。

体育教师在实践教学中也应积极运用信息技术。例如，利用智能设备如运动手环、心率监测器等记录学生的运动数据，包括运动时间、距离、速度、心率等，这些数据能够客观反映学生的运动状态和体能水平。体育教师根据这些数据，可以为学生提供个性化的指导和建议，帮助他们制订适合自己的运动计划，提高运动效果。

（五）学生互动和评估能力

在现代教育中，体育教师的角色已经远远超出了传统的课堂和操场，他们成了运用信息技术引导学生学习、互动和评估的重要人物。这种转变不仅是对体育教师专业技能的一种挑战，也是对他们如何利用先进技术工具与学生建立深度联系的一种考验。

在互动方面，体育教师利用在线问答平台，能够实时了解学生在体育知识、技能和理论方面的掌握情况。这种即时的反馈机制不仅让学生感受到被关注和尊重，还激发了他们主动思考和提问的热情。小组讨论则为学生提供了一个相互学习、交流心得的机会，使体育课堂从单一的知识传授转变为真正的互动学习社区。

与此同时，体育教师还需要掌握数据分析技能，以便从大量的学生学习数据中提取有价值的信息。通过使用先进的信息技术工具，教师可以追踪学生的学习进度、识别他们的强项和弱点，并据此制订个性化的教学计划。这种数据驱动的教学方法不仅能够提高学生的学习效率，还有助于教师更好地了解每个学生的需求和潜力。

通过对学生学习效果的准确评估，体育教师能够及时调整教学策略和方法，确

---

① 陈文科，薛利慧，邓聪岗．高校体育教师信息化教学能力培养研究 [J] ．冰雪体育创新研究，2023（22）：131－133．

保每个学生都能在体育课上得到适当的挑战和支持。这种个性化的教学方法不仅增强了学生的自信心和学习动力，还有助于培养他们的终身运动习惯。

第三节　体育教师信息化教学能力的培养策略

关于体育教师的信息化教学能力，要想有效促进其发展，需要采取相应的培养和发展策略。这方面的策略有很多，为了便于理解和操作，可以将这些培养策略大致分为三个方面：第一，促进体育教学信息化教学能力发展的外部环境条件——宏观策略；第二，促进其发展的方法论——中观策略；第三，促进其发展的内部系统和直接条件——微观策略。每一个策略又包含了很多具体内容。

一、体育教师信息化教学能力培养的宏观策略

（一）培养与提高教师的信息意识

随着人类社会进入信息时代，信息技术的影响力越来越大，可以说，信息技术在很大程度上改变了人们的工作和生活方式，为人们的一切活动提供了重要便利。当前社会是一个信息化社会，其中一个非常重要的特征就是信息量激增，知识更新周期缩短。教育的信息化是社会信息化的一部分，教师又是教育信息化的关键环节。信息技术融入教育领域后，教学的方式、教育资源的获取、教学环境的营造等都发生了巨大变化。作为一名体育教师，一定要主动适应信息化社会的这一变化，要积极主动地去学习，不断提升自身的能力素质。也就是说，体育教师既要具有一定的信息素养，还要不断提升自身的信息化教学能力，从而促进教学质量的提高。

在信息化社会背景下，培养具有一定创新意识的信息化人才非常重要。作为一名教师，一定要紧跟时代的发展和变化，努力实现自身的信息化发展。可以说，教师的信息化教学能力是时代赋予教师的责任与使命，教师一定要高度重视起来。因此，教师信息化教学能力的发展既是信息时代对教师的能力要求，也是信息技术日益发展的需要。

现代信息化社会的发展不仅要求教师具备扎实的专业知识和信息化知识，还要求教师必须具备出色的信息化教学能力，这是信息化教学的基本要求。在此基础上，体育教师必须具备完善的信息化学科知识、信息化教学法知识和信息化学科教学法知识。在信息化教学实践中，体育教师要加强自身信息意识的培养，不断提高自己的信息化教学智慧。总之，基本的教学技术能力是教师信息化教学能力发展的技术基础，而信息化教学知识和能力则是主体，体育教师要深刻认识到这一点。

（二）国家要提供必要的政策保障

发展到现在，教育信息化已经成为一种潮流，受到世界各国的重视。专门针对信息化社会的教育规划、教育改革方案，教育信息化基础设施、教育信息资源、教师信息技术与能力培训等，国家都在政策方面给予了一定保障。从教师信息化教学能力发展的策略来看，各国的政策支持与保障集中体现在相关通用教师教育技术能力标准的颁布与实施、教师相关信息技术能力的国家层面的培训项目支持等。

随着信息化社会的不断发展，各国在加强教师信息技术能力培训的同时，还在不断调整教师的能力要求，这符合与时俱进的基本要求，如美国公布的《面向教师的美国国家教育技术标准（M2008 版）》已历经四次修订，新加坡的 Master Plan（以下简称 MP 项目）规划也是历经三次修订，并于 2009 年年初公布了最新的 MP 计划。随着时代的发展，各个国家都相继调整自己的教师教育技术能力标准与能力发展项目，这适应了时代变化的要求。我们所主张的教师信息化教学能力动态发展的观点也正是基于此。动态变化并非难以确定，而是顺应了时代变化的需要。通用的相关教师教育技术能力的标准既是对教师相应能力的规范，也是对教师相关能力发展项目的引导。我国在 2004 年颁布实施的《中小学教师教育技术能力标准（试行）》也对教师的信息教学能力提出了一定要求，并制定了相关的技术能力标准。这为教师信息教学能力的发展提供了一定的政策保障。

总的来说，教师信息化教学能力的发展既要明确信息教学的相关要求，又要与时俱进地调整教师能力标准的规范，不断加强教师的信息化能力培训。但要想促进教师信息教学能力的进一步发展，国家政策层面还应该不断加强教师信息化教学能力发展的经费投入。教师信息化教学能力的发展绝非依靠单一的相关能力培训就能解决的，培训仅仅是其能力发展阶段的重要促进环节而已。我们一直强调教师信息化教学能力发展的多层面和终身化，尤其教师的自主学习和教学应用实践的策略更为重要。因此，国家也应该从相关政策上鼓励、支持，并有效保障教师信息化教学应用实践。与其他教育发达国家相比，无论是在政策保障方面，还是在教师能力培养方面，我国都处于相对落后的地位，今后需要加大投入，逐步缩小差距。

（三）要加强学校教育的改革

为适应现代信息社会的要求，培养信息化社会所需的高素质人才，各国一直在进行教育改革，以适应信息化社会对人才培养的挑战与要求。应该说，教育教学改革在课程体系、实践教学、教学方法策略等方面已经有了很大的改革与引导。我国基础教育的相关改革也取得了一定进步，这是值得肯定的。

在我国学校教育中存在着教师教育改革落后基础教育课程改革的现象。这一现象是长期存在的，而在信息化社会发展的今天，在教师信息教学能力培养方面也存在这种现象。从教师信息化教学能力发展的角度分析，美国和新加坡教师信息技术能力培训标准的这种价值取向变化，强调了教师信息化教学能力发展的目的是要促进学生信息化学习能力的发展。从这种价值取向的变化来看，教师有关信息技术能力的培训，其教学评价就不能仅仅局限于教师信息化教学能力的提升，而是更应该把相关教师能力标准、教师的相关教学评价等结合起来进行，要采取各种针对性措施和手段努力提升教师的信息化教学水平，从而促进教学质量的提升。

（四）学校组织要提供必要的支持

在教师信息化教学能力发展的各种外部因素中，学校是最为直接的促进因素。其中，校长的支持、资源的准备、培训的参与、教学的交流等方面对教师信息化教学能力的发展起到重要作用。

在学校教育中，校长与教师是一种领导与被领导的关系。校长对学校教育的发展负有一定责任。一般来说，校长对于教师的信息化教学能力发展的促进策略集中体现在两个方面：一是校长对教师信息化教学能力的认识；二是校长对教师信息化教学能力的认可。教师信息化教学能力的发展需要来自学校层面的理解、支持、引导、帮助，既包括校长给予教师的精神鼓励，又包括必要的物质激励手段。校长对教师信息化教学能力的认可要在学校形成一种能力发展的氛围，这样才有利于促进教师信息化教学能力的发展。

教师的信息化教学能力主要在教学过程中得到提升。因此，学校相应的信息化教学基础设施建设和教育信息化资源的设计、开发与准备必不可少。学校既要完善基本的教学设施建设，也要加大对信息化教学基础设施的配备力度。

加强教师信息技术能力的培训是促进教师信息化教学水平提升的重要环节。学校可以鼓励和安排体育教师参与相关的信息技术能力发展项目培训，或专门针对本校学科教师的实际情况，组织教师参与校本培训。在职教师的培训是促进教师信息化教学能力发展的重要方式和渠道，学校应给予必要的支持。学校可以结合国家相关政策，制定促进学校教师信息化教学能力发展的文件或制度，为教师信息化教学水平的提高提供重要保障。

在学校教育中，学校可以展开各种形式的信息化协作教学活动，以提高教师的信息化教学能力，如信息化教学集体备课、集体讨论、集体教学研究等。学校既可以组织面向本校教师的信息化协作教学交流，也可以利用网络等方式，促进不同学校、不同地区，甚至不同国家的相关学科教师开展教学交流与对话；既可以是教师间的协作交流，也可以是师生、教师与专家的交流对话。通过各种交流与合作，不同的教师能交流心得和体会，可以取长补短，获得发展。

二、体育教师信息化教学能力培养的中观策略

要想提高体育教师的信息化教学能力，首先要掌握一定的方式、方法和策略，这是信息化教学能力培养的中观层面。在这一层面中，体育教师的职前培养、教学实践、在职培训、协作交流、自主学习是最为主要的几个方面。

（一）进行职前与在职培训

体育教师信息化教学能力的发展是一个系统的过程，进行职前与在职培训是体育教师信息化教学能力发展的重要促进环节，二者紧密结合。通过职前培训，可以使体育教师系统掌握信息化教学技术的知识和能力，为下一步体育教师在体育教学过程中运用信息技术打下坚实的基础。通过在职培训，可以让体育教师及时学习最新的信息化教学技术，并且可以与更多体育教师进行沟通和交流，从而提高自己的信息化教学能力。

（二）传统方式与网络方式相结合

在当今体育教学中，利用信息化技术进行教学时也不要忽略传统的教学方式，要将传统的教学方式与网络方式结合起来进行。教师在教学过程中要与学生不断进行面对面交流，不断提高自己的信息化教学能力。随着信息技术的不断发展，人们获取信息资源的渠道逐渐多元化，无论是知识的获取，还是教学经验的分享等，都可以通过网络来获取。因此，将传统方式和网络方式结合起来能极大提高教师的教学能力，从而促进教学质量的提升。

（三）自主学习与合作交流相结合

在信息技术教学背景下，体育教师要想具备一定的信息化教学能力，就需要通过不断的学习和提高，以适应不断发展和变化的学校教育。在平时的工作中，体育教师可以通过自主学习掌握基本的信息化技术手段，与其他体育教师进行沟通与合作，多参加一些与信息化教学有关的研讨课等，逐步提升自己的信息化教学能力。在面对面协作交流的过程中，要注重提高虚拟的、跨时空的协作交流能力，对于体育教师掌握信息化技术，提高教学水平具有非常大的帮助。

（四）技术知识与实践应用相结合

信息化技术知识与能力主要是体育教师通过职前培训得到的，但需要注意的是，光掌握信息化技术知识远远不够，还要具备一定的技术知识与实践应用相结合的能力。通过信息技术的培训，体育教师可以在学习中体验和模仿，强化和提高对信息技术知识的实践应用能力。只有将技术知识与实践应用充分结合起来，才能实现既定的学习目标。

三、体育教师信息化教学能力培养的微观策略

（一）掌握基本的教学技术软件

信息化教学的技术手段有很多。作为一名体育教师，一定要学习和掌握基本的教学技术软件，尤其对于一些年龄较大、不易接受新鲜事物的体育教师而言。在平时的信息化教学中，PPT 演示文稿、多媒体教学软件等都是较为常用的技术，体育教师还要利用计算机搜集和掌握一些教学素材，不断提高自己的多媒体技术能力，从而不断提高自己的信息化教学能力。

（二）参加一些网络技术培训课程

随着现代信息化技术的不断发展，网络上出现了各种培训课程，其中有关网络技术的培训课程也相当多，这一部分课程既有免费的也有付费的，通常有着较强的专业性。作为一名体育教师，尤其信息化技术教学水平较差的教师，可以多参加一些网络技术课程的学习，从而提升自己的信息化教学能力。

（三）向其他教师请教和学习相关经验

与其他课程相比，体育课程有着一定的独特性。在平时的教学中，信息化技术手段的利用率不高，但不是完全用不到。相对于其他学科的教师，体育教师的信息化教学能力相对较弱，因此向其他学科的教师请教和学习是一个非常好的手段。体育教师可以通过面对面与其他教师的交流，听取信息化教学的经验，或者通过听课等方式来有效提升自己的信息化教学能力。

第四节　信息化教学能力在体育教学中的实践应用

在体育教学中，信息化教学能力的实践应用具体体现在以下几个方面。

一、教学资源的丰富与整合

在体育教学领域，信息化教学能力已成为现代体育教师不可或缺的一项技能。通过互联网，体育教师能够轻松获取丰富多样的体育教学素材，这些素材不仅数量庞大，而且形式多样，包括高清的教学视频、生动的动画演示、专业的讲解音频等。[①]

这些资源为体育教学提供了极大的便利和优势。比如，教学视频可以直观展示各种体育动作的技巧和要领，让学生更加清晰地看到每一个动作细节，从而更准确地模仿和学习；动画演示则可以将复杂的动作分解成若干个简单的步骤，帮助学生逐步掌握，并在脑海中形成清晰的动作流程；专业的讲解音频则可以为学生提供更加系统、全面的体育知识，帮助他们更好地理解运动技能的原理和其背后的科学。

信息化教学能力还允许体育教师根据实际需求，对这些教学资源进行灵活整合。比如，教师可以根据学生的实际情况和学习进度，挑选合适的教学视频和动画演示，配合自己的讲解和指导，制订个性化的教学方案。这样的教学方式不仅能激发学生的学习兴趣和动力，还能有效提升教学效率和效果。

二、教学过程的优化与创新

随着信息化教学日益盛行，体育教师正逐步利用先进的信息技术来创新教学方式，优化教学过程。这不仅极大地丰富了教学手段，还提高了学生的学习兴趣和运动技能。其中，虚拟现实技术的引入为体育教学带来了革命性变革。

借助虚拟现实技术，教师可以模拟出各种真实的运动场景，让学生在虚拟环境中进行实践练习。比如，在篮球教学中，教师可以创建一个仿真的篮球场，让学生在虚拟空间中体验比赛的紧张和刺激，通过反复的模拟练习，提高运球、投篮等技能；在足球教学中，虚拟现实技术可以模拟出各种天气和场地条件，让学生在不同环境下进行实战模拟，提升应对各种复杂情况的能力。

游戏化教学方式也为体育教学注入了新的活力。通过将运动技能与游戏相结合，教师可以设计出生动有趣的教学游戏，让学生在游戏中学习，在学习中游戏。这种方式不仅激发了学生的兴趣，还使他们在轻松愉快的氛围中掌握运动技能，提高教学效果。

---

① 李文英. 基于智慧教育视域下中学体育教师信息化教学能力提升研究 [D]. 贵阳：贵州民族大学，2023.

三、教学互动的增强与拓展

目前，教学互动的形式与内涵正在发生深刻变化。信息化教学能力不仅成了现代教师的必备素养，更是增强师生互动和沟通的有力工具。借助网络平台，师生之间的交流不再局限于传统的课堂模式，而是延伸到任何时间、任何地点。这种实时的互动模式使教师能够第一时间掌握学生的学习动态，了解他们在学习过程中遇到的困惑和难题，进而提供有针对性的指导和帮助。

此外，网络平台还允许教师及时了解学生的心理状态和情感变化，这对于建立和谐的师生关系、促进学生的全面发展具有重要意义。当学生在学习上或生活上遇到挫折时，教师可以通过网络平台给予及时的鼓励和支持，帮助学生重拾信心，克服困难。

对于学生而言，网络平台也提供了一个全新的学习和交流空间。他们可以通过在线讨论、小组合作等方式，与教师和同学共同探讨问题，分享学习心得。这种合作式的学习方式不仅有助于提高学生的学习效果，还能培养他们的团队合作精神和沟通能力。

四、教学内容与形式的提升

如今，多媒体资源、网络视频和互动软件等信息技术工具已经成为体育教师丰富教学内容和形式的得力助手。这些工具不仅为体育教师提供了更加多样化的教学方法，也为学生带来了更加生动、直观的学习体验。以网络视频为例，体育教师可以通过展示专业运动员的技术动作视频，让学生在观看过程中更直观地了解和学习运动技能。这种方式不仅可以帮助学生更快地掌握动作要领，还可以激发他们的学习兴趣和动力。

同时，互动软件也为体育教学注入了新的活力。体育教师可以利用这些软件设计趣味性的运动游戏，让学生在游戏中锻炼身体、提高技能，并享受运动的乐趣。这种寓教于乐的教学方式不仅能够激发学生的参与热情，还可以增强他们的团队协作能力和竞争意识。

五、教学评价方式的创新

教学评价方式的创新是教育现代化进程中的关键一环，尤其在体育教学领域，信息化教学能力的崛起为这一变革提供了强大的技术支持。在传统的体育教学中，成绩评价往往是单一而固定的，主要依赖学生在体育测试中的表现。然而，这种评价方式往往忽略了学生在学习过程中的实际体验、努力程度以及团队协作能力等重要因素。

随着信息技术在体育教育中的广泛应用，体育教师可以采用更多元化的评价方式来更全面地评估学生的学习情况。例如，通过信息化教学平台，教师可以追踪和记录学生在课堂上的每一个动作、每一次练习的数据，以及他们在小组活动中的表现和互动情况。这些数据可以通过专业的分析软件进行处理，生成详尽的学习报告，从而帮助教师更深入地了解每个学生的学习状态和问题。

在评价学生的学习过程时，教师可以关注学生在技能掌握、体能提升、策略运用等方面的表现。同时，学生的学习态度、课堂参与度以及团队合作能力也应该成为评价的重要内容。这种全面的评价方式不仅能够帮助教师更准确地掌握学生的学习进度和效果，还能够激发学生的学习积极性，促进他们在体育学习中的全面发展。

六、示范与讲解效果的优化

在体育教学中，示范与讲解是确保学生正确掌握运动技能和理论知识的重要环节。随着科技的进步，信息化设备在教学中的应用越来越广泛，为体育教学提供了更多可能性。

传统的示范方式可能受到教师自身技能水平、学生观察角度等因素的限制，导致示范效果不佳。利用信息化设备，如投影仪、电子白板等，可以使这些问题得到有效解决。教师可以通过这些设备，将技术动作清晰地展示给学生，甚至可以通过放慢、暂停等功能，让学生有足够的时间来观察每一个细节，深入理解技术动作的要领。

除了投影仪和电子白板，动画和图解也是优化示范与讲解效果的有力工具。对于一些复杂的运动技术，单纯的示范可能难以让学生完全理解。通过动画和图解，教师可以将这些技术动作进行分解，逐个展示每一个步骤，帮助学生更好地掌握技术要领。同时，动画和图解还可以使抽象的概念具象化，帮助学生更好地理解运动原理，提高学习效果。

在利用信息化设备进行示范与讲解的过程中，教师还需要注意以下几点。首先，要确保设备的使用熟练度，避免因为操作不当而影响教学效果；其次，要结合学生的实际情况和需求，选择适合的示范方式和内容；最后，要注重与学生的互动，及时解答学生的疑问，确保学生能够全面、准确地掌握所学内容。

参考文献

［1］于洪涛，曹晓明．高校体育教学与球类运动训练实践［M］．长春：吉林出版集团股份有限公司，2023：33—34.

［2］马健勋．高校体育教学与科学训练［M］．北京：北京工业大学出版社，2023：66—67.

［3］黄立刚．高校体育科学化训练体系的建构——评《高校体育教学改革与科学化训练研究》［J］．中国教育学刊，2024（04）：115.

［4］陈熠芝，隋红，姜涛．高校体育教学全过程社会主义核心价值观的融入研究［J］．健与美，2024（04）：119—121.

［5］戴雨露．新时代高校体育教学创新方法发展——评《高校体育教学创新方法论》［J］．人民长江，2024，55（03）：266—267.

［6］刘德兵，王凤娟．终身体育理念下高校体育教学研究［J］．冰雪体育创新研究，2024，5（04）：39—41.

［7］邱天，林水秋，陈晰．高校体育创新思维的教学与实践［M］．厦门：厦门大学出版社，2020：11—13.

［8］李文冰．信息化时代高校体育理论与实践教学探究——评《信息化时代体育教学思维转变及其改革发展探索》［J］．中国科技论文，2022，17（07）：841.

［9］刘治国．"互联网＋教育"背景下高校体育教学创新思维探究——评《互联网视域下体育教学体系建设》［J］．中国科技论文，2022，17（05）：590.

［10］向超宗，严舒宁．创新型思维导向下的高校体育教学实践——评《高校体育创新思维的教学与实践》［J］．热带作物学报，2021，42（03）：982.

［11］李文明，汪旭．信息技术在高校体育教学中的运用研究——评《信息化时代体育教学思维转变及其改革发展探索》［J］．林产工业，2021，58（02）：112.

［12］韩中．高校体育教学体系建设研究［M］．北京：北京工业大学出版社，2021：64—66.

［13］刘景堂．高校体育教学改革研究［M］．北京：中国纺织出版社有限公司，2020：102—104.

［14］秦丽芬．新时代背景下贵州省民办高校体育课程教学内容与教学模式改革策略研究［J］．冰雪体育创新研究，2023（24）：125—127.

[15] 费俐兴. 基于 CPUP 模型分析高校体育课堂教学内容结构体系——以《足球脚内侧传接球》一课为例 [J]. 体育科技,2023,44（05）：127－129＋132.

[16] 徐锐敏,李枫. 数字化背景下高校体育课程的改革和应用 [J]. 当代体育科技,2023,13（18）：36－39.

[17] 忻随韵,鲍巨彬. 教育信息化背景下高校体育课程教学数字化理论与实践路径 [C] //中国班迪协会,澳门体能协会,广东省体能协会. 第八届中国体能训练科学大会论文集. 天津体育学院,2023：5.

[18] 陈辉. 高校体育教学探索与模式构建研究 [M]. 北京：北京工业大学出版社,2023：22－24.

[19] 冯元喜. 现代教育技术下高校体育教学的改革与发展研究 [M]. 长春：吉林出版集团股份有限公司,2023：90－91.

[20] 杨菁菁,徐桐. 基于创新教育理念下体育教学方法的理论及实践研究 [J]. 冰雪体育创新研究,2024,5（03）：118－120.

[21] 张路遥. 我国高校体育教育教学方法创新研究——评《高校体育教学理论探索与实务研究》[J]. 教育发展研究,2023,43（24）：2.

[22] 祁璐. 互联网混合式教学在高校体育课程中的应用研究 [J]. 体育视野,2023（21）：116－118.

[23] 贾建康,宋效琦,蔡浩刚. 新时代高校体育教学模式改革与教师人才培养路径探索 [M]. 北京：中国书籍出版社,2023：33－35.

[24] 喻家宾,张洪军,韩尚书. 线上线下混合式高校体育教学模式研究 [J]. 体育世界,2024（03）：74－76.

[25] 许金钱. 线上线下混合教学模式在高校体育教学中的应用研究 [J]. 体育世界,2024（02）：99－101.

[26] 陈丽. 高校体育专业课程线上教学设计研究 [J]. 体育风尚,2023（12）：158－160.

[27] 王惠,龚洪波. 基于 OBE 理念的普通高校体育课程教学设计——以体育学业质量为导向 [C] //中国体育科学学会. 第十三届全国体育科学大会论文摘要集——书面交流（学校体育分会）. 湖北第二师范学院体育学院,武汉工程大学邮电与信息工程学院,2023：2.

[28] 韩坤键,周庆元,杨梦迪,等. 高校体育智慧课堂教学模式设计及应用研究 [J]. 冰雪体育创新研究,2023（06）：60－63.

[29] 孟学智,都红梅,袁春,等. 高校体育教学评价指标的建立及质量提升效果 [J]. 黑龙江科学,2023,14（21）：55－58.

［30］李井刚．体教融合视域下高校体育教学评价改进研究［J］．吉林农业科技学院学报，2023，32（05）：116—120．

［31］郭文平，俞优莉．我国高校体育课堂教学评价研究热点及趋势研究［J］．教育教学论坛，2023（40）：44—47．

［32］王帆．高职院校体育教师信息化教学能力提升研究［J］．冰雪体育创新研究，2024，5（03）：155—157．

［33］陈文科，薛利慧，邓聪岗．高校体育教师信息化教学能力培养研究［J］．冰雪体育创新研究，2023（22）：131—133．

［34］李文英．基于智慧教育视域下中学体育教师信息化教学能力提升研究［D］．贵阳：贵州民族大学，2023．